면접관을 플러팅하라

2차 면접 만점자의

임용면접
플러팅

2026

정지원 저

면접위원의 마음을 낚아챌
비법이 궁금해?
1권으로 7주 완성 최종 합격

초·중등·비교과 전 영역을 아우르는 진짜 2차 면접 실전서
1차 컷에서 2차 100점으로 1차결과 뒤집기 가능?
면접 고득점 중심으로 전국 기출 흐름을 하나의 키워드로 단권화.
나만의 프로그램 네이밍을 만드는 방법과 모의면접 루틴까지

알쏭달쏭 100문 101답을 현답으로!
진짜 교사 될 준비 7주면 충분합니다!
이 한 권이면 고득점 가능합니다.

dm 동문사

1차 결과를 열어보니. 저는 컷 점수로 1차 시험을 통과했습니다.
그 순간, 제 머릿속을 가득 채운 것은 단 하나였습니다.

"면접에도 절대평가가 있을까?"

점수가 매겨지는 이상, 제 점수대에서 최종 합격을 하려면 면접 점수는 최소 98점 이상, 100점 가까이 받아야 한다는 결론을 내렸습니다.

시행착오의 시간들

다행인지 불행인지, 초수 때는 모든 것이 낯설었습니다.
유튜브, EBS 영상, 『행복한 교육』 잡지, 면접·합격 수기를 뒤적이며 답을 찾으려 했습니다.
특히 EBS 영상 40편은 제 가치관을 잡는 데 중요한 전환점이 되었습니다.
하지만 여러분에겐 저처럼 돌아가며 시행착오를 겪을 시간이 없습니다.
저도 다시 돌아간다면, 그때 저를 길라잡이해 줄 선배가 있었다면 초수 때 합격했을 것입니다.
(물론, 제 초수 시절은 컷조차 못 미쳤지만요…ㅎㅎ) 초수시절 1차 점수는 사실… (6개월 공부하고 광탈했어요)

'꽝'에서 100점으로

초수 시절 제 면접 실력은 사실 거의 꽝이었습니다.
아무도 초수인 저를 스터디에 끼워주려 하지 않았습니다.
그래서 맨땅에 헤딩하며 부딪히고, 넘어지고, 다시 일어나는 과정을 반복할 수밖에 없었습니다.

하지만 그 과정에서 깨달았습니다.
"N수생이라고 저절로 잘하는 게 아니다. 방향이 잘못되면 계속 제자리다."
그래서 그 과정을 줄여주고 싶어 이 책을 쓰게 되었습니다.

확신의 시간들

제가 직접 면접 100점을 받고 난 뒤, 제 방법에 신뢰가 생겼습니다.
그 후 코칭 멤버들을 한 명씩 늘려가며, 저만의 교직관과 면접 방향성을 확고히 다져갔습니다.
그리고 4년이 지난 지금, 이렇게 책으로 엮어 여러분께 드리게 되었습니다.

이 책은 단순히 문제와 답안집이 아닙니다.

저처럼 시행착오를 겪으며 길을 잃을 수 있는 후배들, 이유조차 알지 못한 채 낙방을 경험했던 분들에게 올바른 방향성을 쥐어주기 위해 쓴 책입니다.

임용면접
플러팅

Prologue

마지막으로 드리고 싶은 말

저는 이렇게 말씀드리고 싶습니다.

"자신을 믿으십시오. 그리고 자신과의 싸움에서 이기십시오."

저 역시 컷 점수였지만, 모든 것을 갈아 넣었습니다.

제 스케줄을 본 사람들은 "따라 할 수 없는 살인 스케줄"이라고 했습니다.

어떤 이는 "저 정도가 끝이다"라고 말했지만, 저는 끝까지 버텼습니다.

그래서 지금의 제가 있습니다.

이제, 이 책이 여러분의 단 한 번의 합격 T.O.P — The One Pass를 위한 길잡이가 되기를 바랍니다.

연도	함께 해온 스터디원 및 지인 (임고생) 피드백 코칭 – 면접 점수 분포도				
2020년 (스터디)	본인 면접점수: 100점 1차: 컷+0 (보건)	상희(가명) 면접:99.3 (보건수석)	미정(가명) 면접:96 (상담)	혜진(가명) 면접: 97 (상담)	전원 합격
		은하(가명) 면접:98.7 (보건차석)	은지(가명) 면접:98 (사서)	지은(가명) 면접: 92 (상담)	1명 빼고 합격
2021년 (지인 피드백 코칭)	98점 (보건) 1차 컷+12	97점 (보건) 1차 컷+1	97점 (상담) 1차 컷+3		3명 모두 합격
22년도 (지인 피드백 코칭)	97점 (영양) 1차 컷+3	97점 (상담) 1차 컷+4	97점 (보건) 1차 컷+2	96점 (보건) 1차 컷+5	4명 모두 합격
23년도 (지인 피드백 코칭)	98점 (보건) 1차 컷+1	97점 (보건) 1차 컷+5	96점 (상담) 1차 컷+4	95점 (상담) 1차 컷+8	5명 모두 합격
24년도 (지인 피드백 코칭)	99점 (상담) 1차 컷+5	95점 (보건) 1차 컷+2	94점 (보건) 1차 컷+12	93점 (보건) 1차 컷+1.2	4명 중 3명 합격
25년도 지인 피드백 코칭 + 불특정 다수 비대면코칭 31명	대면 코칭(10명) 10명중 9명 합격 합격률: 90%		– 보건: 16명중 13명 합격(81.3%) 고득점비율 높음 – 교과(수학, 국어, 체육, 미술, 역사, 영어) 9명중 4명 합격(44.4%) 1차 점수에 크게 좌우됨 – 상담 : 3명 전원 합격 (100%) – 영양 : 3명 중 1명 합격(33.3%)		
	비대면코칭(21명) 13명 합격, 불합격 8명 불합 주요 원인: 컷 근처(0~2점), 특정 지역 특수성(인천 · 경기) 합격률: 61.9%				

4

작년 24~25년도에는 제 피드백이 효과적이라는 것을 알게 되고, 더 많은 분들에게 도움을 드리고 싶어서 겨울방학 기간에 짬내어 30분~1시간정도 비대면 줌으로 원하는 분들에게 실시간 피드백 코칭을 해드렸고, 지인분만 아니라 도움이 필요한 여러 사람들을 도와주고 싶었습니다. 그리고 지금 이렇게 면접으로 어려움을 느끼는 분들에게 도움이 될까 하여 이 책을 쓰게 되었습니다.

4년 동안 제가 지금까지 봐드린 지인분들과 블로그를 통해 비대면으로 만난 분들을 합해서 47명 정도 됩니다. 이중 합격자는 36명, 불합격자는 11명(비대면 포함)입니다.

- 대면 코칭 효과 → 합격률 90%로 매우 안정적
- 비대면 코칭은 한계→ 합격률 61.9%, 특히 컷 근접자 위험
- 보건·상담은 강세, 교과·영양은 관리 필요
- "1차 점수가 안정권(+3 이상)"이어야 2차에서 뒤집기 가능성 높음
- 지역별 특수성(경기·인천)반영 필요 → 같은 답변이라도 합격/불합격이 갈림

47명의 데이터를 보면, 우리에게 필요한건 단순한 '면접 기술서'가 아니라 컷 점수, 과목별 특성, 지역별 경향, 교직관녹이기, 나만의 교육철학까지 고려한 맞춤 전략이 필요함을 알 수 있습니다.

면접은 스스로의 피드백이 가장 중요합니다. 하지만, 타인의 시선에서 대면 피드백 코칭을 받는다면, 선생님의 장단점을 빠르게 찾을 수 있고, 목표점수로 끌어올릴 수 있는 힘이 생깁니다. 이는 스터디로 채울 수 있습니다. 대면 피드백은 '교사다움'으로 변화하는 과정이 더욱 선명하게 나타날 수 있도록 도울 수 있는 길이며, 합격의 안정성을 높이는 방법입니다.
그간 저와 같은 분들을 돕고자 주변의 지인분들의 합격을 열심히 도우며 지냈습니다. 평소 면접에 어려움을 느끼는 분들에게 이 책을 전하고 싶습니다.

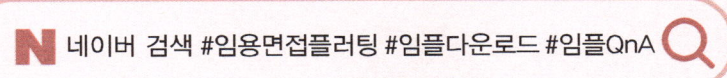

임용면접에서의 플러팅이란 아직 합격이라는 공식적 관계를 맺지 않았지만, 면접관에게 은근하고도 분명하게 '나는 준비된 교사다'라는 매력을 드러내는 행동입니다. 태도와 말투, 시선과 사례 속에 자연스레 스며드는 자신감과 진정성이 곧 '면접 플러팅'입니다.

즉, 단순히 질문에 답하는 것을 넘어, '이 지원자는 교사로서의 가능성이 충분하다'라는 교사다움을 끌어내는 단계, 그것이 면접 플러팅입니다.

Contents

차례

✳ Part 3 ✳
모의 실전 — 기출 & 자기 점검

Contents

PART

1

기본기 다지기 — 마인드 & 전략

면접 준비의 시작은 지식이 아니라 '태도'입니다.
책상 앞에서의 공부가 1차를 통과하게 했다면, 2차는 사람 앞에서 드러나는
태도와 가치관이 승부를 가릅니다.

"나는 이미 교사다."

이 선언 한 마디가 교사의 눈빛과 표정을 바꾸고, 답변의 무게를
달리합니다.
이 파트에서는 면접의 기본기를 다집니다.

이 장에서는 불안을 에너지로 바꾸는 법, 자기암시 훈련, 교직관- 가치관
정립을 다룹니다. 흔들리지 않는 토대를 세워야, 어떤 질문에도 중심을 잃지
않고 답할 수 있습니다.

Chapter **01**

마인드 세팅 — "나는 교사다"

임용면접
플러팅

불안 & 긴장 → '긍정에너지'로 바꾸기

"불안은 정상입니다. 그리고 합격의 연료가 될 수 있습니다."

대부분의 임고생은 1차 합격 발표 후, 기쁨보다 불안이 먼저 찾아옵니다.
"내 점수로 2차까지 가능할까?"
"다른 사람은 나보다 더 잘하지 않을까?"
저 역시 1차를 턱걸이로 통과했을 때 같은 생각을 했습니다. 하지만 중요한 깨달음은
이것이었습니다.

✏️ **불안은 짐이 아니라 연료다.**

불안은 나를 주저앉히는 짐덩이가 아니라, 나를 움직이게 하는 원동력이 될 수 있습니다.
저는 불안을 억누르지 않았습니다. 오히려 그 에너지를 매일 연습하는 동력으로 삼았습니다. 그래서
불안할수록 책상 앞에 더 오래 앉았고, 불안할수록 태도와 답변을 더 다듬었습니다.

⏰ **불안 활용 훈련 3단계**

1. 불안 기록하기 → 하루에 1분, 불안 점수를 0~10으로 적고 원인을 기록.
2. 태도 전환하기: 하루 세 번, 거울 앞에서 3분간 자기 암시 "나는 이미 교사다."
3. 불안 소모하기: 주 1회 이상 모의면접(대면·비대면, 게릴라 면접 등) 실시.

🔍 **정리** 불안은 없앨 수 없습니다. 하지만 '짐'으로 남길지, '부스터'로 탈바꿈시킬지는 나의 선택입니다.

저는 매일 아침 거울 앞에서 이 말을 했습니다. 처음에는 어색했습니다. 하지만 1주, 2주가 지나자 표정이 교사답게 바뀌고, 목소리에 힘이 생기고, 태도 자체가 달라졌습니다.

✏️ 자기 암시는 단순한 주문이 아니라, 합격자의 태도를 몸에 새기는 훈련입니다.

면접은 말보다 태도가 먼저 드러나는 자리이기 때문에, 태도의 훈련이야말로 답변보다 선행되어야 합니다.

⏰ **자기 암시 루틴**

- 거울 훈련: 자기소개 1분 + 첫 답변 1분을 연습하며 표정·시선·어깨·손동작 점검.
- 마인드 리셋: 하루 시작과 끝에 "나는 참 교사다" 거울보며 복창 3회 선언.
- 녹화 피드백: 주 1회 이상 면접 연습 모습을 녹화하고, 면접관의 눈으로 스스로 점검.

🔍 **정리**

자기 암시는 단순히 자신감을 주는 게 아닙니다. 습관화된 태도를 만드는 가장 빠른 방법입니다.

3부 교직관·가치관을 잡는 단계

"고득점자는 말을 잘하는 사람이 아니라, 교직관을 분명히 드러내는 사람입니다."

구상형과 즉답형 답변에서 제 교직관이 자연스럽게 묻어나도록 의도했습니다.

면접관이 제 답변을 듣고도 머릿속에 그려지도록 —

'아, 이 지원자는 학교에 가면 이런 교육을 실천하겠구나.'

그런 잔상효과를 남기는 것. 그것이 면접 고득점의 핵심입니다.

> ✎ 교직관은 "나는 학생을 사랑합니다"라는 단순한 말이 아닙니다.
> 교직관은 교사로서의 원칙과 상황 속 행동 기준입니다.

예시: 아래의 문구를 보면 내가 말하고자 하는 키워드가 보여야합니다.
- 학생 중심: "저는 학생의 안전과 성장을 최우선으로 둡니다."
- 공동체: "교사는 학교 공동체와 함께 성장하는 존재입니다."
- 책임·청렴: "교사의 판단은 곧 교육 신뢰와 직결되기에 공정성을 원칙으로 합니다."

> ⏰ **교직관 정립 3단계**
>
> 1. 내 경험 정리: 교생실습, 교육봉사, 스터디 경험 중 '가장 교사다웠던 순간' 혹은 학생을 사랑으로 가르쳐야겠다 느꼈던 경험 등등
> 2. 키워드 뽑기: 인성, 안전, 협력, 공정성, 배려 등등 중 나에게 중요한 3가지 선택.
> 3. 스토리 만들기: 키워드 + 사례 + 기대효과를 연결해 "나만의 교직관 답변" 완성.

🔖 **정리**

교직관은 정답이 있는 문제가 아닙니다. 하지만 '나만의 원칙 있는 교사상'를 보여줄 때, 면접관은 그 진정성을 가장 높이 평가합니다. 이것이 바로 '참 교사'를 뜻하는 것 같습니다.

불안을 연료로 삼아 고득점(100점) 받은 합격자

한 임고생은 1차를 겨우 턱걸이로 합격했습니다. 누구보다 불안이 컸습니다. 모두가 안 된다고 할 때, 그 임고생은 내가 안 되면 누가 교사하지? 라는 생각으로 2차 준비기간에 진심을 다해 임했습니다. 더불어 스터디원들도 그 임고생의 1차 점수를 듣고 최종합격이 어려울 것이라 판단했고, 시간이 갈수록 티 안나게 불안도는 올라갔습니다. 하지만, 그 임고생은 불안을 줄이려 애쓰기보다, 매일 기록하고, 피드백 받은 사항은 하루를 넘기지 않고, 모든 피드백을 고치고 다음 스터디때 변화된 모습을 보였습니다. 더불어 매일 아침저녁으로 거울 앞에서 자기 암시와 모의면접으로 긴장감을 자신감으로 바꾸어 나갔습니다. 결국 면접장에서는 차분한 태도와 자신감 있는 표정과 목소리로, 예비교사로서, 교사답게, 교사다운 대답을 잘 이끌어내어 구상형과 즉답형 모두 100점을 받고, 최종 컷에서 +1점으로 합격했습니다.

사례손의 주인공은 이 책의 저자인 저입니다.

아래어 써보세요.

나는 고사다.

나는 을해 ___년 임용된 ____ 교사다. 나는 할 수 있다.

1장 마무리 훈련 세트 ― "나는 교사다 루틴"

1. 마인드 셋 루틴 (매일 5분)

    ✓ 거울 앞에서 "나는 이미 교사다" 3회 선언
    ✓ 자기소개 30초, 첫 답변 30초 말하며 표정·시선 점검
    ✓ 미소 → 눈빛 → 어깨 → 손 위치 → 목소리 톤 체크

2. 불안 다루기 루틴 (주 1회)

    ✓ 내 불안 점수(0~10) 기록하기
    ✓ 불안 원인 한 줄 기록 (예: "시선이 흔들림")
    ✓ 불안 포인트를 1가지 실습으로 전환
      (예: 시선 흔들림 → 하루 5분 카메라 보고 말하기)

3. 교직관·가치관 루틴 (주 2회)

    ✓ 교직관 키워드 3개 정하기 (예: 안전, 협력, 책임)
    ✓ 키워드마다 사례 1개 작성
    ✓ "결론 – 근거 – 사례 – 기대효과" 1분 답변으로 정리

4. 셀프 피드백 루틴 (주 1회)

    ✓ 자기 암시·답변 녹화하기
    ✓ 영상 보며 태도(표정·시선·목소리) 체크
    ✓ 잘한 점 1개, 개선점 1개만 기록

5. Weekly Mission ― 임플 챌린지 🌿

    이번 주 "나만의 네이밍" 프로그램 1개 만들기
    (예: "힘파두파 – UP 교실", "도토리 인성주간")
    그 아이디어를 즉답형(1분)과 구상형(3분)으로 각각 연습하기

🎙 정리

1장은 "태도"를 세우는 챕터입니다.
책을 덮고 나면, 반드시 **이 루틴을 붙여두고 매일 체크**하세요.
습관화된 태도는 **지식보다 강력한 합격의 무기**가 됩니다.

Chapter 02

면접 체크리스트

임용면접
플러팅

면접은 단순히 '말을 잘하는 시험'이 아닙니다.
교사다운 태도와 준비성이 고스란히 드러나는 무대입니다.
따라서 시험장에 들어가기 전까지, 작은 부분 하나도 놓치지 않는 준비가 필요합니다.
이 장에서는 면접 전에 반드시 확인해야 할 체크리스트를 정리합니다.

필독 자료 — 정책과 기출은 기본 체력

 기본 필독 자료

- 교육부 공식 자료: 2022개정교육과정, 최신 교육부 정책 브리핑 등
- 시도교육청 교육시책: 지원한 교육청의 연간 주요 사업 (예: 경기교육 기본계획)
  EBS 다큐, 행복한교육, 교육부 SNS 등
- 최신 기출문제 분석: 최근 5~10년간의 면접 출제 경향

TIP "모든 걸 다 외워야 할까요?"

그럴 필요는 없습니다. 면접관은 '정책 원문'을 읊는 답변을 원하지 않습니다.
('하지만, 모든 임고생이 착각을 합니다. 정책 원문을 다 외우는 다른 사람을 부러워하고 난 그렇지 못함에 좌절을 하는데, 이 것들을 자신만의 언어로 바꾸는 것이 제일 중요합니다!')

핵심은 정책의 취지 → 내 교과(또는 직종)와 연결 → 학생 성장으로 이어지는 그림을 보여주는 것입니다.

예시: – 정책: 기초학력 보장 → 내 교과 수업에서 보완 → 학생의 개별적 성장을 지원
– 정책: 기후위기 대응 교육 → 본인 수업에서 생활 속 실천 → 학교 공동체 참여
(2022개정교육과정의 핵심이 '삶과 연계된' 공부입니다.)

정리 정책과 기출은 "배경 지식"이자 "답변 재료"입니다. 내가 '교육 현장'과 '정책 흐름'을 알고 있다는 신뢰감을 심어주는 장치입니다.

 주의!
- 각 교육청 정책은 줄줄 외우는 것이 아니라 확장해야 할 범위이자 내 학생관, 교직생활에 녹여낼 방법을 찾는데 쓰일 소스 입니다.
- 기출은 면접의 흐름을 파악하기 위한 분위기입니다.

태도·표정·목소리 — '나는 이미 교사다'

면접관은 지원자의 첫 30초에서 이미 '교사다움'을 가늠합니다.

따라서 태도, 표정, 목소리는 단순한 겉모습이 아니라, 내 교직관을 담는 그릇입니다.

태도 > 말 보다 강력한 언어입니다.

비언어적인 태도는 말보다 빠르게 면접관에게 전달되고, 점수에도 직접적인 영향을 줍니다. 예를 들면, 태도란 인사, 웃는표정, 가지런한 손짓, 말투, 대화하는 눈빛 등을 말합니다.

⏰ 태도 점검 포인트

시선	면접관 전체를 두루 두루 보되, 지나치게 고개나 눈빛이 흔들리지 말 것. (눈빛이 흔들리면, 불안해보이고, 정신이 사나와보입니다)
표정	긴장하더라도 '온화한 미소'를 유지. (생각이 안 나거나 그 다음 말이 생각이 안나면 '묵음' '심호흡'. 말을 아끼고 한 템포 쉬고 다시 말을 이어하세요) + (음…어.. 금지)
자세	허리는 곧게, 어깨는 편안히, 손은 책상 아래 차분히. (교사의 이미지는 바르고 정직함입니다. 자세에서 '참교사 면모'를 보여줄수 있습니다)
목소리	끝까지 끊어지지 않도록, 힘 있는 발성. (큰 목소리가 자신감 있어 보이고, 교사 답습니다. 교사는 선장처럼 반에서 아이들을 지도해야하니까요!)

 훈련법: '거울+녹화 훈련'

– 매일 1분 자기소개를 거울 보며 말하기 → 표정과 시선 점검
– 주 1회 휴대폰으로 녹화 → 말투·속도·손동작 피드백

TIP 비언어적 태도의 5대 요소 〈임플에서만 전수하는 꿀팁~!!〉 이것만은 꼭 ★★★★★

1. 인사	– 입장: 노크 3회 (템포는 적당히) → 허리 30° 정중하면서도 느리지도 빠르지도 않게 인사 (마치 스튜어디스처럼) → "안녕하십니까! 관리번호 ○○ 번입니다." (지원한 교육지원청마다 대사가 있으니 확인해보시기 바랍니다) – 퇴장: "감사합니다.^^" 꼭 웃으세요. 문장이 다 끝날 때, 웃고, 나가기 전 웃고, 웃는 얼굴은 웃는 얼굴은 합격의 복을 가져옵니다. 문 앞에서 한번 더 목례 인사 → 끝까지 품위 있게
2. 웃는 표정	– 지나치게 경직된 표정은 긴장을 드러냄. – 온화한 미소는 교사의 따뜻함을 상징 – "입꼬리를 1cm만 올려도 목소리가 달라진다"는 점 기억!!
3. 가지런한 손짓	– 손은 책상 위에 두지 말고, 무릎 위나 책상 아래에 차분히 – 필요할 때만, 가지런히 모은 손으로 작은 동작으로 강조 – 팔짱, 흔들림, 탁자 두드리기 금지 – 껄렁대는, 흔들거리는 단정치 않은 몸가짐 금지
4. 말투	– 어미를 흐리지 않고 또박또박 – 군더더기("어…", "그러니까…") 줄이기 – 높낮이는 단조롭지 않게, 마지막은 안정되게 – 너무 아이같은 말투 지양, 너무 늘이거나 빠른 말투 교정
5. 대화하는 눈빛	– 면접관을 한 명만 뚫어지게 보지 말고, 두루 살피며 고루고루 시선 교환 – 눈빛은 지나치게 공격적이지 않게, 대화하는 느낌으로 – "내가 면접을 당하는 게 아니라, (면접관님들과) 함께 이야기 나누러 왔다. 어제도 본 내 동료교사, 선배교사다"라는 편하고 존경스러운 마음가짐

훈련법

– 거울 앞 자기소개 훈련: 인사, 착석, 자기소개의 루틴 반복
– 스터디에서 '녹화': 말이 아닌 태도만 관찰하여 피드백
– 하루 1번 이상 '웃는 연습': 미소 짓고 "나는 이미 교사다" 선언

정리 면접에서의 태도와 표정은 단순히 예의가 아니라, 교사의 전문성을 표현할 수 있는 비언어적 표현입니다.

3부 시간·구조 훈련 — 구상형과 즉답형의 리듬 잡기

면접에서 가장 흔한 실수가 시간 관리 실패입니다.

▶ 선생님이 말씀을 풀어내야 하는 시간

– 구상형: 적당한 것은 2분 30초, 길게는 3분 30초 (너무 짧으면 성의 없거나 답변의 풍부성이 떨어짐. 너무 길면 산만해지고 주제가 산으로 가게 됨.)
– 즉답형: 1분 내외 (핵심만 간결히, 결론말하고, 나의 교직관과 연결시켜 대답하기)

⏰ 구조 공식 (만능 구조)

1. 결론 (내 입장/핵심 주장)
2. 근거 (정책·이론·교육학적 이유)
3. 사례 (내 경험·실행 방안)
4. 기대효과 (학생·학교·지역사회 변화)

Q 질문

"수업 시간에 다른 소리를 하는 학생을 어떻게 지도하겠습니까?"

A 답변 예시 (4단 구조)

1. 결론(핵심 입장)	"저는 학생의 수업 참여를 방해하지 않으면서도, 긍정적인 학급 분위기를 유지하는 방향으로 지도하겠습니다."
2. 근거 (정책·이론적 이유)	"학생들의 집중력은 개별 차이가 크며, 수업 참여를 유도하는 방식은 처벌보다 긍정적 강화가 효과적입니다. 또한 「학교생활인권규정」에서도 학생의 인격을 존중하며 지도하도록 명시되어 있습니다."
3. 사례 (내 경험·실행	"예를 들어, 수업 중 잡담하는 학생에게 즉각적으로 지적하기보다는 교사의 시선과 교단 이동을 통해 자연스럽게 주의를 환기시키겠습니다. 이후에도

방안)	반복될 경우, 수업이 끝난 뒤 개별 면담을 통해 '왜 집중이 어려웠는지' 원인을 듣고, 학생 스스로 수업 목표를 세우게 하겠습니다. 실제로 교육실습 때 비슷한 상황에서 개별 상담을 통해 학생이 발표 기회를 더 많이 갖도록 했고, 이후 수업 몰입도가 높아졌습니다."
4. 기대효과 (학생·학교·지역사회 변화)	"이러한 지도 방식은 학생이 단순히 '지적을 받아서 조용해진 것'이 아니라, 스스로 수업의 주체임을 느끼게 합니다. 따라서/나아가/이처럼\ 학생이 존중받고 있다는 경험은 학급 전체에도 긍정적인 파급 효과를 주어 학습 분위기가 안정될 것입니다."

이 구조로 정리하면 면접관이 듣기에도 명확·논리적·교사다운 답변으로 평가받을 수 있습니다.

> 📚 **훈련법**
>
> - 타이머를 켜고, 구상형은 3분, 즉답형은 1분 맞추고 말하는 연습하기
> - 1분 핵심 문장 훈련: 모든 답변을 1문장으로 요약해보는 습관
>   간결한 문장속에서 키워드를 찾을수 있고, 문장이 간결해지니 전달력이 상승함.
> - 스터디에서 "시간 초과 페널티" 주기 (예: 종 치기, 바로 피드백 '답변 끊기')
>   구상형 시간은 실전에선 10분이면 스터디에서는 9분 30초로 짧게 구상하기 등

 정리 시간은 곧 '구조감각'입니다. 시간 안에 핵심을 말할 수 있어야, 면접관이 점수를 줄 키워드를 찾고, 그 들을 현혹(?) 시킬 수 있습니다.

▶ 즉답형 답변 연습 겸, 아래 문장을 또박 또박 소리 내어 읽어보세요

Q 즉답형 질문1

"수업시간에 다른 소리를 하는 학생을 어떻게 지도하겠습니까?"

A 짧은 버전 답변 (약 40~50초)

"저는 학생을 존중하면서도 수업 분위기를 지켜내는 방향으로 지도하겠습니다.
우선, 즉각적인 언행 지적보다는 시선과 위치 이동으로 자연스럽게 주의를 환기하겠습니다.
그 후 반복된다면 수업이 끝난 뒤 개별 면담을 통해 원인을 파악하고, 스스로 학습 목표를 세우도록 돕겠습니다."

이렇게 하면 학생이 단순히 조용해지는 것이 아니라, 존중받으면서 스스로 수업에 몰입하게 되고, 학급 전체의 학습 분위기도 긍정적으로 바뀔 것입니다."

🅐 긴 버전 답변 (약 1분 30초)

"저는 수업시간에 다른 소리를 하는 학생을 지도할 때, 학생의 자율성과 존중을 바탕으로 지도하겠습니다.

첫째, 수업 중 직접적으로 지적하기보다 시선 처리와 교사의 위치 이동으로 학생의 주의를 환기시켜 학습 흐름을 해치지 않도록 하겠습니다. 필요하다면 질문을 던져 참여를 유도함으로써 학생이 자연스럽게 수업에 집중하도록 돕겠습니다.

둘째, 사후 개별 상담을 통해 원인을 파악하겠습니다. 학생이 왜 다른 이야기를 하는지 살펴보면, 단순한 산만함이 아니라 이해 부족이나 흥미 결핍일 수도 있습니다. 이때 '수업 중 발언 규칙'을 다시 상기시키고, 학생 스스로 '수업 집중 목표'를 세워 보도록 지도하겠습니다.

셋째, 예방 차원에서 학급 차원의 약속과 활동을 운영하겠습니다. 예를 들어, 학급 회의를 통해 '집중 존중 주간'을 운영하거나, 수업 시간에 서로의 발표를 경청하는 문화를 정착시키겠습니다. 예를 들면 '집중 존중 캠페인'을 운영하며, 수업 중 경청 태도를 지킨 학생에게 칭찬 스티커를 주고, 모이면 작은 보상을 주는 활동을 통해 학생들은 스스로 규칙을 지키는 즐거움을 느끼며 학습 태도가 개선될 것입니다.

(마지막으로, 이러한 지도를 통해 학생은 존중받으며 자율적으로 수업에 참여하게 되고, 학급 전체는 집중과 배려의 학습 분위기가 형성될 것이라 기대합니다.)

저는 교사로서 학생 개개인의 행동을 단순히 제지하는 것이 아니라, 긍정적인 학급 문화로 연결시키는 것이 진정한 교육적 지도라고 생각합니다."

🖉 이렇게 하면

즉각 대응 → 사후 상담 → 예방 활동 → 기대효과
흐름이 자연스럽고, 교사다운 학급 운영 철학이 잘 드러납니다.
나만의 ○○실을 (보건실, 급식실, 도서실, 상담실) 운영하는 비교과 교사도 마찬가지로 답변을 이끌어 내면 됩니다.

4부   면접 복장·언행 체크리스트

복장	– 남녀 공통: 검정/네이비 정장 or 단정한 원피스, 튀지 않는 색 (밝은색도 잘 어울린다면, 괜찮음) – 여성: 무릎 길이 치마 or 단정한 바지, 원피스 가능, 코사지·화려한 액세서리 X (단정함이 생명) – 남성: 단정한 넥타이, 구두 광내기 필수 – 헤어·메이크업: 머리카락으로 얼굴을 가리지 않고, 깔끔하고 단정한 인상을 주도록 함
언행	– 입장: 노크 3회 → 허리 30° 인사 → "안녕하십니까 관리번호 ○○번입니다." – 퇴장: 자리 정리 후 "감사합니다." → 문 앞에서 인사 – 금지사항: 비속어·은어·줄임말, 말끝 흐리기, 불필요한 손동작
체크리스트 (시험 전날 점검)	☐ 교육부·교육청 정책 내것으로 정리 완료 → 한줄 단권화 → 만능틀 ☐ 기출 키워드별 분석 정리 → 이해하고, 프로그램이나 활동명 짜기 ☐ 자기소개 1분·구상형 3분·즉답형 1분 타이머 훈련 ☐ 복장 점검(정장, 구두, 헤어) ☐ 입장~퇴장 인사 루틴 리허설 ☐ 말투·표정·시선 최종 점검
정리	복장과 언행은 점수에 직접 반영됩니다. '나는 이미 교사다'라는 태도로, 교직에 설 준비가 된 사람임을 보여주세요.

1차 +20 이상의 고득점이라 면접 78점 맞아도 합격은 할 것 같았지만, 태도와 답변 구성에 영 꽝이었던 임고생중, 최종 임플 교정으로 94점 받고, 전체 5등으로 합격한 박민지님(가명)

TIP

박민지 선생님은 1차 고득점이었습니다. 면접장에서 춤추고 노래하고, 욕만 안하고 대충 말하고 2차점수를 80점만 받아도 합격은 할 수 있었을 것입니다. 최선을 다하고 싶었는데, 방법을 몰랐습니다. 처음 민지(지인)의 면접연습을 듣는 날엔 알려드리는 제 입장에선 못 해드린다 할 수도 있을 정도로 혀를 내두르는 실력이었습니다. 이제와 말하지만, 정말 어떻게 일을 하셨나 할 정도로 임팩트 없는 답변을 들으면 면접 점수가 75점, 72점 나올 것 같았습니다. 정말 어디서부터 어떻게 손을 대야할지 막막한 분이었습니다. 일단, 면접 연습 중, 박민지님은 긴장으로 표정이 굳어버리고, 눈빛처리 시선, 손동작 모든게 다 불안정했습니다. 지금와서 하는 말이지만, 교단에 서 있을 수 없을 것 같은 사람이었습니다. 그런데, 생각보다 교사임용고시 희망 임고생 분들 중에 이러한 분들이 굉.장.히 많다는 것입니다. 그런데, 지금 학교 선생님들을 보면 모두 말을 다 잘하십니다. 말만 하는 직업이라서 그렇습니다. 이 분들도 올바른 교정과 피드백, 그리고 연습을 더 하면, 다른 분들보다 더 잘 할 수 있고, 새로운 능력을 또 찾을 수 있다고 생각합니다. 저 역시도 지금도 말을 청산유수로 잘 하는 건 아니지만, 모든 사람은 처음부터 말을 잘 하는 건 아니니까요.

저는 박민지님께 '결론 – 근거 – 사례' 구조를 유지하되, 표정·시선·손동작만 집중적으로 교정했습니다. 딱 해결해야 할 교정부분을 명확히 짚어냄을 반복한 결과, 훈련 5회차부터 목소리에 힘이 붙었고, 눈빛이 달라졌고, 답변도 풍부해졌습니다. 물론, 중간 3– 4회차에 포기하겠다고 울고 불고 하는 일도 있었지만요....

결과는 94점. 태도 불안, 답변의 애매함을 극복하고 당당히 최종 합격하셨습니다. (물론 제 마음에는 성에 차지 않는 점수지만, 72점을 예상했던바에 따르면 이분에게 94점이 저의 목표 점수였답니다.) "우리는 94점 이상만 가자."

TIP 2장의 핵심 메시지

면접 준비는 문제집을 푸는 것이 아니라, '교사다운 태도'를 몸에 새기는 과정입니다.
정책은 배경, 답변은 구조, 태도는 무대 위 언어입니다.
이 세 가지를 체크리스트로 매일 점검한다면, 면접장에 들어서는 순간 이미 절반은 성공한 것입니다

체크해보는 나의 비언어 태도 매뉴얼

구간	행동	핵심 포인트	잘 했나요?
입장	노크 3회 → 허리 펴고 3~4보 걸음	시선 고루 배분 발끝 11자 치아보이게 방긋 손은 가지런히	
인사	30도 숙여, "안녕하십니까 관리번호○번입니다"	목소리 또렷 청량하고 맑게 또박또박 공손하게	
착석	의자 뒤에 서서 시간 또는 허락 받고 앉기 걸어갈 때 굽 소리 안나게 조심히 의자 들어서 끄는 소리 안나게	구두굽 음소거 의자 소리음소거 여유 있게 앉기 허리 곧게, 손은 무릎 위	
답변 중	시선 좌·중·우 분배, 고개 끄덕임 이상입니다 할 때, 웃기, 미소띄기 함박웃음	말 속도 일정 군더더기 제거 결론부터말하기 구간마다 웃기 시선 배분 고루 손은 가지런히	
퇴장	자리 원위치해두고, 시선 고루 분배 또는 정면 시선 보며 자리에서 1목례, 문 닫기 전 2목례후 웃으며 퇴장	인사 두 번 하기 자리 정리하기 웃기 도움선생님께 감사표현하기(관리요원) 문 조용히 닫기	

2장 마무리 훈련 세트 ― "체크리스트 루틴"

1. 복장 점검 루틴 (면접 전날)

☐ 단정한 정장 준비 (치마/바지 모두 가능, 무릎 이상 길이 피하기)
☐ 색상은 블랙·네이비 기본, 단 본인에게 어울리는 색 우선
☐ 액세서리·화려한 장식 NO (코사쥬, 반짝이, 큰 귀걸이 등 금지)
☐ 교사가 되어도 입을 수 있는 옷인지 확인

2. 태도 & 표정 루틴 (매일 5분)

☐ 입장·퇴장 인사 연습 (문 열고 → 인사 → 착석)
☐ 표정: 온화한 미소 + 눈빛 교사답게
☐ 손짓: 책상 위에 올리지 않고 가지런히 무릎 위에
☐ 시선: 질문자 → 전체 면접위원 → 다시 질문자
☐ 말투: "대화하는 눈빛" + "끝을 또렷하게 내리는 어조"

3. 목소리 & 발성 루틴 (매일 3분)

☐ 하루 1회 자기소개(1분) 녹음 → 또렷한 발음 체크
☐ 키워드 부분은 10% 크게, 결론은 10% 천천히
☐ 울먹거림, 끝 흐림 금지 (단호 + 온화하게)
☐ "솔~" 톤: 안정된 고음 유지 후 마지막은 낮게 마무리

4. 시간 & 구조 훈련 루틴 (주 3회)

☐ 구상형: 2분 30초~4분 타이머 맞춰 말하기
☐ 즉답형: 1분 이내 답변, 핵심 먼저 제시
☐ "결론– 근거– 사례– 기대효과" 구조 점검
☐ 발표 끝나면, 스터디원 피드백 2개 받기

5. 면접 당일 체크리스트

☐ 준비물: 수험표, 신분증, 시계, 검은 펜
☐ 복장 & 머리 점검 (단정·깔끔)
☐ 입장 절차: 노크 → 인사 → 착석
☐ 태도: 눈빛, 미소, 자세(손, 어깨, 다리)
☐ 언행: 줄임말·비속어 금지, 군더더기 없이 또박또박
☐ 퇴장: "감사합니다" 인사 후 천천히 퇴장

 **정리**

2장은 "태도와 기본기" 챕터입니다.
교수·면접위원들은 답변 내용만큼이나 복장·시선·표정·말투를 통해 교사다움을 봅니다.
이 훈련 세트를 반복하면, 면접장에 들어가기 전부터 이미 합격자의 분위기를 풍기게 됩니다.

Chapter **03**

전략 설계법 — 평가위원의 눈으로 답하라

임용면접
플러팅

면접은 "내가 하고 싶은 말"이 아니라, "면접관이 듣고 싶은 말"을 하셔야 합니다.
여기서 '듣고 싶은 말'은 아부나 꾸며낸 답이 아니라, 교사로서의 전문성과 교직관이 드러나는 답변입니다.

평가자의 시각에서 답변하기

　면접 준비를 할 때 많은 수험생들이 「"내가 하고 싶은 말"」을 준비합니다. 그러나 면접장에서 중요한 것은 "내가 하고 싶은 말"이 아니라 「"면접위원이 듣고 싶어 하는 말"」입니다.

　위원들은 단순히 지식을 암기했는지를 보지 않습니다.

　그들이 궁금한 것은 단 하나,

"이 지원자가 교사가 되었을 때, 학교 현장을 믿고 맡길 수 있는 사람인가?" 입니다.

⏰ 면접위원의 채점 포인트

1. 태도	단정한 복장, 정중한 인사, 온화한 표정, 안정된 시선
2. 논리	답변의 구조(결론 → 근거 → 사례 → 기대효과)가 뚜렷한가
3. 진정성	준비된 답변을 읊는 것이 아니라 본인의 교직관이 녹아 있는가
4. 교사다움	학생·학부모·교직원과 함께할 수 있는 전문성과 품성을 갖췄는가

실제 위원들의 이야기

실제 면접위원으로 참여했던 교사들의 공통된 의견은 이렇습니다.

- "화려한 말보다, 차분하게 핵심을 말하는 지원자가 훨씬 인상 깊었다."
- "내용은 비슷합니다. 하지만, 끝까지 경청하는 태도, 또박또박 결론부터 말하는 태도, 겸손하면서도 당당한 태도를 가진 지원자는 점수가 달라요."
- "외모나 화려한 치장보다 단정함이 가장 중요하다."
- "다 검정 아니면 네이비, 모나미라고 하죠. 그래서 결국 기억에 남는 건 어떤 표정과 태도로 말했느냐예요."

답변을 준비할 때마다 스스로 물어보세요.
"이 말을 들었을 때, 면접위원이 '이 지원자를 교사로 뽑아야겠다'는 확신이 들까?"
외형적 치장은 최소한으로, 단정함과 교사다움에 초점을 맞추세요.
답변 훈련 시에는 반드시 평가자의 눈으로 피드백을 받아야 합니다.
(스터디원, 녹화 영상 피드백 활용)

"태도가 8할이다."

같은 답변이라도,
- 눈빛이 흔들리지 않고,
- 웃는 표정으로,
- 또박또박 자신 있게 말하는 사람은 고득점을 받습니다.

반대로,
- 시선을 피하거나,
- 목소리가 작거나,
- 손을 덜덜 떨면서 준비한 답변을 읊는다면, 아무리 좋은 내용을 말해도 점수가 떨어집니다.

정리

면접은 나를 뽐내는 자리가 아니라, 위원들에게 신뢰를 주는 자리입니다.
내가 중심이 아니라 학생·학교·공동체가 중심임을 보여줄 때,
면접위원은 "이 사람이 실제 학교에 가서 교사 역할을 잘할 수 있을까?"를 태도에서 읽는다.
그러니, 화려하게 꾸미기보다 단정함 + 태도 훈련에 시간을 더 투자하세요.
이것이 결국 합격을 결정짓는 보이지 않는 점수 차이를 만듭니다.

결론 → 근거 → 사례 → 기대효과 구조

면접 답변은 시간 싸움입니다.

즉답형은 1분 이내, 구상형도 3~4분 내에 핵심을 말해야 합니다.

따라서 답변에는 누구나 이해할 수 있는 단순하고 명료한 구조가 필요합니다.

그 구조가 바로,

결론 → 근거 → 사례 → 기대효과

4단계입니다.

평가위원이 채점하기 쉽게, 답변은 항상 결론부터 제시해야 합니다.

면접에서 주저리주저리 상황 설명부터 시작하면, 면접관은 '그래서 결론이 뭔데?'라고 속으로 생각합니다.

⏰ 답변 4단 구조

1. 결론(핵심 주장)	질문에 대한 내 입장을 가장 먼저 밝힌다. "저는 ○○한 방법으로 지도하겠습니다."
2. 근거(정책·이론적 이유)	교육정책, 교육학, 교육철학을 기반으로 한 이유 제시. "왜냐하면 ○○교육정책에서도 강조하고 있듯이, 학생 중심의 접근이 필요하기 때문입니다."
3. 사례(내 경험·실행 방안)	실제 수업·실습·스터디 경험이나 실행 가능한 방안 연결. "예를 들어, 제가 교육봉사 때는 ○○ 활동을 통해 학생들이 자연스럽게 참여할 수 있도록 지도했습니다."
4. 기대효과(학생·학교·지역사회 변화)	이 답변의 실행 결과가 가져올 긍정적 변화 제시. "이를 통해 학생들은 자기 조절 능력을 기르고, 학급 공동체의 수업 집중력이 높아질 것입니다."

예시 질문 **Q.** 수업 시간에 다른 소리를 하는 학생을 어떻게 지도하시겠습니까?

답변 4단 구조 적용

1. 결론

"저는 학생이 수업에 집중할 수 있도록 즉각적인 긍정적 개입과 사후 상담을 병행하겠습니다."

2. 근거

"왜냐하면 학생 행동 지도는 단순한 제재가 아니라, 자기 조절 능력을 키워주는 교육 과정이기 때문입니다. 또한 '학생 생활지도 기본계획'에서도 예방과 회복적 대화의 중요성을 강조하고 있습니다."

3. 사례

"실제로 교육봉사에서 수업 집중을 방해하는 학생이 있었는데, 즉시 이름을 부르며 시선을 맞추고 간단히 질문을 던져 수업으로 끌어들였습니다. 이후에는 쉬는 시간에 따로 만나 '너의 의견도 존중하지만, 수업 중에는 함께 규칙을 지키자'고 회복적 대화를 했습니다."

4. 기대효과

"이를 통해 학생은 존중받는 경험을 하면서도 학습 규칙을 이해하게 되고, 학급 전체의 학습 분위기도 긍정적으로 바뀔 수 있다고 생각합니다."

TIP 짧게 vs 길게

> 즉답형: 결론 + 근거 + 기대효과(짧고 간결하게)
> 구상형: 결론 + 근거 + 사례 + 기대효과(스토리와 실행 방안까지)

정리 면접 위원은 복잡한 답변이 아니라, 구조화된 답변을 원합니다.
결론부터 시작하는 습관은 위원들에게 "이 지원자는 정리된 사고를 가진 교사다"라는 인상을 줍니다.

2번째

답변 전략: 결론 → 근거 → 사례 → 기대효과

예시 질문: "교사의 공정한 태도란 무엇이라고 생각합니까?"
답변 구조:
〈결론〉 "저는 교사의 공정성은 모든 학생에게 차별 없는 교육 기회를 제공하는 것이라고 생각합니다."

〈근거〉

"(교육기본법 제3조에도) 모든 국민은 균등하게 교육을 받을 권리가 있다고 명시되어 있습니다. (또는, 교사는 학생을 단 한명도 포기 하지 않아야 합니다.) 또한 최근 교육정책에서는 '정의로운 차등'을 강조하며, 개별 학생의 상황을 고려한 맞춤형 지원이 공정성의 본질이라고 봅니다."

〈사례〉

"예를 들어, 제가 교육봉사 활동에서 학습 격차가 큰 학생들을 만났을 때, 단순히 동일한 문제지를 주는 것이 아니라, 학생 수준에 맞춘 보충학습 자료를 제공했습니다. 또, 학급 전체와 공유할 때는 그 학생의 자존감이 떨어지지 않도록 배려했습니다."

〈기대효과〉

"이러한 태도는 학생들에게 '교사는 나를 존중한다'는 신뢰를 주고, 학급 분위기를 안정시킵니다. 나아가 학교 전체에 '차별 없는 배움의 문화'를 확산시킬 수 있다고 생각합니다."

위의 틀을 10번만 따라 읽어보고, 나만의 속도로 나만의 틀을 만들어보세요!

> **직접 해봐요**

결	
근	
사	
기	

면접관의 귀는 늘 분주합니다.

짧은 시간 안에 여러 지원자의 답변을 들으며, 핵심만 (루브릭, 키워드) 빠르게 잡아내야 하기 때문입니다. 그것이 점수와 연결이 되기 때문입니다.

따라서 첫 문장, 단 한 문장에서 내 입장이 무엇인지 명확하게 드러내야 합니다.

 왜 1문장 핵심인가? 〈집/명/채〉

– 집중력: 면접위원은 긴 답변을 처음부터 끝까지 다 기억하지 않습니다. 핵심만 기억에 남습니다.
– 명료성: 한 문장이 곧 교사로서의 태도와 정체성을 보여줍니다.
– 채점 편의성: 결론이 분명한 답변은 평가자가 체크하기 쉽습니다.

훈련방법

1. 질문을 듣자마자 내 입장을 1문장으로 정리하기
   예: "저는 회복적 대화를 통해 학생의 행동을 지도하겠습니다."
2. 나머지는 근거·사례·기대효과로 확장
   예: "왜냐하면 회복적 생활교육은 학생 스스로 책임을 깨닫게 하는 효과가 있기 때문입니다."
3. 모든 답변 시작을 10초 이내로 훈련하기
   구상형은 길어도 좋지만, 첫 문장은 언제나 짧고 명확해야 합니다. 바로 시작하세요!

예시: ① (즉답형)

    Q. 수업 중 산만한 학생을 어떻게 지도하시겠습니까?
- 1문장 핵심: "저는 즉각적인 긍정적 개입과 사후 상담으로 지도하겠습니다."
- 이후: 근거(교육정책·철학) → 사례(내 경험) → 기대효과

예시: ② (구상형)

    Q. 기후 위기 대응 교육을 어떻게 하시겠습니까?
- 1문장 핵심: "저는 체험 중심 기후위기 대응 교육을 실천하겠습니다."
- 이후: 정책(생태전환교육 강조), 활동 예시(기후 체험관 견학·제로웨이스트 캠페인), 기대효과

📚 훈련 루틴 — '하루 3문장 챌린지'

- 아침마다 예상 질문 3개를 뽑아 1문장으로만 답한다.
- 1문장 핵심을 "저는 ○○하겠습니다." 형식으로 프로그램명, 활동명 등의 네이밍으로 시작하면 뭔가 열정 있어 보이는 교사로 보이거나 임팩트 있게 전달 될 수 있다. (단, 허황된 프로그램, 실현 가능성 없는 활동은 자제하자)
- 매일 기록하며, 2주 후 50문장, 4주 후 100문장 라이브러리를 만든다.

🔖 정리   면접에서 가장 강력한 무기는 '첫 문장'입니다.

처음 5초 안에 핵심이 나오면, 면접관의 귀는 열리고 눈빛은 집중됩니다.
「"1문장 핵심 훈련"」은 단순한 말하기 연습이 아니라, 사고의 틀을 합격자의 수준으로 끌어올리는 비밀 전략입니다.

🗨 좋은 첫 문장 VS 나쁜 첫 문장

구분	좋은 첫 문장 ✅	나쁜 첫 문장 ✗
형태	"저는 ○○하겠습니다." (명확한 입장)	"음… 저는… 일단… 네…" (우물쭈물 시작)
길이	10초 이내, 핵심만 제시	30초 이상, 불필요한 설명부터 시작
초점	학생·학교·교육공동체 중심	자기 불안·변명 중심
톤	자신감 있고 단정한 어조	기어들어가는 목소리, 불확실한 어조
예시 (좋음)	"저는 회복적 대화를 통해 학생을 지도하겠습니다."	"제가 아직 경험이 많진 않지만… 아마도 이렇게 하지 않을까 싶습니다."
예시 (나쁨)	"저는 기후위기 대응 교육을 체험 중심으로 실천하겠습니다."	"요즘 기후위기가 심각하니까… 제가 생각하기엔… 음…"

첫 문장은 "면접의 제목"과 같습니다.

좋은 첫 문장은 면접관에게 "이 지원자의 답변은 이미 구조가 잡혀 있구나"라는 안정감을 줍니다.

반면 나쁜 첫 문장은 "이 지원자는 아직 준비가 덜 되었구나"라는 불안감을 줍니다.

하루 3문장 훈련 세트 <함께 연습해요>

질문 1.

Q. 수업 시간에 딴짓하는 학생을 어떻게 지도하시겠습니까?

☞ 좋은 첫 문장:

"저는 학생의 집중을 회복할 수 있도록 개별 대화와 학급 규칙을 통해 지도하겠습니다."

나의 문장:

"_____

_____ "

질문 2.

Q. 학교폭력 가해 학생을 어떻게 지도하시겠습니까?

☞ 좋은 첫 문장:

"저는 회복적 대화와 상담 연계를 통해 학생이 스스로 책임을 인식하도록 지도하겠습니다."

나의 문장:

"_____

_____ "

질문 3.

Q. 기후위기 대응 교육을 어떻게 실천하시겠습니까?

☞ 좋은 첫 문장:

"저는 체험 중심의 기후위기 대응 교육으로 학생들이 생활 속 실천을 이어가도록 지도하겠습니다."

나의 문장:

"_____

_____ "

📚 **임플 훈련 루틴**

매일 아침 3문장: 질문 랜덤 추출 → 첫 문장 결론만 말하기

거울 앞 or 스터디 앞에서 1분 루틴

핵심: "첫 문장에 답이 있다"

효과: 면접관은 10초 안에 "아, 이 수험생은 이미 교사다"라는 인상을 받음

4부 구상형 · 즉답형 차별화 전략 (아이디어 뱅크 훈련)

면접은 크게 두 갈래로 나뉩니다.

구상형은 준비된 사고력을, 즉답형은 순간 대응력을 시험합니다.

많은 수험생들이 두 유형의 차이를 잘 이해하지 못하고 같은 방식으로 준비하다가 점수를 놓칩니다.

1. 구상형 VS 즉답형의 본질적 차이

구분	구상형	즉답형
시간	5~10분 구상(지역청마다 상이함) 5분~15분 답변(지역청마다 상이함)	구상 없음, 30초~1분 이내 답변
채점 포인트	구조화, 논리성, 교육학적 근거 본인의 교육철학이 녹아져 있는가	태도, 사고의 민첩성, 핵심 포착 문제상황대처능력
답변 구조	결론 → 근거 → 사례 → 기대효과 (풀세트)	결론 → 짧은 근거 (1~2개)
추천 비유	논문 발표	회의에서 즉석 보고
자주 나오는 질문	– 정책형(예: 기초학력 보장 방안) – 상황형(예: 보건실 위기 학생 대응)	– 가치관형 (예: 학생이 다툴 때 어떻게 지도할까?) 등의 교내/도덕적상황 /응급상황 등 예기치 못한 돌발 상황 등

2. 구상형 답변 훈련 –"구조화와 풍부함"

반드시 〈논리 구조(결 · 근 · 사 · 기(효))〉로 답한다.
구체적 **정책 명칭**과 **사례**를 넣어 신뢰도를 높인다.
예시:
"저는 학생 안전을 최우선으로 하겠습니다. (결론)
최근 교육부 '학교 안전 강화 종합 대책'과 연계하여 예방교육과 위기 대응 체계를 병행하겠습니다.

(근거)
예를 들어, 학기 초 안전주간을 운영하고, 보건실에서 위기 학생 조기 발견 체크리스트를 활용하겠습니다. (사례)
이를 통해 학생 스스로 안전을 지키는 힘을 기르고, 학교 전체의 안전 문화를 확산시킬 수 있습니다. (기대효과)"

3. 즉답형 답변 훈련 – "핵심과 태도"

시간은 30~60초. 핵심 메시지 하나만 전달하면 충분하다.
짧고 명료하게: 결론 → 근거 1줄 → 실행 의지. 〈결근〉
예시:
"학생이 수업 중 잡담한다면, 우선 눈빛과 제스처로 조용히 신호를 주겠습니다. (결론)
교사의 존중 어린 태도가 학생의 자율적 변화를 이끌 수 있다고 믿기 때문입니다. (근거)
필요하다면 수업 후 개별 대화를 통해 배려와 책임을 함께 지도하겠습니다."
☞ 여기서 중요한 건 내용보다 태도입니다.
면접관이 즉답형에서 보는 건 "교사로서 이 상황을 신속·침착하게 다룰 수 있나?"입니다.

4. 아이디어 뱅크 훈련

"오늘 답변할 아이디어를 내일 다시 쓸 수 있을까?"

면접은 결국 아이디어 싸움입니다. 같은 질문이 반복되지만, 누가 더 참신하게 풀어내는가에서 점수가 갈립니다.

⏰ 아이디어 뱅크 구축법

*카테고리별 정리: 안전, 인성, 학부모, 공동체, 정책 등
*나만의 네이밍 붙이기:
 - "기기- up 교실" (기초학력·기초체력 증진)
 - "임플 만능틀" (결·근·사·기 구조화)
 - "도토리 인성주간" (도·와주고 토·닥이고 리·더십)
*스터디 공유: 밴드/노션에 아이디어 올리고 서로 평가
*활용 훈련: 같은 아이디어를 구상형에선 풀어서, 즉답형에선 축약해서 답하기

 정리

구상형은 **풍부하고 논리적으로,** 즉답형은 **짧고 강렬하게.**
아이디어는 쌓아두는 것이 아니라 **재활용 가능하게 설계**해야 한다.
면접관은 사실 "내용" 보다 "태도+일관성"을 봅니다.

임플 미션
오늘 한 아이디어를 구상형(3분)과 즉답형(1분)으로 각각 연습해보세요.
아이디어 뱅크에 이름 붙이기 → "지구별 프로젝트" 식으로 재미있게!
스터디에서 서로의 아이디어를 10초 만에 요약해 주는 훈련 진행

지금 생각난 아이디어가 있다면 아래에 적어보세요!

✱ 초기상황

김○○ 선생님은 말을 시작하면 항상 **설명부터 길게 늘어놓는 습관**이 있었습니다.
예를 들어, "학교폭력 학생을 어떻게 지도할 것인가?"라는 질문에,
"우선 학교폭력은 심각한 사회 문제이자, 교육적으로도 다양한 접근이 필요합니다.
…" 하고 서론이 길게 이어졌습니다.
결론이 나오기까지 40초 이상 걸리다 보니, 스터디원들의 시선이 자꾸 시계로 향했습니다.

🖉 **문제**: 답변의 흐름이 '두루뭉술'하고, 핵심이 안 잡혀서 **평가자가 답변의 포인트를 찾기 어려움.**

✱ 코칭 포인트

저는 ○○ 선생님께 **임플 구조 "결근사기"(결론→근거→사례→기대효과)**로 답변하도록 훈련시켰습니다.
답변 첫 문장은 반드시 "저는 ~~ 하겠습니다"로 시작 → 결론 명확히
두 번째 문장에서 짧게 근거 → 정책·교육학·교사로서 철학
세 번째 문장에서 사례나 활동 아이디어 → '내 교과와 연결된 실행'
마지막 문장에서 기대효과 → 학생·학교·지역사회 변화 강조
연습할 때는 제가 직접 "결론은?" "한 문장으로?"를 계속 끊어주면서 훈련시켰습니다.

✱ 비포 애프터

Before
"학교폭력은 심각한 사회문제이고, 학생들의 인권 문제와도 관련이 있습니다. 다양한 접근이 필요합니다. 예를 들어 상담을 통해…."
→ 핵심이 늦게 나오고, 중간에 끊기면 답변이 맥락 없이 끝나는 경우가 많음.
After
"저는 학교폭력 학생을 우선 '안전 확보와 회복적 대화'로 지도하겠습니다.
그 이유는 학생의 인권을 존중하면서도 공동체의 질서를 지켜야 하기 때문입니다.

예를 들어, 피해 학생은 위(Wee) 클래스·상담교사와 연계하고, 가해 학생은 학급 서클 활동으로 반성·회복 기회를 제공합니다.
이 과정을 통해 학생들은 서로의 상처를 치유하며, 학급은 다시 건강한 공동체로 회복할 수 있습니다."
→ 면접위원이 첫 문장에서 교사의 방향성을 즉시 파악, 이후 내용은 '근거+사례+기대효과'로 안정감 있게 전달됨.

✳ 결과

최종 면접 점수: 97점(상위권 고득점), 1차 점수 컷+25점 =〉 전체 3등으로 합격
면접 후 피드백: "짧고 명확하게 핵심을 말하니까, 면접위원들의 표정이 느껴졌다. 와 나 붙겠다 싶었다."

🔍 정리

면접 답변은 '말을 잘하는 것'이 아니라 **핵심을 빠르게 보여주는 것**입니다.
면접위원들은 하루 수십 명의 답변을 듣습니다. **결론이 늦으면, 그 순간 감점이 시작됩니다.**
"결론부터 말하는 습관"을 훈련한다면, 내용이 조금 부족하더라도 **명확하고 자신감 있는** 답변으로 고득점을 받을 수 있습니다.

TIP   결론부터 말하는 습관 훈련하기

답변 첫 문장은 반드시 **"저는 ~ 하겠습니다"**로 시작
두 번째 문장: 짧고 간결한 근거
세 번째 문장: 내 경험·활동 아이디어를 담은 사례
네 번째 문장: 학생·학교·지역사회 변화를 보여주는 기대효과

✏️ **임플 구조(결론→근거→사례→기대효과)**만 지켜도 고득점 길이 열린다!

임플 훈련 세트

1. 구조 설명

- **結論(결론)**: 내 입장·핵심 주장 → 한 문장으로!
- **理由(이유)**: 정책·교육학·이론적 근거 → 간결하게!
- **事例(사례)**: 경험·실행 방안·활동 구체화 → 생생하게!
- **期待效果(기대효과)**: 학생·학교·지역사회에 미칠 긍정적 변화 제시

이 네 단계가 자연스럽게 흘러가면, 면접위원은 "교직관이 뚜렷한 교사"라는 인상을 받습니다.

2. 임플 예시답변 **결근사기**

- 질문: **수업 시간에 다른 이야기를 하거나 산만한 학생이 있을 때 어떻게 지도하시겠습니까?**
- **결론**
  "저는 학생의 수업 집중도를 높이는 동시에 자율적인 학습 태도를 길러주겠습니다."
- **근거**
  "학습권은 모든 학생에게 보장되어야 하며, 학생의 자기조절력은 교실 공동체의 학습 분위기를 좌우하기 때문입니다."
- **사례**
  "우선 즉각적으로 학생의 시선을 자연스럽게 유도할 수 있는 비언어적 신호(가까이 다가가기, 손짓 등)를 사용합니다. 이후 학급 규칙을 기반으로 짧게 상기시키고, 반복되는 경우에는 개별 상담을 통해 학생의 어려움을 확인합니다. 또한, '집중 UP 데이' 같은 활동을 운영하여 학급 전체가 스스로 집중 습관을 점검할 기회를 마련하겠습니다."
- **기대효과**
  "이러한 과정을 통해 학생 개인의 자기조절 능력이 향상될 뿐 아니라, 학급 전체의 수업 몰입도가 높아져 배움 중심의 교실을 실현할 수 있을 것입니다."

3. 임플 예시 문제

아래 질문에 대해, **결론 → 근거 → 사례 → 기대효과** 구조로 답변을 직접 적어보세요.
학부모가 수업 방식에 강하게 불만을 제기한다면 어떻게 대응하시겠습니까?
학급에서 왕따(소외) 학생이 발생했을 때 어떻게 지도하시겠습니까?
감염병 의심 증상이 있는 학생이 교실에서 발견된다면 어떤 조치를 취하시겠습니까?

4. 임플 체크리스트

- ☐ 결론은 1문장 핵심 주장으로 시작했는가?
- ☐ 근거는 정책·교육학·교직관을 근거로 들었는가?
- ☐ 사례는 구체적 실행 방안을 제시했는가?
- ☐ 기대효과는 학생·학급·학교·지역사회에 연결했는가?

TIP 임플 구조는 면접의 GPS입니다.

> 말이 막히거나 꼬여도, "결론부터 말하고 → 근거 붙이고 → 사례 하나 들고 → 효과 마무리"만 기억하면 답변은 절대 무너지지 않습니다. 한줄만 완성해도 벌써 네 문단, 풍성한 문장이 이루어집니다.

Chapter 04

스터디 운영법 & 7주 완성 플랜

* **1부** 스터디 원칙: 시간 엄수, 역할 분담, 피드백, 기록
* **2부** 7주 로드맵
* **3부** 시험 전 7일 집중 마무리 플랜

임용면접
플러팅

1부 스터디 원칙: 시간 엄수, 역할 분담, 피드백, 기록

1. 왜 스터디가 중요한가?

임용 2차 면접은 혼자 준비하면 한계가 있습니다.

내가 잘했다고 생각해도, 실제로는 말투가 흐릿하거나 눈빛이 불안한 경우가 많습니다.

이를 교정해주는 건 타인의 피드백뿐입니다.

✏️ 스터디는 '말하기 훈련장'이자 '거울'입니다.

2. 스터디 4대 원칙

① **시간 엄수** ― "면접은 시간 싸움이다."

– **구상형**: 2분 30초~4분, **즉답형**: 1분 이내

– 실제 스터디에서도 반드시 타이머를 사용

– 시간 오버는 감점의 지름길, 짧고 임팩트 있게 마무리하는 습관필요

TIP 매 스터디 시작 전, "타임키퍼"역할을 정해 실전처럼 관리

② **역할 분담** ― "스터디는 작은 시험장"

– **진행자**: 문제 제시·순서 관리

– **피드백 담당**: 답변 직후, 강점·보완점 간단 기록

– **기록자**: 공용 문서(구글 Docs, 밴드, 패드)에 답변 핵심 정리

TIP 매주 역할을 바꿔가며 진행 → 다양한 시각에서 면접 훈련 가능

③ **피드백 규칙** ― "사람을 보지 말고, 답변을 보라."

– 칭찬 → 보완 → 격려(샌드위치 피드백)

"너는 ~한 부분이 이상해" 대신 "○○ 부분에서 결론이 늦게 나왔어"와 같이 구체적으로 알려주고, 비언어적 요소도 반드시 점검: (목소리 크기, 눈빛, 손동작) 할 것.

TIP 임플 구조(결론→근거→사례→기대효과)에 맞는지 체크

④ 기록 유지 ― "흘려보내지 말고, 쌓아라."
- 답변 피드백은 스터디 직후 **구글 문서·노션·밴드**에 기록
- 스스로 복기할 수 있도록 '오늘의 키워드 1줄 요약' 작성
- 7주 동안 쌓이면 나만의 **답변 아카이브(기록보관함이)** 가 됨

TIP '스터디 기록 = 면접 직전 최종 압축본'

✎ 시험 전날, 기록만 훑어도 주요 패턴과 키워드가 머릿속에 정리됨

3. 잘 되는 스터디 VS 흔한 실패 스터디

잘되는 스터디	실패하는 스터디
타이머 맞추고 실전처럼 진행	잡담 많고 시간 관리 실패
역할 분담 확실	특정인만 계속 발언
피드백 구체적·짧음	"좋았어" "별로야" 수준의 모호한 말
기록 꾸준히 남김	말만 하고 흘려보냄

4. 임플

제 지인 합격자들의 공통점은 **스터디를 '연습 시험장'처럼 운영**했다는 겁니다. 특히 **시간·태도·표정**은 스터디에서 교정하지 않으면, 면접장에서 절대 고쳐지지 않습니다.
스터디는 "남을 도와주는 동시에, 나도 합격에 가까워지는 과정"임을 꼭 기억하세요.

5. 훈련과제

1) 이번 주 스터디에서 본인 역할을 '진행자'로 맡아보세요.
2) 모든 답변을 '임플 구조'로 기록하고, 스터디 후 1줄 요약을 남겨보세요.
3) 스터디 직후, **내 답변의 결론이 첫 30초 안에 나왔는지** 체크하세요.

7주 로드맵

- 1~2주: 기초 다지기 (정책 · 행복한 교육 분석, 밴드스터디 활용)
- 3~4주: 집중 훈련 (교직관 정립 · 아이디어 네이밍 훈련)
- 5~6주: 실전 모의 (기출 & 예상문제 집중)
- 7주: 압축 마무리 (최종 플래너 활용)

면접 준비는 **단거리 스퍼트**가 아니라 **7주 완성 마라톤**입니다.

초반엔 방향을 잡고, 중반엔 실력을 다지고, 마지막엔 컨디션을 조율하는 것이 핵심입니다.

7주 로드맵 개요

주차	목표	핵심 활동	체크포인트
1주차	마인드 세팅 — "나는 교사다"	– 불안 기록 시작 – Mirror Talk 자기암시 – 구상형·즉답형 구조 이해 – **EBS 영상, 교육 관련 도서, 시책 학습 → 교육관·가치관 성찰**	✓ 불안 점수 기록 ✓ 결론-근거-사례 말하기 ✓ 교육부/행복한교육/지원청 정책·이슈 정리 ✓ 교육철학·교직관 고민
2주차	기본기 훈련	– 구상형·즉답형 하루 1문제 연습 – 교육부·시도 정책 읽고 이해 – 스터디 구성 시작 　면접키워드, 주제별 익히기	✓ 답변 시간 준수 ✓ 태도·시선 안정 ✓ 답변의 키워드, 문제 핵심파악
3주차	답변 패턴 완성	– 주제별 만능틀 제작시작 – 나만의 활동, 프로그램, 네이밍 구축 – 스터디 모의 면접 시작 　피드백은 하루안에 수정	✓ 답변 첫 문장 명확 ✓ 문장은 간결히 ✓ 결-근-사-기 구조 적용 ✓피드백 즉시 반영
4주차	집중 훈련	– 구상형·즉답형 하루 2세트 – 정책형·가치관형·상황형 골고루 훈련 　교직관 확립 시작 　학급운영/00실 운영 방안 설계	✓ 말버릇 제거 ✓ 질문 의도 맞춤 ✓ 교직관 답변에 녹이기
5주차	실전 시뮬레이션 1차	– 게릴라성 모의면접 – 입장~퇴장 절차 완벽 숙지 　툭 치면 답변 가능수준 도달	✓ 체력·집중력 유지 ✓ 긴장 속 태도 유지 ✓ 항상 밝은 표정
6주차	실전 시뮬레이션 2차	– 풀세트 모의면접 매일 1회 – 피드백/ 약점 집중 보완 – **나만의 단권화 자료 정리 마무리** 　(본 임플 면접책 포함)★	✓ 채점 기준 맞춤 ✓ 약점 90% 개선 ✓ 본인 영상피드백 ✓ 모든 질문 훑기
7주차	마무리 & 컨디션 조율	– 답변 요약집 (면접단권화)완성/숙지 – 하루 1회씩 풀세트 말하기 – 복장·준비물 점검 　어버버, 말꼬이는, 이해안되는 키워드는 한줄로 최소화 작업	✓답변 안정성 90% 이상 ✓평소 루틴 그대로 ✓교직관 머릿속 각인

7주 로드맵 활용

1. **책상 앞에 붙여두기**: 매일 달성 체크 (✔) 표시
2. **체크포인트 중심 학습**: 활동량보다 달성률이 중요
3. **스터디와 병행**: 개인 학습 + 집단 피드백 병행해야 효과 극대화
4. **주차별 반성**: 매주 일요일 "이번 주 잘한 점 1개, 보완할 점 1개" 기록

TIP 임플 코멘트

합격자들은 로드맵을 끝까지 따라간 사람들입니다.
사람은 완벽하지 않습니다. 시행착오와 수많은 연습으로 완벽해질뿐입니다.
처음부터 "한 번에 완벽해야 한다"가 아니라, 7주 동안 매주 하나씩 완성해나간다면 합격을 안겨드릴거라 자부합니다.

"오늘은 작은 한 걸음이지만, 7주 뒤엔 교사의 눈빛으로 바뀐다"는 믿음을 가지고 달려보세요.

임플 면접책 주차별 준비전략

1. 초수생 – 기초확보 & 빠른 흡수

책·영상·자료에서 길을 잃지 않게 길잡이 역할을 해줍니다.

✏️ 이 책으로 2-3주의 시행착오를 → 단 2-3일 안에 확립 하도록 해줍니다!

주차	목표	초수 전략 포인트
1주차	마인드 세팅 & 방향 잡기	– "나는 이미 교사다" 자기암시 – EBS, 행복한교육 잡지 키워드 빠르게 훑기 (임플 면접책 요약본으로 가능) – 교직관·가치관 개념 잡기
2주차	기초 자료 인풋 & 구조 이해	– 교육부·시도 정책·핵심 정책 단권화 – 기출문제 키워드별 분류(책에서 제공) – 구상형·즉답형 답변 구조 첫 적용

3주차	기본 답변 연습 시작	– 하루 1문제(구상형+즉답형) 풀기 – 답변 시간 지키기(2분 30초 / 1분) – 스터디 참여·아이디어 공유
4주차	답변 패턴 만들기	– 결론→근거→사례→기대효과 구조 숙지 – 나만의 프로그램·네이밍 제작 시작 – 면접 태도(시선·표정·인사) 교정
5주차	사례 라이브러리 확보	– 활동 사례 10개 이상 확보 – 교직관·학급운영 답변 구체화 – 돌발 질문 대비 '즉답 훈련'
6주차	실전 모의 돌입	– 풀세트 모의면접 주 2회 – 영상 피드백 → 태도 교정 – 피드백은 24시간 내 반영
7주차	최종 정리 & 마무리	– 단권화 자료 완성(30p) – 복장·태도·준비물 점검 – 하루 1회 풀세트 연습, 루틴 고정

2. 재수 이상 (N수생) – 다듬고 완성하는 단계

이미 영상·책·정책 흐름을 경험했으므로, '다시 새로'보다 다지는 과정이 중요.

✏️ 완성형·정리형·세밀화 훈련으로 차별화.

주차	목표	재수 전략 포인트
1주차	마인드 재정비	– "나는 교사다" 선언으로 태도 다잡기 – 지난 해 답변 영상 복기·교정 포인트 기록
2주차	교직관·가치관 세밀화	– 기존 교직관 답변 다듬기 – 최신 정책 반영 업데이트 – 답변에서 '나만의 철학' 문장 추가
3주차	답변 패턴 정교화	– 사례·활동을 구체화 (효과 강조) – 군더더기 제거, 1문장 핵심 훈련 – 즉답형 임팩트 훈련
4주차	실전 감각 강화	– 구상형·즉답형 하루 2세트 – 표정·시선·손동작 세밀 교정 – 돌발 질문(민원·학생지도) 집중
5주차	모의면접 집중	– 스터디에서 평가위원 시각으로 교차 피드백 – 100점 답변 목표: 교직관+태도 일치

6주차	약점 보완 & 안정화	– 지난 해 불합격 원인 보완 – 태도/시선/인사 루틴 완성 – 교직관+프로그램 답변 완전 암기
7주차	최종 점검	– 단권화 요약 완성 (20p 이내) – 하루 1회 풀세트 연습 – 루틴 점검 & 컨디션 관리

✏️ 핵심메시지

초수생: 이 책은 시행착오를 '압축'해주는 길잡이입니다.
→ "맨땅 헤딩" 과정(2~3주)을 **단 2~3일 안에 확보**하게 도와줍니다.
재수생 이상: 이미 가진 틀을 **다듬고, 정리하고, 완성하는** 데 초점을 둡니다.
→ 작년까지의 경험이 "원석"이라면, 이번엔 그걸 **보석처럼 갈고 닦는 과정**입니다.

시험 전 7일 집중 마무리 플랜

> ✎ 핵심메시지
>
> **마지막 7일은 '추가 공부'가 아니라 '내 것 다지기'**
> **답변 구조·태도·컨디션**이 3가지에 집중
> "새로운 걸 넣으면 무너진다"는 경각심 필요

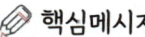 **7일 압축플랜**

날짜	목표	핵심 활동	체크포인트
D-7	전체 복습 시작	– 단권화/답변 요약집 완성 (30p 이내) – 직종별 키워드 다시 확인	✓ 답변 요약집 준비 완료 (면접단권화) (임플 면접책)
D-6	모의면접 풀세트 ①	– 입장→구상형→즉답형→퇴장 루틴 점검 – 영상 녹화 후 스스로 채점 – 스터디원 또는 게릴라 멤버에게 피드백	✓ 단권화: 루틴 지키며 1회독 ✓ 피드백 50%보완
D-5	약점 보완	– 피드백 반영, 부족한 사례 보강 – 말버릇, 손동작 교정 전체적인 태도 교정	✓ 말버릇 1개 이상 제거 ✓ 피드백 70%보완
D-4	모의면접 풀세트 ②	– 긴장 상황 연출(게릴라 질문·빠른 진행) – 체력·집중력 점검 본인 단권화 숙지	✓ 긴장 속 태도 유지 ✓ 피드백 80%보완
D-3	최종 점검	– 구상형·즉답형 3문제씩 '빠른 답변 훈련' – 답변 첫 문장에 힘 싣기 본인 단권화 숙지	✓ 1문장 핵심 OK 피드백 100%보완
D-2	컨디션 관리	– 저녁 일찍 자기, 카페인 조절 – 준비물·복장 최종 점검 본인 단권화 숙지	✓ 준비물 체크리스트 완료 ✓ 최근 영상보고 자체 피드백

D-1	이미지 트레이닝	– 거울 앞에서 자기소개+첫 답변
		– "나는 이미 교사다" 자기암시 3회
		  즐거운 미소 띄며 안정감 유지하기
		  나만의 단권화 눈에 바르기
			✓ 교사다운
			  표정·시선 유지
			✓ 나는 교사다.
			✓ 면접위원들은 내
			  〈편한〉 동료이다.
			  (상상하기)

D-Day	나는 교사다	태도, 목소리, 말투, 표정, 최상으로 유지 – 스터디·공부 금지, 마음 안정 눈 감고 학교에서 근무하는 모습 상상	

🖉 **임플 코멘트 〈디데이 7일전〉**

- **새로운 걸 넣는 순간 흔들립니다.→** 이 시기는 '보강'이 아니라 '정리'입니다.
- **영상 피드백**은 최소 2번은 꼭 남기세요. 말투·시선·표정은 본인 눈으로 보는 게 가장 빠른 교정
  법입니다.
- **마지막 날은 공부하지 마세요.** 오히려 면접장에서 에너지가 빠져버립니다.
- **자기암시(Mirror Talk)** "나는 이미 교사다"를 반드시 반복하며, 면접장의 '멘탈 부스터'로 활용하
  세요.

시험 전 7일은 실력 상승 구간이 아니라 안정화 구간입니다.
답변 요약집(면접단권화를)을 꺼내도, 결국 나오는 건 태도·시선·표정·교직관입니다.
7주를 어떻게 '잘' 보내느냐가 여러분의 합격을 가르지 않을까요?

Part 1

Chapter 04 **스터디 운영법 & 7주 완성 플랜**   67

사례 3 "스터디 운영으로 태도와 시선 교정한 사례" `TIP`

> 김하늘(가명) 선생님의 이야기
>
> 김하늘 선생님은 초수·재수 시절 모두 성실하게 답변을 준비했지만, 면접 점수는 초수 84점, 재수 85점으로 기대에 미치지 못했습니다.
> 제가 보기에 원인은 시선 처리와 태도였습니다. 답변을 할 때마다 눈이 위아래로 흔들리고, 손은 책상 위에서 불안하게 움직였습니다. 답변 내용만 보면 교사다운 포인트가 많았지만, 면접관에게는 "교사답지 않다"는 인상을 주었던 겁니다.
> 특히, 혼자 연습할 때는 잘 모르던 문제였는데, 스터디에서 피드백을 받으면서 본인이 어떻게 보이는지가 선명하게 드러났습니다. 제가 드린 피드백은 간단했습니다.
> ☞ "답변을 잘해도 시선이 불안하면 신뢰감이 떨어집니다."

✳ 코칭 & 스터디 전략

저는 스터디장으로서 태도·시선 피드백 규칙을 스터디에 도입했습니다.	
- 영상 피드백 스터디	각자 1분·3분 답변 후 휴대폰으로 촬영 서로의 눈 초점, 말버릇, 손동작 체크 '오늘의 비언어 피드백 1개'를 반드시 기록
- 시선 고정 훈련	조원 중 1명을 면접관 삼아 시선을 고정 시선이 흔들리면 "STOP"을 외치고 다시 시작 반복으로 눈빛의 안정감을 몸에 새기도록 훈련
- 구조 점검(결론-근거 -사례-기대효과)	조원 중 1명이 "결론 빠졌어요", "사례 부족해요" 신호 주기 말이 길어지는 습관을 구조적으로 끊어내도록 훈련
- 규칙화된 피드백	매 모의면접마다 **내용 피드백 + 태도 피드백**을 함께 기록 김하늘 선생님은 매 스터디 후 녹화 영상을 보고, 다음날 바로 교정

✳ 비포 애프터

Before
답변은 풍부했으나, 시선 흔들림과 불안한 손동작 때문에 긴장한 인상만 남음

After
면접관을 정면으로 바라보며, 손을 단정히 두고 또렷하게 답변 → "신뢰감 있는 교사다움"으로 평가

✳ 최종결과

김하늘 선생님은 최종 면접에서 96점 고득점으로 합격했습니다.
스스로도 "나는 교사다"라는 마음가짐을 태도와 시선으로 보여줄 수 있었다는 점을 가장 큰 성취로 꼽았습니다.
저 역시 스터디장으로서 2개의 스터디를 이끌며 전원 합격을 이끌어냈는데, 그 핵심은 지식보다 태도 교정에 있다고 확신합니다.

🍥정리

스터디의 가장 큰 힘은 단순한 집단 지성이 아닙니다.
스터디는 '집단 거울'입니다.
혼자서는 보지 못하는 태도와 습관을, 다른 사람들이 정확하게 짚어주고 바로잡을 수 있습니다.
결국 면접 점수를 좌우하는 것은 답변의 지식보다 태도이고,
그 태도는 스터디에서 가장 효과적으로 교정할 수 있습니다.
"태도가 8할이다."
이 말은 단순한 구호가 아니라, 실제 합격자들의 결과로 증명된 진리입니다.

4장 마무리 훈련 세트

[스터디 운영 체크리스트]

☐ 스터디 인원은 3~4명으로 구성했는가?
☐ 시간 엄수 (1인 발표 5분, 피드백 5분) 규칙을 지켰는가?
☐ 역할 분담(질문 출제, 시간 체크, 피드백 기록)을 분명히 했는가?
☐ 피드백은 "구체적 행동" 중심으로 했는가? (예: "말이 길다" X → "결론부터 말하라" O)
☐ 매 회차 피드백 기록을 남기고, 다음 스터디 전까지 수정·보완했는가?

[7주 완성 루틴 정리]

[1] 1~2주차 → 기초 다지기

- Mirror Talk, 자기 암시
- 구상형·즉답형 기본 구조 훈련
- 시책·EBS·교육잡지 읽으며 교직관 밑바탕 만들기

[2] 3~4주차 → 패턴 완성·집중 훈련

- 주제별 만능틀 제작
- 내 활동·프로그램 네이밍하기
- 피드백 즉시 반영 (하루 안에 고치기)

[3] 5~6주차 → 실전 시뮬레이션

- 입장~퇴장 풀세트 모의면접
- 게릴라성 면접 (불시에 질문 던지기)
- 영상·녹화 피드백 필수

[4] 7주차 → 압축 마무리

- 답변 요약집(30p 이내) 완성
- 하루 1회 풀세트 훈련
- 복장·태도·언행 최종 점검
- 컨디션 유지: 평소 루틴대로, 새로운 것 추가 X

[스터디 훈련 포인트 3가지]

1. 질문 다양화: 정책형·상황형·가치관형을 골고루 섞어 출제하기
2. 비언어 피드백: 시선·손동작·표정·속도까지 체크
3. **실전 감각: 타이머와 카메라를 켜고 반드시 발표 + 피드백 받기**

훈련 슬로건

"집단 지성보다 집단 거울!" → 스터디는 서로의 지식 나눔이자, 나의 태도를 비추는 거울
"피드백은 24시간 안에 반영!" → 바뀌는 습관은 그때 바로 잡을 때 완성됨

PART

2

실전 대응 — 유형별 답변 가이드

Chapter **05**

면접 당일 실전 팁

임용면접
플러팅

전날 컨디션 관리, 준비물 점검

1. 전날 컨디션 관리

1) 수면관리	– 시험 전날은 무조건 7시간 이상 숙면이 목표입니다. – 긴장해서 쉽게 잠이 오지 않을 경우 → 루틴화된 준비가 효과적입니다. – 평소처럼 같은 시간에 샤워 – 시험 전날만 특별히 공부하지 말고, 간단히 요약집 훑기 → 심리적 안정감 확보 – 잠이 오지 않는다면 억지로 누워있기보다, 차분한 음악(클래식·화이트노이즈)을 듣기
2) 식사 관리	– 과식 금지, 소화 잘 되는 음식(죽, 국수, 구운 채소 등)을 섭취 – 카페인 과다 섭취 금지 (불면증·심장 두근거림 유발) – 시험 당일 아침엔 가벼운 탄수화물 + 단백질(바나나 + 달걀 정도)이 적합
3) 멘탈 관리	– '내일은 실력 검증이 아니라 태도 점검이다'라는 마인드 리셋 평소 120% 실시했다면, 면접장에서 100% 발휘할 것이고, 평소 100% 연습했다면, 면접장에서 80% 발휘 될 것이다. 나는 교사다. 어제도 출근 했던 학교다. 나의 직장 동료들을 보러가는 것이다.
4) 자기암시 3종 세트:	– "나는 이미 교사다." – "내가 준비한 만큼 보여주면 충분하다." – "내가 긴장하는 건 진지하다는 증거다."

2. 준비물 점검

필수 준비물	– 수험표, 신분증 (시험장 입장 필수) – 복장: 단정한 정장 (네이비/블랙 계열), 구두 또는 단정한 플랫슈즈 – 시계 (아날로그 권장, 스마트워치 불가)
보조 준비물	– 답변 요약집 (단권화 30p 이내, 간단 체크용) – 필기도구, 작은 수첩 (대기 시간 활용) – 물, 작은 간식 (초콜릿, 에너지바), 따뜻한 음료 등 – 휴지, 멀미약/진통제 등 개인 상비약, 핫팩, 구두굽 뒷꿈치 패드 – 진정제(우황청심환 등)
체크리스트 (전날 밤)	☐ 수험표와 신분증 가방에 넣었는가? ☐ 복장 다림질 완료, 구두 광택 확인했는가?

	☐ 대중교통/자가용 이동 경로 & 시간 확인했는가?
	☐ 답변 요약집과 준비물 모두 챙겼는가?
	☐ 알람 2개 이상 설정했는가?
	☐ 간식, 식사 챙겼는가?
	☐ 핫팩, 휴지, 화장품 등을 챙겼나?
	☐ 메이크업을 받는다면, 이동 거리 확인하기
	☐ (여) 여분 스타킹 챙기기, 담요나 양말 챙기기 (보온)
	☐ (학교는 전체 금연구역) 담배는 챙길 수가 없음.
3. 한줄 조언	면접 당일은 머리를 채우는 날이 아니라, 마음을 비우는 날입니다. 전날은 "새로운 공부는 X, 컨디션 유지가 O"라는 점을 반드시 기억하세요.

2부 입장 절차 (노크 → 인사 → 착석)

① 노크 & 입실	– 문을 두드릴 때는 **3회, 또박또박.**
	– "들어오세요."라는 말이 끝난 후 2초 뒤, 차분히 문을 열고 입실.
	  (또는 방송으로 안내할 수 있음. 지원청마다 다를 수 있음)
	– 문은 최대한 소리 나지 않게 열고 닫는다.
	– 의자도 최대한 소리 나지 않게 들어올려 꺼내고, 퇴실할 때도 집어 넣는다.
	팁: 입실 순간이 이미 '첫인상 평가'입니다. 이때 점수가 나옵니다!
	  바른 자세, 밝은 표정, 차분한 동작을 보여주는 것이 답변보다 먼저 점수를 줍니다.

② 인사	– 문 안쪽에서 공손하게 **발을 모은 상태로 허리를 30도 숙여 인사.** – "안녕하십니까, 관리번호 0번입니다." – 목소리는 **밝고 명확하게**, 크지만 명랑하게(면접실의 크기에 맞춰).
③ 착석	– 면접관이 "앉으세요."라고 할 때까지 서서 기다린다. (또는 앉으세요란 말을 안 하는 곳도 있으니 구상실, 즉답실 안내사항 확인하기!) – 착석 후에는 허리 곧게, 손은 가지런히 무릎 위. – 다리를 꼬거나, 팔짱, 턱 괴기, 책상 두드리기 등 불안 습관은 절대 금지
④ 시선 & 표정	– 답변 시작 전, 면접위원 전체를 한 번 훑어보며 시선을 나눈다. – 답변할 때는 주 질문자에게 집중하되, 다른 위원에게도 자연스럽게 시선을 돌린다. – 표정은 **밝은 미소 + 진지한 눈빛조합.**
⑤ 답변 시작	– 질문을 들은 후 1~2초간 고개 끄덕이며 생각 정리. – "구상형 ○번 답변드리겠습니다."로 자연스럽게 시작. – 목소리는 끝까지 흔들리지 않고, 결론 → 근거 → 사례 → 기대효과 구조로 전개.
⑥ 답변 마무리	"이상입니다."를 반드시 말해야 채점이 시작됨 이상입니다하고, 한템포 쉬고, 웃으며 다음 질문 답변 시작하기(여유가지기)
체크포인트	☐ 노크는 3번, 인사는 또렷하게 ☐ 앉기 전까지 허리·어깨 바르게 ☐ 시선은 균형 있게 분배 ☐ 답변 전 2초 멈춤, 자신감 있는 시작 ☐ 밝은 목소리, 밝은 표정, 활력 있는 모습 (=신규교사 같은 패기)

금지사항 & 감점 행동 TOP 10

1	**1. 무표정 & 굳은 얼굴** 긴장으로 웃음기 없이 굳은 얼굴은 차갑게 보임 → 감점 요소. **해결**: "밝은 눈 + 미소" 기본 세팅.
2	**2. 말끝 흐림 / 웅얼거림** "...같습니다.." "..어..음.." → 신뢰도 하락. **해결**: 짧아도 **또렷하고 힘 있는 톤**으로 마무리.
3	**3. 불필요한 손동작 / 다리 떨기** 긴장 티가 그대로 드러남. **해결**: 두 손은 무릎 위 고정, 필요할 때만 작은 제스처.
4	**4. 과도한 외모 치장 / 의상 비격식** 화려한 장신구, 지나치게 튀는 색상, 캐주얼 복장 → "교사다움"에서 멀어짐. **해결**: 단정·깔끔·교사 이미지(네이비·블랙·화이트 무채색 계열).
5	**5. 과잉 자신감 / 공격적 태도** "당연히 이래야죠.", "그건 잘못된 겁니다." → 오만하게 들림. **해결**: 겸손한 어휘 + 자신감 있는 표정.
6	**6. 인사 소홀** 입장·퇴실 시 인사 생략 → 기본 예절 감점. **해결**: 입장/퇴실/질문 끝날 때 짧은 고개 숙임 필수.
7	**7. 대화 눈빛 없음** 바닥만 보기, 천장 보기 → 소통 단절. **해결**: 질문자 눈 + 다른 면접관 자연스러운 분배.
8	**8. 답변이 두서없고 장황** 논리적 흐름 없이 "주저리주저리" → 핵심 사라짐. **해결**: "결론 → 근거 → 사례 → 기대효과" 구조.
9	**9. 시간 초과 / 시간 미달** 구상형: 2분 이하 or 5분 이상 → 평가자 집중도 이탈. 교사는 시간 맞춰 수업을 하는 직군으로, 수업시간=대답시간을 정확히 여길 것 **해결**: 구상형 3분, 즉답형 1분 훈련.

10	**10. 멘탈 흔들림 드러내기** "죄송합니다.. 다시 말해도 될까요.." → 불안감 전달. **해결**: 실수 시 즉시 "정정하겠습니다." 한마디 후 자연스럽게 이어가기.
정리	면접 위원들은 사실 **모두 비슷한 답변**을 듣습니다. 그래서 **태도·표정·말투**에서 큰 점수 차이가 납니다. ☞ **"정답이 아니라 태도"가 합격을 좌우합니다.**

4부 돌발 상황 대처법

〈돌발 상황 대처 4원칙〉

1. 재질문 요청하기
질문을 정확히 못 들었을 때
☞ "죄송하지만, 다시 한 번 질문을 말씀해 주시겠습니까?"
(감점이 아니라 오히려 **침착함**으로 가산점이 될 수도 있음)

2. 사례 전환하기
준비한 사례가 순간 기억나지 않을 때
☞ "유사한 상황으로 말씀드리겠습니다." → 연결 가능한 경험으로 전환

3. 빠른 정정하기
말하다가 실수했을 때
☞ "방금 말씀드린 부분은 정정하겠습니다. 올바른 표현은 ○○입니다."
(당황하지 않고 바로잡는 태도가 신뢰로 이어짐)

4. 시간 관리 실패 시
즉답형에서 시간이 너무 길어지면 → **결론으로 급 마무리**
☞ "종합적으로 말씀드리면, 학생의 안전과 성장을 최우선 가치로 두어 지도하겠습니다."

〈면접 당일 돌발 상황 예시 & 대처〉

– 예시1: 예상치 못한 정책 질문
"최근 ○○ 정책에 대해 의견을 말하시오."
☞ 정책명 + 취지 간단 언급 → "저는 교사로서 ○○한 점에서 의미 있다고 생각합니다."

– 예시2: 긴장으로 말이 막힘
☞ 1~2초 침묵 후, 미소 + "결론부터 말씀드리겠습니다." 하고 재시작

– 예시3: 면접관이 되묻기
"조금 더 구체적으로 말씀해 보세요."
☞ "네, 구체적으로는 △△ 프로그램을 운영하며 학생의 ○○을 지원하겠습니다.

정리 면접은 "완벽한 답"을 찾는 시험이 아니라, 예상치 못한 상황에서 교사답게 대응하는가를 보는 자리입니다.
☞ 돌발 상황에서는 침착 + 정직 + 긍정 에너지 세 가지 키워드만 기억하세요.

면접 당일, 누구나 긴장합니다.

저도 면접 당일엔 긴장했습니다. **긴장을 긍정**으로 바꾸는 건 생각보다 어렵지 않아요.

하지만 어떤 이는 긴장을 관리하지 못해 흐트러지고, 어떤 이는 그 긴장을 힘으로 바꿔내어 합격으로 이어갑니다.

우리는 그 긴장을 힘으로 바꾸는 방법에 대해 알아보도록 합시다.

김OO 선생님(보건, 초수)은 1차를 턱걸이로 통과했습니다.

평소 스터디 때는 차분히 잘 했지만, 면접 당일 대기실에서 긴장으로 손이 떨리고, 호흡이 가빠지며 "혹시 말이 막히면 어쩌지?"라는 불안이 밀려왔습니다.

"내가 여기까지 왔는데, 오늘 망치면 어떡하지?" 스스로 멘탈이 무너질 뻔한 순간이었습니다. 이때, 제 지인이었던 김OO 선생님은 그간 피드백 받았던 임플주문을 되새기며 긴장이 10에서 5~4로 떨어졌고, 함께 짰던 활동명, 네이밍 등등을 중얼거리며 나만의 보건실을 만들 생각에 긴장이 설렘으로 바뀌었었다고 했습니다.

✳ 코칭 포인트

제가 면접을 전수해드린 지인 분들에게 알려준 핵심 포인트는 이것 입니다.

☞ "멘탈 흔들림은 당연하다. 다만 드러내지 않으면 된다."

면접장은 누구에게나 긴장되는 자리입니다. 떨리고, 손끝이 차갑고, 목소리가 흔들리는 건 지극히 정상입니다. 그러나 합격자와 불합격자를 가르는 차이는 그 흔들림을 드러내느냐, 숨기느냐에 있습니다.

그래서 저는 이렇게 조언합니다.

"연기하라. 잘하는 척, 참교사인 척, 즐거운 척 연기하라."

교사는 본질적으로 연기의 직업이기도 합니다. 매일 수십 명의 학생 앞에서 에너지를 담아 수업하고, 때로는 힘든 상황에서도 밝은 표정을 유지해야 하죠. 면접도 마찬가지입니다. 그 순간만큼은 '나는 이미 교사다'라는 확신으로, 마치 무대 위 배우처럼 태도와 말투를 연기해야 합니다.

놀랍게도, 연기는 단순한 가식이 아닙니다. 반복하다 보면 연기가 습관이 되고, 습관이 태도가 되고, 결국 그 태도가 진짜 나 자신이 됩니다.

저는 "피그말리온(Pygmalion)"이라는 단어를 좋아합니다.
이는 자성예언(Self-fulfilling prophecy)과 같은 말로, "기대가 현실을 만들어낸다"는 뜻입니다.
교사가 학생에게 긍정적인 기대를 가지면, 학생은 그 기대에 부응하려 노력하고 실제로 성장하게
됩니다.

면접 준비 과정도 마찬가지입니다.

"나는 이미 교사다."라고 기대하며 준비한 사람은 태도와 표정부터 교사답게 변해갑니다.
이는 단순한 자기 암시가 아니라, 피그말리온 효과의 실제적 적용입니다.
☞ 결국 면접관에게 보여야 하는 것은 **완성된 지식**이 아니라,
"나는 교사로 기대받을 만한 사람"이라는 태도와 확신입니다.

✴ 결과

저는 이렇게 세 가지 훈련을 강조하고 싶습니다.

---

[1] 입장 루틴 훈련
노크 → 인사 → 자리 이동 → 착석까지를 매일 같은 방식으로 반복했습니다.
루틴을 몸에 익히면 낯선 면접장에서도 자동으로 움직이게 되어 긴장을 크게 줄일 수 있습니다.

---

[2] 짧은 자기 암시
면접실 문 앞에서 속으로 단 한마디,
☞ "나는 이미 교사다. 오늘도 가르치러 들어간다."
이 선언은 떨리는 순간 마음을 단단하게 붙잡아 주었습니다.

---

[3] 멘탈 복구 문장
답변이 막히거나 실수가 나올 때는,
☞ "잠시 생각 후 답변드리겠습니다." "구상형 0번 다시 말씀드리겠습니다."
짧게 말한 뒤 차분히 다시 이어가도록 했습니다. 실수 자체는 감점 요인이 아니지만, 멘탈 흔들림을
드러내는 태도는 치명적이기 때문에 반드시 훈련이 필요합니다.
이 세 가지 훈련을 실제 면접장에서 적용한 수강생은, 목소리가 떨리던 순간에도 무너지지 않고 끝까
지 안정적인 태도를 유지해 결국 합격을 거머쥘 수 있었습니다.

 멘탈 흔들림은 당연하다. 다만, 드러내지 않으면 된다.
"연기하라. 잘하는 척, 참교사인 척, 즐거운 척 연기하라."

구분	훈련 포인트	방법	체크포인트
[1] 전날 루틴	컨디션 관리 & 준비물 점검	– 숙면 준비(핸드폰 off) – 복장·필기구·시계 미리 세팅	✓당일 아침 준비물 고민 제로
[2] 입장 루틴	자동화된 입장 절차	– 노크 → 인사 → 이동 → 착석을 매일 같은 방식으로 반복 연습	✓몸이 먼저 움직일 정도로 습관화
[3] 자기 암시	긴장 리셋	– 문 앞에서 속으로 1회 선언: "나는 이미 교사다. 오늘도 가르치러 들어간다."	✓긴장 대신 사명감 유지
[4] 멘탈 복구	실수·막힘 대처	– 말이 막히면 "정정하겠습니다." 후 재진행	✓당황 흔적 없이 자연스럽게 전환
[5] 표정&시선	교사다운 인상 연습	– 하루 3분 거울 앞 연습: 밝은 미소 + 부드러운 눈빛 – 시선 고루 분배: 질문자 50%, 다른 면접관 50%	✓무표정·딱딱한 눈빛 방지
[6] 1분·3분 훈련	시간 감각 고정	– 즉답형 1분, 구상형 3분 맞춰 연습 – 타이머로 매일 체크	✓시간 ±10초 내 통제
[7] 마무리 루틴	퇴실 절차	– 답변 끝난 뒤 → 짧은 고개 숙임 → "감사합니다." → 퇴실	✓겸손하면서 당당한 마무리

🕰 **정리** 면접 당일의 승부는 준비된 루틴 → 흔들리지 않는 태도 → 자동화된 자신감에서 갈립니다.
☞ 이 임플 훈련 세트를 매일 반복하여 체득화하면, 면접 당일 멘탈이 흔들려도 몸이 알아서 '참교사'다운 태도로 반응합니다.

Chapter 06

유형별 실전 답변 가이드

✱ 1부 직종별 코어 전략 ("이런 뉘앙스의 답변이라면 고득점!")

✱ 2부 각 교과 및 공통 만능 답변 틀(임플 만능틀 소개 & 변형 연습)

✱ 3부 즉답형 직종별 핵심 키워드집

임용면접
플러팅

직종별 코어 전략 ("이런 뉘앙스의 답변이라면 고득점!")

보건교사: 학생의 학교생활권(학습권 등)을 침해하는 요소 중 건강이상 증상으로부터 생길 수 있는 문제들을 해결해줄 수 있는 건강 협조자

• **보건교사** ─ "건강은 배움의 출발선"

• **핵심 관점**:
　학생이 건강하지 않으면 수업에 집중할 수 없습니다.
　→ "학생들의 건강이 먼저, 그 다음은 교육."
• 보건교사는 학생이 건강의 공백 없이 교육을 잘 받을 수 있도록 담임교사와 협업하는 존재입니다.

• **코어 전략**:
　1. 학생 건강 최우선
　– 기본 검진, 예방접종 관리, 위생 지도를 통해 학생의 건강권 보장
　– "배움 이전에 건강"이라는 원칙
　2. 교육적 연계
　– 흡연예방, 성교육, 감염병 예방, CPR 교육 등 체험형 보건교육강화
　– 단순한 치료가 아니라 "건강을 배우는 수업"으로 연결
　3. 건강 공백 최소화
　– 아토피·천식·알레르기 등 특수 건강 요구학생 관리
　– 질병·부상으로 수업 결손이 생기지 않도록 학부모·교사와 연계
　4. 학교 공동체와 협력
　– 위기 상황 시 담임·행정실·지역 보건기관과 협력 네트워크 가동
　– 개인의 건강 문제가 학습권 침해로 이어지지 않도록 학교 차원의 지원 시스템 마련

• **예시 답변 문장**:
　"저는 보건교사로서 학생의 건강이 교육의 출발선이라고 생각합니다.
　학생이 아프지 않아야 수업에 집중할 수 있고, 학습 공백 없이 성장할 수 있습니다.
　따라서 저는 예방교육과 응급 대처는 물론, 학부모와 협력하여 건강 공백을 최소화함으로써 모든 학생이 동등한 교육 기회를 누릴 수 있도록 돕겠습니다."

이러한 마인드로 보건교사로서의 답안마련에 접근하세요!!!!!!
타 교사들과 '협력'하는 비교수 교과교사가 되겠다. 내가 다 하겠다가 아니라, 타 교사들과의 협동심을 하겠다고 드러내세요!

영양교사: 편식 지도 · 알레르기 급식

영양교사 — "식습관은 평생 건강의 기초"

- **핵심 관점**:

  학생들의 식습관은 단순한 '급식 지식'이 아니라 평생 건강을 좌우하는 기초 체력입니다. → "식생활 교육 = 건강한 삶을 설계하는 교육"

- **코어 전략**:

  1. 올바른 식생활 태도 함양
   - 편식 교정, 균형 잡힌 영양소 섭취 지도.
   - "무엇을 먹느냐"보다 〈"어떻게 먹느냐"〉를 배우는 식생활 교육.
  2. 성인병 예방 교육
   - 비만, 고혈압, 당뇨와 같은 생활 습관병 예방을 위한 식습관 교육.
   - 학생들의 작은 선택이 미래 건강을 지켜주는 힘이 됨을 강조.
  3. 자기 식이 조절력 강화
   - 초등 · 중등 시기부터 스스로 메뉴를 선택하고 조절하는 힘을 기르도록 지도.
   - 〈'스스로 건강을 관리하는 학생'〉으로 성장하게 돕기.
  4. 음식 만들기, 음식 맛있게 먹기, 음식 남기지 않기 등 활동으로 인성교육 실시
   - 세상의 모든 것에 감사와 배려를 배울 수 있는 식생활 교육
   - 다른 세계 사람을 이해하는 다문화 교육, 글로컬 교육이 가능
   - 지구를 지킬 수 있는 제로웨이스트교육, 기후위기 교육 등 확장 가능
   - 과학교과: 우리 몸의 탐구, 사회교과: 비만 과체중과 상관관계, 음악교과: 음악을 급식실에 틀었을 때 식습관에 미치는 것 등등 연계할 수 있는 교과 활동이 다양하여 2022개정교육과정의 기초인 삶과 연결되는 교육을 실시 할 수 있음.
   - 실생활과 밀접한 관련이 있는 교과로써 지혜롭게 살기 위해 반드시 필요한 교육임을 인식
  5. 협력과 지원
   - 담임교사와 협조하여 학급 단위의 건강 지도 강화.
   - 보건교사, 상담교사와 연계해 학생 맞춤형 건강지원 팀으로 활동.

- **예시 답변 문장**:

  "저는 영양교사로서 아이들의 식생활 교육을 통해 올바른 태도를 심어주고 싶습니다.

  균형 잡힌 식습관은 성인병 예방의 시작이며, 더 나아가 학생 스스로 식생활을 조절하는 힘을 길러 평생 건강한 삶을 살도록 이끄는 평생 교육입니다.

  또한 담임교사와 협력하여 학급 단위에서 식습관 지도를 돕고, 보건 · 상담 교사와 연계해 학생들의 건강을 다각도로 지원하는 든든한 조력자가 되겠습니다."

이러한 마인드로 영양교사로서의 답안마련에 접근하세요!!!!!!
영양교사 또한, 교과교사들과의 융합과 협동을 꼭 가야합니다. 나 혼자 잘난 교사가 아님을 드러내세요! 2022 개정 교육과정의 핵심은 '공동체의식, 협력적 역량'입니다~!

사서교사: 독서습관·도서관 활성화

- **핵심 관점**

  학교 도서관은 단순히 책을 보관하는 공간이 아니라, **학생들의 호기심을 열어주고, 배움이 시작되고, 뿌리가 뻗어지는 심장입니다.**

  ☞ 도서관은 접근이 쉽고, 흥미로와야 하며, 아이들의 미래 역량까지 키우는 교육 허브로 스마트하게 운영해야 합니다.

- **코어 전략**

1. 독서 습관 형성

  - 학급별 맞춤 독서 프로그램 운영 (아침 독서, 독서 일지 쓰기 등).
  - 또래와 함께하는 독서 동아리, 독서 토론 활동으로 책 읽기를 생활화.
  - 북 릴레이 (book 잇(it)기=북읽기) 챌린지: 아이스버킷챌린지처럼 한 아이가 3명의 친구들 지목, 전교생이 모두 챌린지 참여유도, 전 학생이 흥미를 가지도록 할 프로그램
    (제 아이디어이니 사용하셔도 됩니다. 아직 어디 학교에서 쓴다는 말은 없음)

2. 도서관 활성화

  - 매달 테마 전시(예: 환경, 진로, 세계문화 등)로 책에 쉽게 다가가도록 기획.
  - 메이커스페이스, 프로젝트 학습과 연계해 도서관을 '활동형 학습공간'으로 변화.
  - 도서관은 조용해야 한다는 틀에서 벗어나게 하는 '이즈프리' 리모델링: 카페트 위에서 자유로이 뒹구는 공간 마련

3. 정보 활용 교육

  - 디지털 리터러시 교육: 온라인 정보의 신뢰성 평가, 저작권·저널리즘 교육.
  - 미디어 비판적 읽기 수업: 가짜 뉴스 판별, 정보의 관점 비교 활동.

- **활동 확장 포인트**

  - 교과 연계: 국어(토론·논술), 사회(시사자료 탐구), 과학(최신 논문 검색)과 연계.
  - 창의적 체험활동: 독서 골든벨, UCC 독서 감상문 대회, 1일 기자 체험.
  - 세계시민 교육: 다양한 나라 문학 읽고 비교 → 다문화 감수성 강화.

- **협력과 지원**

  - 담임·교과 교사와 협력해 교과 수업에 필요한 자료를 패키지로 제공.
  - 상담교사와 연계해 정서적 위기 학생에게 '치유 독서 프로그램' 운영.
  - 학부모 대상 독서 지도 워크숍 운영 → 가정과 학교의 연계 강화.

- **예시 답변 문장**

"저는 도서관을 단순한 책 보관소가 아니라 **학생들의 배움 허브로 만들고 싶습니다.**

먼저 학생 개개인에게 맞는 독서 습관을 형성할 수 있도록 학급별 독서 프로그램과 독서 동아리를 운영하겠습니다. 또한 도서관을 활발히 이용할 수 있도록 테마 전시와 메이커스페이스 연계를 통해 책을 살아 있는 지식으로 경험하게 하고 싶습니다. 더 나아가 디지털 리터러시와 미디어 비판적 읽기 교육을 통해 정보의 홍수 속에서도 바른 판단을 할 수 있는 힘을 길러주겠습니다. 담임·교과 교사와 협력하고, 상담교사·학부모와도 연계하여 학생들의 지적 성장분 아니라 정서적 성숙까지 돕는 든든한 조력자가 되겠습니다."

사서교사의 역할도 현대사회에선 매우 중요합니다. 리터러시 역량이며, 디지털 문해력 등등 타교과교사들과 주도적으로 독서교육과 학교 교육의 목표로 지향하도록 합니다.

상담교사: 위기학생·학교폭력 상담

• 상담교사 — "학생 마음의 안전망"

상담교사는 학생들의 마음의 안전망입니다.

학교에서 몸이 아프면 보건실을 찾듯, 마음이 아플 때 가장 먼저 찾을 수 있는 곳이 상담실이어야 합니다.

☞ 위기학생을 조기 발견하고, 공감적으로 경청하며, 회복과 성장을 돕는 심리적 울타리가 되어야 합니다.

• 코어 전략

1. 위기학생 조기 발견
   - 담임·교과 교사와의 긴밀한 협업으로 교실 내 행동 변화를 빠르게 파악.
   - 출결, 학업 태도, 친구 관계, 온라인 활동 등을 종합 관찰해 조기 개입.
   - 학교폭력, 자해, 우울·불안 증상을 초기 단계에서 발견하도록 체계화.
2. 상담 원칙 확립
   - 비밀보장: 학생이 안심하고 털어놓을 수 있는 상담 환경 조성.
   - 공감적 경청: 판단보다 '있는 그대로 들어주기'로 학생 신뢰 확보.
   - 회복적 대화: 갈등 상황에서는 처벌보다 관계 회복을 중점으로 지도.
3. 사후 지원 강화
   - 학부모와의 신뢰 관계 형성을 통해 상담의 연속성 보장.
   - 필요 시 지역 상담센터, 정신건강복지센터, 청소년 지원기관과 연계.
   - 위기학생의 장기적 회복을 돕는 학교– 가정– 지역사회 네트워크구축.

• 활동 확장 포인트

1. 교과 연계:
   - 도덕·윤리: 회복적 생활교육, 나 전달법 훈련.
   - 국어: 감정 표현 글쓰기, 내 마음 일기장 프로젝트.
   - 체육: 협동 게임·집단 활동을 통한 관계 회복.
2. 창의적 체험활동:
   - '마음 멘토링 동아리' 운영 → 또래 상담자 양성.
   - '말씨 캠페인'(예쁜 말, 존중의 언어 사용)으로 언어폭력 예방.
3. 정서 지원 프로그램:
   - 미술치료, 음악치료, 독서치료 등 학생 개별 맞춤형 프로그램 운영.

• 협력과 지원

   - 담임교사와의 이중 관찰 체계→ 상담실에서만 파악할 수 없는 생활 태도 보완.
   - 보건교사·영양교사와 연계해 건강·식습관·정서 문제를 함께 지도.
   - 학부모 교육(자녀 대화법, 감정 조절법)을 통해 가정에서도 회복적 환경 조성.

상담교사도 학생들의 심리 정서를 건강하게 지원하고, 협력적으로 임하며, 타교과 교사 들과 함께 궁극적으로 아이들이 바른 방향으로 갈 수 있도록 협력적인 교사가 되겠다고 하시면 됩니다!

공통 전략 ― "교사답게, 교직관을 담아라"

면접 답변에서 **가장 큰 기준선**은 직종을 막론하고 동일합니다. 결국 면접위원이 보고 싶은 것은 "이 지원자가 교사다운 가치관과 태도를 갖추었는가"입니다.

1. 결론: 학생 중심을 우선하라	모든 답변의 출발점은 "학생의 안전과 성장을 최우선으로 두겠다"입니다. 면접위원들은 지원자가 지식을 얼마나 아느냐보다, 어떤 상황에서도 **학생을 중심에 두는 사고**를 하는지 확인합니다.
2. 구조: "결-근-사-기" 임플 4단 논리	- **결론(내 입장)**: 먼저 나의 입장을 단정적으로 말한다. - **근거(교육학·정책)**: 교육부 정책, 시도교육청 시책, 교육학 이론 등을 근거로 뒷받침한다. - **사례(내 경험·프로그램)**: 직접 참여하거나 구상한 프로그램, 학부모·학생과의 경험을 제시한다. - **기대효과(학생·학교·지역사회)**: 학생 성장, 학급 공동체 변화, 나아가 학교와 지역사회에 미칠 긍정적 영향을 강조한다. ☞ 이 4단 구조는 **모든 직종, 모든 문항에 적용 가능한 보편 답변틀**입니다.
3. 태도: 교사다운 말투와 시선	짧고 단정히, 또렷하게 말하는 것만으로도 면접관의 신뢰를 얻습니다. 눈빛은 질문자와 면접관 전체를 고르게 바라보며, "학생과 소통하는 눈빛"을 보여야 합니다. 교사답다는 것은 **지식의 화려함**보다 **차분한 태도, 학생을 존중하는 자세**에서 드러납니다.

• 직종별 전략 ― "내 전공 정체성을 드러내라"

공통 전략 위에 각 직종은 **자신의 전공 정체성**을 답변 속에 녹여내야 합니다. 답변이 다 비슷하다면 결국 점수 차이는 **태도 + 전공 차별화 포인트**에서 갈리기 때문입니다.
- **보건교사**: "학생들의 건강이 곧 배움의 기초"라는 관점으로, 안전·응급처치·예방교육 사례를 들어야 합니다.
- **영양교사**: "식생활 교육은 평생 건강의 시작"이라는 메시지를 담아, 성인병 예방·식습관 형성 프로그램을 강조합니다.
- **사서교사**: "도서관은 배움의 허브"라는 관점으로, 독서 습관 형성과 디지털 리터러시 교육을 차별화 포인트로 합니다.
- **상담교사**: "학생 마음의 안전망"이라는 정체성을 드러내며, 공감·비밀보장·회복적 대화를 사례와 함께 제시해야 합니다.

• 핵심 메시지

답변은 다 비슷합니다.
"학생 중심, 정책 반영, 사례 제시"라는 기본 뼈대는 누구나 말합니다.
차이를 만드는 건 두 가지입니다.
① 얼마나 **교사다운 태도**로 말하는가 (표정·시선·말투·겸손)
② 얼마나 **직종별 전문성을 담아 차별화**했는가 (전문적이고 유니크한 나만의 답변!)
③ 학생의 입장에서 생각해본 답변인가 (교사 〈 학생중심)
☞ 결국, **"교사다움 + 전공다움"** = 최종합격 (교사됨)을 좌우합니다.

2부 각 교과 및 공통 만능 답변 틀(임플 만능틀 소개 & 변형 연습)

• **임플 만능틀이란?**

→ "결론 → 근거 → 사례 → 기대효과"를 **교사답게, 단정히, 짧게**말하는 구조

이 구조는 구상형·즉답형을 가리지 않고 적용 가능합니다.

실제 면접관들도 "핵심– 이유– 사례– 기대효과"로 정리된 답변을 들으면 메모하기 쉬워 채점이 수월합니다.

□ 적용 예시 ① (공통형 질문)

Q. 수업 시간에 잡담을 하는 학생이 있다면 어떻게 지도하겠습니까?	**결론**: "저는 학생의 학습권을 지키기 위해 먼저 상황을 파악하고, 지도 원칙을 세우겠습니다." **근거**: "교사의 책무는 학생 모두가 집중할 수 있는 학습 환경을 조성하는 것이며, 『학급규칙』과 『학교 생활 규정』에도 기반합니다." **사례**: "수업 중 잡담이 반복될 경우, 먼저 비언어적 시선으로 신호를 주고, 이후 학급회의에서 '집중 존중 시간'을 정해 서로 약속하도록 지도하겠습니다. 실제로 학급회의를 통해 규칙을 정했을 때 학생들의 준수율이 높아졌습니다." **기대효과**: "이를 통해 학생들은 스스로 약속을 지키며 책임감을 배우고, 학급 전체의 수업 집중도가 향상될 것입니다." **TIP**: 초수는 사례가 부족할 수 있으므로 '학급회의', '교사– 학생 약속', '공동체 규칙' 같은 기본 사례를 미리 준비해두세요.

□ 적용 예시 ② (직종별 변형)

□ 보건교사 Q. 감염병이 발생했을 때 어떻게 대응하겠습니까?	**결론**: "저는 학생의 안전을 최우선으로 하여 즉각 대응하겠습니다." **근거**: "학교보건법과 매뉴얼에 따라 신속한 격리와 보고 체계가 필수입니다." **사례**: "실제 보건실에서는 발열 학생을 즉시 분리하고, 담임·학부모·교육청에 보고 체계를 가동합니다. 이후 예방교육과 손 씻기 캠페인을 병행하겠습니다." **기대효과**: "이를 통해 학생·교직원 전체의 안전을 지키고, 학교 신뢰를 높일 수 있습니다."
□ 영양교사 Q. 급식 알레르기 학생이 발생한다면?	**결론**: "저는 알레르기 안전 관리 체계를 최우선으로 운영하겠습니다." **근거**: "학교급식법과 알레르기 표시 의무에 근거합니다." **사례**: "급식 전 학부모와 상담해 알레르기 학생 명단을 관리하고, '알레르기 Safe Zone'을 만들어 급식 배식 시 실수 없도록 하겠습니다." **기대효과**: "학생 안전뿐만 아니라 학부모 신뢰, 급식 안전문화가 강화됩니다."

□ 사서교사 Q. 도서관 이용률이 낮을 때 어떻게 개선하시겠습니까?	**결론**: "저는 학생 중심 도서관 활성화 프로그램을 운영하겠습니다." **근거**: "학교도서관진흥법은 도서관을 단순한 자료실이 아니라 교육 공간으로 규정하고 있습니다." **사례**: "테마별 전시(예: 환경·진로), 독서 챌린지, 메이커스페이스 활동을 운영하여 학생 흥미를 끌겠습니다." **기대효과**: "학생들의 독서 습관 형성과 정보 활용 능력이 함께 신장될 것입니다."
□ 상담교사 Q. 학교폭력 피해학생이 상담을 요청하면 어떻게 하시겠습니까?	**결론**: "저는 학생이 안전하게 마음을 표현할 수 있도록 돕겠습니다." **근거**: "상담윤리 원칙인 '비밀보장'과 『학교폭력예방법』에 근거합니다." **사례**: "피해 학생을 안정시키고 공감적으로 경청하며, 학부모·학교폭력 전담기구와 연계하여 회복적 대화를 진행합니다. **기대효과**: "학생이 심리적 회복을 경험하며 학교에 대한 신뢰를 회복할 수 있습니다."

• **임플 훈련법 (연습 + 변형)**

1. 문항 변환 훈련

하나의 질문을 교직관형·상황형·정책형으로 변환 → 같은 임플 구조로 답해보기

ex) "학교폭력 지도" → (가치관) "교사의 책무성" / (상황) "즉각적 대처" / (정책) "학교폭력예방법 연계"

2. 30초 압축 훈련

구상형 3분 답변을 30초로 줄여보기.

핵심만 남기는 훈련을 통해 즉답형에서 흔들리지 않음.

3. 직종별 사례 변형 훈련

같은 질문을 보건·영양·사서·상담 교사 입장에서 각각 답해보기.

ex) "위기학생 지원" → 보건: 건강관리 / 영양: 영양 지원 / 사서: 정보 제공 / 상담: 정서 지원.

🌀 **정리** 임플 만능틀은 "안전한 답변 구조"일 뿐 아니라, **교사다운 태도를 입히는 훈련의 뼈대입니다.** 초수는 이 틀로 기본 답변을 만들고, 재수 이상은 자신의 경험과 프로그램 네이밍을 얹어 차별화하면 됩니다.

3부 즉답형 직종별 핵심 키워드집

	핵심키워드	예시 답변구조
□ 보건교사 "건강 안전 최우선"	학생 건강권 감염병 예방 응급처치 보고 체계 또래 보건 서포터즈 지역 연계(보건소·병원)	– 결론: "저는 학생 건강과 안전을 최우선으로 하겠습니다." – 키워드: 손 씻기 교육 / 보건실 응급조치 / 감염병 매뉴얼 / 학부모 소통 – 기대효과: "학생들이 건강해야 학습권이 보장됩니다."
🍎 영양교사 "식습관 = 평생 건강"	균형 잡힌 식습관 알레르기 관리 편식 교정 성인병 예방 식습관 자율 조절력 지속 가능한 급식	– 결론: "저는 학생들의 올바른 식습관을 형성하겠습니다." – 키워드: 알레르기 표시제 / 건강한 식단 / 음식 남기지 않기 캠페인 / 다문화 식문화 교육 – 기대효과: "아이들이 평생 자기 건강을 지킬 힘을 얻게 됩니다."
📖 사서교사 "책은 학교의 심장"	독서습관 도서관 활성화 디지털 리터러시 정보 검색 테마 전시 독서 동아리	– 결론: "저는 도서관을 배움의 허브로 만들겠습니다." – 키워드: 테마 독서주간 / 전자자료 활용 / 미디어 리터러시 / 메이커스페이스 – 기대효과: "학생들이 스스로 탐구하는 힘을 기릅니다."
💬 상담교사 "학생 마음의 안전망"	조기발견 공감 경청 비밀보장 회복적 대화 학부모 협력 전문기관 연계	– 결론: "저는 학생이 언제든 의지할 수 있는 안전한 울타리가 되겠습니다." – 키워드: 위험 신호 관찰 / 학교폭력 피해 지원 / 학부모 상담 / 지역 상담센터 협력 – 기대효과: "학생이 심리적 회복과 성장을 경험합니다."
🌐 공통 "교사다운 답변"	학생 중심 학습권 보장 교육공동체협력 (학생·교사·학부모·지역) 공정성	– 결론: "저는 학생이 안전하고 행복하게 성장할 수 있는 환경을 만들겠습니다." – 키워드: 학급 규칙 / 협력적 지도 / 교육 정책 연계 – 기대효과: "모두가 존중받는 학교 공동체를 실현할 수 있습니다."

	책임성 배려	
★ 활용 팁	– 즉답형은 **30초~1분**만 주어지므로, 키워드 3개만 뽑아 말하세요. – 예: "저는 감염병 예방 교육(키워드1), 보건소 연계 체계(키워드2), 그리고 학생 자율 보건 서포터즈 운영(키워드3)을 통해 학생들의 건강을 지키겠습니다." – **구조 암기법**: "결론 한 문장 → 키워드 3개 → 기대효과 한 문장"	

사례 5 보건교사 "컷 점수에서 역전 합격한 민지"	**1) 초기 상태**: 1차 시험을 간신히 턱걸이(+1점)로 통과. 불안감이 커서 답변 중 시선이 흔들리고, 태도도 위축되어 있었음.
	2) 코칭 포인트: – **결론부터 말하기습관** → "저는 학생 건강권 보장을 최우선 가치로 두겠습니다." – **시선 훈련**→ 면접위원 3인 분배, 1문장마다 시선 전환. – **보건실 운영 아이디어**를 정리 → "기기- up 교실"(기초체력+학력 향상), "잠깨우기 보건교육실".
	3) 변화 과정: Mirror Talk로 자신감을 키우고, 스터디에서 "결론- 근거- 사례- 기대효과" 훈련을 반복.
	4) 결과: 최종 면접 점수 98점. "컷 점수에서도 충분히 뒤집을 수 있다"는 대표적 성공 사례.
사례 6 영양교사 "편식 지도 답변을 차별화한 지현"	**1) 초기 상태**: 답변 아이디어 부족. 모든 질문에 똑같이 "영양교육을 하겠다"라는 식으로만 대답.
	2) 코칭 포인트: – **차별화 키워드**강조 → "무엇을 먹느냐"가 아닌 "어떻게 먹느냐" 교육. – **교과 융합 아이디어**추가 → 과학(비만과 질환), 사회(식문화), 음악(급식실 음악). – **다문화 & 환경 교육 확장**→ 다문화 음식 체험, 제로웨이스트 급식.
	3) 변화 과정: 스터디에서 "활동 이름 붙이기" 과제 → "No Leftover Day", "세계 음식 도전 주간".
	4) 결과: 면접 점수 96점으로 고득점 합격. 심사위원 피드백에서 "답변이 참신하다, 아이디어가 구체적이다"라는 평가.
사례 7 상담교사(사서 포함) — "진심 어린 공감으로 점수 올린 다은"	**1) 초기 상태**: 상담 질문에 이론만 나열. "비밀 보장 원칙, 공감 경청…" 식의 딱딱한 답변 → 진정성이 부족해 보였음.
	2) 코칭 포인트: – **실제 사례**와 연결 → "위기 학생을 조기에 발견한 경험" 짧게 언급. – **회복적 대화 문장 연습**→ "네가 그렇게 느꼈구나", "그랬구나" 공감 화법. – **사서교사 확장 팁**→ "도서관은 마음의 쉼터", 독서상담 활동
	3) 변화 과정: 모의 면접에서 일부러 긴장 상황을 만들어주고, "멘탈 흔들림 복구 훈련" 반복.
	4) 결과: 최종 점수 95점. 말은 서툴렀지만, **진심 어린 태도**가 높은 점수로 이어졌음.

정리

- 보건: **"위축 → 당당하면서 아이를 위하는 태도"** 역전 합격
- 영양: **"아이디어 부족 → 참신한 활동 제시"** 고득점
- 상담/사서: **"이론 나열 → 진심과 공감"** 안정적 합격

PART

3

모의 실전 — 기출 & 자기 점검

Chapter **07**

최신 기출·예상문제 분석

* **1부** 기출문제 보는 법: "문항을 답안으로 외우는 게 아니라, 키워드·구조·의도 분석"
* **2부** 구상형·즉답형 출제 비율 및 주제별 분류
* **3부** 유형별 핵심 키워드 TOP 10 & 임플 만능틀
* **4부** 직종별 포인트

임용면접
플러팅

1부

기출문제 보는 법: "문항을 답안으로 외우는 게 아니라, 키워드·구조·의도 분석"

Part 3

⚙ 기출문제는 "문제 은행"이 아니라 "나침반"

구분	핵심 포인트	예시/활용
기출문제 보는 법	출제 의도 파악 → "출제자가 무엇을 평가하려 했는가?" 먼저 확인	"정의로운 차등?" ⇒ 개념 설명이 아니라 공정성·학 생관 평가
	답변 구조화 → 결론 → 근거 → 사례 → 기대 효과	"수업 방해 학생 지도" → 결론: 학습권 보장 → 근거: 교육기본법 → 사례: 학급 규칙 운영 → 기 대효과: 수업 몰입 향상
	교직관 연결 → 정답 찾기 X, 나만의 가치관·아이디어와 연결	내 교직관 "책임+배려"를 답변마다 스며들게

⚙ 최근 출제 트렌드

유형	출제 경향	예시
구상형	교육정책 연계 + 학교 현장 상황	기초학력 보장, 학교폭력 예방, 감염병 대응
즉답형	돌발 상황·교직관 질문 증가	"학부모 민원 대응", "정의로운 차등은?"
비교과 직종	전문성 직접 확인 강화	보건: 감염병 대응 영양: 알레르기 급식 상담: 위기학생

⚙ 유형별 핵심키워드

유형	키워드
정책형	교육격차 해소, 기초학력 보장, AI·디지털 리터러시, 생태환경 교육
가치관형	정의로운 차등, 교육 공정성, 학생관·교직관, 협력과 배려
상황형	학부모 민원 대응, 위기학생 상담, 응급·안전 대응, 학교폭력 사안 처리

Chapter 07 최신 기출·예상문제 분석　**103**

직종별 기출 포인트

직종	핵심 포인트
교과교사	수업 전문성, 학습권 보장, 수업 참여도 향상
보건교사	감염병 대응, 응급처치 체계, 생명존중 교육
영양교사	알레르기 급식, 편식 지도, 위생 관리
사서교사	독서 문화 조성, 미디어 리터러시 교육
상담교사	위기학생 조기 발견, 학교폭력 상담, 회복적 생활교육

2026 예상 키워드 TOP 10

순위	키워드
1	교육격차 해소
2	기초학력 보장
3	AI · 디지털 리터러시
4	정의로운 차등 & 교육 공정성
5	학교 안전 (위기 · 응급 대응)
6	회복적 생활교육
7	생태 · 환경 · 기후 위기 교육
8	민주시민 · 인성교육
9	학부모 · 지역사회 협력
10	교사 전문성 · 자기 성장

위의 키워드를 두고, 내가 00교사로서 어떻게 학생들을 대할지 생각해보셔야 합니다. (수업 구성, 활동 구성, 동아리구성, 프로젝트 구성, 전학공 구성, 캠페인 등)

TIP

기출을 단순히 모으는 것이 아니라, 위 키워드를 중심으로 나의 교직관과 연결하세요.
예: "흡연 예방 교육?" → 금연지도 X, 생명존중 + 학생 참여 + 지역사회 연계키워드까지 담아야 고득점.

구상형·즉답형 출제 비율 및 주제별 분류

① 기출문제 보는 법: **"문항을 외우는 게 아니라, 의도·키워드·구조를 본다"**

② 구상형·즉답형 출제 비율 & 주제별 분류

③ 지역·직종별 기출 키워드 흐름 정리 (20~24년)

④ 최신 교육정책과 기출문항 연결 고리 찾기

⑤ 26년 대비 핵심 키워드 TOP 10 + 예상 출제 포인트

⑥ 기출 변형 문제 & 실전 연습 가이드

이 파트는 해당되는 지역만 봅니다. **순서: 경기초등 (교과) → 경기 중등(교과) → 경기 중등 (비교과)**

TIP 기출문제 키워드 보는 팁

1) 본인이 응시한 지역의 기출 파트를 펼친다.
2) 자신의 지역과 근거리 지역 이거나 비슷한 경향이 있다면 함께 본다.
   예) 서울- 경기/ 평가원지역끼리
3) 같은 지역인 경우 초 – 중등을 함께 보며 기출 흐름을 비교해본다.
4) 형광펜을 꺼내서 아래에서 보이는 문구의 키워드를 쳐본다.
5) 내가 응시한 지역의 키워드를 멀리서 조망해본다. (현 임플 책에 본인의 응시지역 기출문제가 누락된 경우라면, 복기가 안 되었거나 구하지 못한 것입니다….)

---

1. 경기 초등 (교과) 기출문제 요약 정리

연도: 24년	키워드: 경기시책 '자율, 균형, 미래', 경기시책, 교직관, 교사의 가치관, 문제학생 관리, 교사 역량
구상형	1) 경기도 교육 기본목표 중 '균형'에 대한 학생상 설명하기 2) 경기도 교육 시책을 실현시킬 수 있는 교과지도, 생활지도 방안 설명하기 3) 따뜻한 한마디 경험 말하기 4) 자신의 교직관과 교육 방안 2가지 서술하기 5) 문제의 시사점을 말하고 해결하기 위한 교사 실행방안 2가지 설명하기

즉답형	1) 문제 행동을 보이는 학생에게 해줄말과 교육적 의도 설명하기 2) 교육 실습 경험을 바탕으로 담임교사의 역량 2가지 설명하고 신장 계획 말하기
23년	**경기시책, 에듀테크, 협력, 학생주도, 교직관, 교사문화에 대한 가치관, 교사역량, 진로교육**
구상형	1) 경기도 교육시책 에듀테크+지역교육 협력에 대한 교육적 관점을 말하고, 교사의 시책 실천 방안 제시하기 2) 학생 주도성을 이끌어 낼 수 있는 방안을 교직관과 연결지어 설명하기 3) 세대별 교사문화에 대한 시사점을 말하고, 신규교사의 노력할 점 3가지 말하기
즉답형	1) 교사의 역량을 키울 수 있었던 경험 말하기 2) 급변하는 사회에 대비하는 맞춤형 진로교육의 필요성 3가지를 제시하고, 맞춤형 진로교육을 위해 교사에게 필요한 자질 말하기
22년	**교사역량, 교직관, 학생중심, 배움중심, 그린스마트스쿨, 새학기, 성인지감수성**
구상형	1) 미래사회에 교사가 지녀야 할 역량을 말하고, 노력해야 할 점을 교직관과 관련지어 설명하기 2) 학생이 중심이 되는 배움의 의미를 설명하고, 실행방안 제시하기 3) 그린스마트 미래학교에서 광장형 공간의 필요성을 설명하고, 활용 방안 3가지 제안하기
즉답형	1) '새학년 준비기간'에 담임교사의 준비사항 3가지 설명하기 2) 성인지 감수성 부족으로 학교 내 발생 가능한 문제점과 해결 방안 설명하기
21년	**교직관, 가치관, 협업, 공동체, 신입생 적응**
구상형	1) 마지막 문장의 의미와 교사가 되어서 해보고 싶은 활동 설명하기 2) 제시문과 관련된 교육활동의 주제와 지도방안 설명하기 3) D교사의 의견과 그 이유 설명하기
즉답형	1) 공동체성 함양 경험과 교육활동 적용방안 말하기 2) 초등학교 신입생이 느낄 수 있는 어려움과 교사로서 지원방안 제시하기
20년	**강점, 약점, 보완, 미래교실, 혁신교육 3.0, 교사 역량, 학교의 역할, 가치관**
구상형	1) 자신의 강점과 약점, 강점 활용 방안, 약점 보완 방안 설명하기 2) 본인이 생각하는 미래교실의 모습을 제시하고, 경기혁신 교육 3.0과 관련하여 교사에게 필요한 역량에 대해 설명하기
즉답형	1) '온 마을은 학교다' 의미 설명하기, 교실에서 실현 방안 말하기 2) '교사는 ( ) 같은 존재이다.' 문장을 완성시켜 경험과 관련지어 설명하기

1) 경기초등 – 구상형 기출 분석

연도	주요 주제	핵심 키워드	특징
2020	자기 성찰 · 미래 교실	강점·약점, 미래교실, 혁신교육 3.0	**개인 교사 역량**강조 (자기 분석 → 미래형 교사)

2021	교사 활동 ·교육활동 연계	교사로서 활동, 제시문 기반 지도	**교사 정체성 + 교육활동 적용**
2022	미래 사회 ·학생 중심	교사 역량, 배움 의미, 그린스마트 미래학교	**정책(미래학교) + 학생 주도 학습**
2023	정책 연계 ·학생 주도성	에듀테크, 지역교육, 교사문화	**최신 정책 반영 + 학생 주도성 강조**
2024	교육 시책 ·교직관	균형, 시책 실현, 교직관·교육방안	**정책 해석 + 교직관 내재화** 최정점

2) 구상형 트렌드:

- **2020~2021**: 교사 개인 역량 & 자기 성찰 중심.
- **2022**: 정책(미래학교) + 학생 주도성 결합.
- **2023~2024**: **시도교육청 정책(시책)** 직접 반영, 교직관과 연결해 답변하도록 요구.
  - → 구상형은 매년 "정책 키워드 + 교직관 + 실행방안" 3박자가 핵심

3) 종합 트렌드 변화 (2020~2024)

(1) 정책 반영 강화
   2020~21: 교사 개인·공동체성 중심
   2022~24: 시책·정책 직접 반영 → 교직관·실행방안 연결 필수
(2) 학생 중심 교육 강조
   배움의 의미, 주도성, 맞춤형 진로교육, 생활지도
(3) 교사의 역할 확장
   수업 전달자 → 학생 성장 지원자 → 학부모·지역사회와 협력하는 전문성
(4) 즉답형 심화
   단순 가치관 질문 → 문제행동, 성인지 감수성, 민원 대응 등 실제 상황형으로 발전

4) 교훈 & 대비 전략

- **구상형 대비:**

  최신 시도교육청 시책(특히 경기교육 기본계획)을 반드시 정리.

  "정책 키워드 + 교직관 + 실행 방안(수업·생활)"으로 답변.

  예: 균형 → 학력·복지·마음의 균형 → 수업 차별화 & 생활 배려 사례.

- **즉답형 대비:**

  생활지도·학급경영·민감 이슈는 즉시 대처할 수 있는 1분 답변 준비.

  "결론 → 근거 → 사례 → 교육적 의도" 구조 유지.

  특히 문제행동 지도, 성인지 감수성, 학부모 민원은 돌발형 대비 핵심.

5) 2026 경기초등 임용 2차 대비 — 필수 키워드 TOP 10

1. 기초학력 보장 & 교육격차 해소
키워드: 맞춤형 교육, 협력수업, 기초학력 안전망, 개별화
예상문제: "기초학력 부진 학생을 위한 학급 내 지원 방안을 말하시오."

2. 정의로운 차등 & 교육 공정성
키워드: 과정평가, 개별화 지원, 형평성 vs. 평등
예상문제: "정의로운 차등을 교실 상황에서 어떻게 구현할 것인가?"

3. AI·디지털 리터러시 & 미래교육
키워드: AI 튜터, 디지털 교과서, 미디어 비판적 이해, 정보윤리
예상문제: "AI 시대 교사의 역할은 무엇인가?"

4. 생태·환경·기후위기 대응 교육
키워드: 지속가능발전교육(ESD), 기후행동, 탄소중립 실천
예상문제: "학교에서 실천할 수 있는 기후위기 대응 교육 방안을 제시하시오."

5. 회복적 생활교육 & 학교폭력 대응
키워드: 회복적 대화, 관계 회복, 예방교육, 보고체계
예상문제: "학교폭력 가해·피해 학생을 지도하는 교사의 태도를 말하시오."

6. 학생 주도성·자율성 강화
키워드: 학생 참여 수업, 자기주도 학습, 자율적 학급 운영
예상문제: "학생 주도성을 수업과 학급 운영에 반영하는 방법을 말하시오."

7. 민주시민·인성교육
키워드: 존중, 협력, 배려, 언어순화, 갈등해결
예상문제: "민주적 학급 운영을 위해 교사가 해야 할 역할을 설명하시오."

8. 학교 안전·위기 대응
키워드: 응급처치, 재난대피, 안전교육 7대 영역, 위기 학생 지원
예상문제: "수업 중 지진이 발생했을 때 교사의 조치 방안을 말하시오."

9. 학부모·지역사회 협력

키워드: 교육공동체, 학부모 연계, 지역사회 자원 활용

예상문제: "학부모와의 갈등 상황에서 교사의 대응 방안을 설명하시오."

10. 교사의 전문성·자기성장

키워드: 연수 참여, 전문적 학습공동체(PLC), 자기 성찰

예상문제: "교사의 전문성을 꾸준히 개발하기 위한 방법을 말하시오."

📝 필수적으로 확인 해야 할 키워드 !

6) 26년 대비 예상문제

2026 출제 가능 예상문제 세트

구상형 (3~4분)
정책형

"2026 경기교육 기본계획(가칭 ○○교육)을 반영한 학급 운영 방안을 말하시오."

"기초학력 보장 정책을 실제 교실에서 어떻게 구현할 수 있는지 말하시오."

가치관형

"정의로운 차등을 교사의 시선에서 설명하고, 실제 사례를 들어 답하시오."

"교직관을 바탕으로 학생의 주도성과 자율성을 키우는 방법을 말하시오."

상황형

"집단 따돌림 상황이 발생했을 때 담임교사의 조치와 사후 지도 방안을 말하시오."

"학부모 민원(성적/생활지도)에 대한 교사의 대응 방안을 말하시오."

즉답형 (1분)

"AI 활용 수업에서 교사가 지켜야 할 교육적 태도는 무엇입니까?"

"학생이 수업시간에 스마트폰을 사용한다면 어떻게 지도하겠습니까?"

"학교폭력 피해 학생을 처음 만났을 때 교사의 태도는 어떠해야 합니까?"

"기후위기 교육을 학급에서 실천할 수 있는 방법 한 가지를 말하시오."

"민주시민교육을 학급 일상 속에서 실천할 수 있는 방법을 말하시오."

7) 정리

구상형은 정책 + 교직관 + 실행 방안

즉답형은 실제 상황 대처 + 교사의 태도

→ 2026 대비 핵심은 **정책 키워드 + 나만의 교직관 + 학생 중심 사례**입니다.

2. 경기 중등 (교과)

연도: 24년	키워드: 인성, 수업 철학, 생태환경교육, 협업, 행복한 교육
구상형	1) 인성브랜드 고안 이유 설명하기 + 실천할 수 있는 학생 주도 자치활동 2가지 말하기 2) 수업 철학과 방향을 참고하여 생태환경교육을 위한 교과 수업 방안 2가지 제안하기 3) 제시문의 내용을 참고하여 교과교사와 담임교사로서의 실천방안 2가지씩 제시하기
즉답형	1) 제시문 상황에서 각 교사가 해야 할 대처방안 설명하기 2) 학생들의 행복감 증대를 위한 방안을 교과교사, 담임교사 측면에서 제안하기
23년	기초학력 증진, 학교폭력, 학교자율과제, 모둠활동 중재, 교직관, 가치관
구상형	1) 본인의 교과를 활용한 기초학력 증진 프로그램 제안하기 2) 학교폭력 사안을 보고 갈등상황을 분석하고 해결방안을 제시하고, 해결방안을 실천하는 과정에서 유의할 점 말하기 3) SWOT 결과를 바탕으로 한 학교자율과제를 설정한 뒤, 그 이유를 말하고, 학교 자율과제를 위한 실현 방안 제시하기
즉답형	1) 모둠활동중 발생할 수 있는 문제의 해결방안 제안하기 2) 학생들이 원하는 교사가 되기 위한 방법을 담임교사 입장과 교과교사입장에서 말하기
22년	진로, 사회성신장, 협업, 갈등해결, 교원 역량, 교육 가치관
구상형	1) 담임교사로서 진로 관련 고민 대처 방법 설명하기 2) 사회성 신장을 위한 활동을 선택하고, 이유, 구제적인 실행방법 설명하기 3) 학급 공동 규칙 수립 과정에서 교사의 조치 사항 설명하기
즉답형	1) 담임교사의 갈등 상황 해결 방안 제시하기 2) 교원 역량의 중요성과 신장 방안 설명하기
21년	교직관, 학생 행동특성, 대면지도와 원격수업, 독서교육, 갈등해결
구상형	1) 자신이 지지하는 교사를 고르고, 이유 설명하기 　(교사A: 학생의 추가제출을 받지 말아야 하는 이유 　교사B: 학생의 추가 제출을 받아 주어야 하는 이유) 2) 학생의 행동 특성을 고려하여 담임교사로서 할 수 있는 종합적인 지도방안 3) 대면지도가 가지는 교육적 효과를 원격 수업과 비교(학습지도, 인성지도 측면)
즉답형	1) 교과와 연계한 매체 활용 독서교육 방안 설명하기 2) 제시문의 상황속 A교사의 입장에서 해결 방법 설명하기
20년	급식질서, 기초학력 부진, 학습무기력, 등교거부, 자해, 개인정보보호법, 모둠활동, 농어촌 프로그램
구상형	1) 급식시간에 급식 질서가 지켜지지 않는 문제점을 해결 할 방안 3가지 2) 기초학력 부진, 학습 무기력감, 등교거부, 자해행동 지도방안 3가지
즉답형	1) 각 사례에 대한 개인정보보호법 위법 여부 판단, 이유 설명 2) 모둠활동시 무임승차의 문제점, 해결방안 3) (추가질문) 농어촌 학교에 발령 받는다면, 실시하고 싶은 프로그램 설명

1) 기출분석

연도	구상형 주요 주제	즉답형 주요 주제	핵심 키워드/포인트
2024	– 인성 브랜드 고안 + 학생 주도 자치활동 – 수업 철학·방향 기반 생태환경교육 – 교과교사·담임교사 실천방안	– 제시문 상황 대처 – 학생 행복감 증대 방안	**인성, 수업철학, 생태환경교육, 협업, 행복한 교육** ☞ 인성·환경·행복·철학적 교사상 강조
2023	– 교과 활용 기초학력 증진 프로그램 – 학교폭력 사안 해결 + 유의점 – SWOT 기반 학교 자율과제 설정·실행	– 모둠활동 문제 해결 – 원하는 교사상(담임/교과)	**기초학력, 학교폭력, 자율과제, 협력, 교직관** ☞ 기초학력 정책, 안전(학교폭력), 교사 전문성
2022	– 담임교사로서 진로 고민 대처 – 사회성 신장 활동 + 실행방법 – 학급 공동 규칙 수립 과정에서 교사 역할	– 담임교사의 갈등 해결 – 교원 역량 신장 방안	**진로, 사회성, 협업, 갈등 해결, 교원 역량** ☞ 담임 역할(진로·규칙) + 협업 + 교원 전문성
2021	– 존경 교사 선택 이유 – 학생 행동특성 기반 지도 – 대면지도 vs 원격수업 효과 비교	– 교과 연계 독서교육 방안 – 갈등 상황 해결	**교직관, 학생 특성, 대면·원격 비교, 독서, 갈등** ☞ 교직관 직접 질문 + 원격수업 경험 반영

2) 흐름요약

2020	**생활지도 & 위기대응**(질서, 등교거부, 자해, 개인정보보호)
2021	**교직관 & 원격수업**(교사상, 학생 특성, 원격 vs 대면)
2022	**진로·사회성 & 협업**(공동 규칙, 사회성 신장)
2023	**기초학력 & 학교폭력**(정책 반영, 자율과제, 교사 전문성)
2024	**철학·인성·환경교육**(인성 브랜드, 행복한 교육, 생태환경)

→ **정책 키워드(기초학력·교육격차) + 교직관·철학 + 인성·사회성·행복 + 환경·ESD**

✐ 이 4가지 축으로 순환하면서 출제되고 있습니다.

3) 2026 대비 예상 키워드

교육격차 해소 & 정의로운 차등(정책 핵심) **AI · 디지털 리터러시**(2025 개정 반영) **기후위기 · 생태환경 교육**(지속적 강조) **학습권 보장: 기초학력 · 사회성 동반 성장**	**학생 행복 · 회복적 생활교육** **교사의 철학 · 교직관**(담임 · 교과 차이 반영) **학부모 민원 · 학교 공동체 협력**(즉답형) **위기학생 대응 (자해, 학교폭력, 무기력)**

4) 2026 대비 연습 질문

구상형

"정의로운 차등을 교실 수업과 생활지도에서 어떻게 실현할 수 있는지 말하시오."

"AI · 디지털 리터러시 교육을 학급 운영과 연계해 제시하시오."

"학생 행복을 높이기 위한 담임교사로서의 학급 운영 방안을 말하시오."

"기후위기 시대 교사가 생태환경교육을 교과 수업 속에서 실천하는 방안을 제안하시오."

즉답형

"학부모가 성적 문제로 강하게 항의할 때 교사의 대응 방안은?"

"학교폭력 피해 학생을 만났을 때 교사의 태도는?"

"기초학력 부진 학생에게 담임교사로서 어떤 지원을 할 것인가?"

"디지털 기기 과의존 학생을 발견했을 때의 지도 방안은?"

3. 경기중등(비교과)

25년	학생건강, 통합건강 위한 지역사회 자원, 학교폭력, 새학기, 강점, 교육 공동체 상호존중, 자녀이해교육, 문화예술 융합교육
구상형	1) 학생의 건강을 도모하는 통합적 건강을 위해 지원가능한 지역사회 자원 1개, 구체적 활용 방안 2) OECD와 대비하여 한국 학생들의 학교폭력 당한 경험 (00가 낮고 00가 높다~ 이런거 3가지 정도)– 심리적인 안정을 위한 학교 방안을 제시 3) 새학년 새학생을 위한 프로그램을 정하고 2024 평가결과지를 바탕으로 활성화할 수 있는 구체적 방안 2가지를 말하시오.
즉답형	1) 자신의 강점을 살린 교육공동체 상호존중방안 2) 교사A와 협력하여(교사A:ㅇㅇ학생이 특정 음식 먹으면 몸이 간지럽고 호흡곤란 증상이 있어요. 이런 증상 때문에 친구 안 만나고 혼자있고 싶어해요) 교사A랑 연계해서 학생 지도할 방안을 말하시오 3) 자녀를 이해시키기 위한 학부모 교육을 할 때 무엇을 할건지, 그 교육이 자녀 이해에 어떤 효과가 있는지 설명하시오. 4) 문화예술융합한 교육방안과 그 효과
24년	유네스코, 환경교육: 기후위기, 물질사용남용, 생태다양성, 경기교육 방향성, 학생맞춤형 교

	육, 에듀테크 활용, 지역사회 연계 학생중심형 교육, 갈등상황, 소통협력, 학생데이터 수집 분석 필요성
구상형	전공연계방안 2가지 (생태환경문제: 생물다양성감소, 에듀테크와 지역교육 협력으로 맞춤형 교육제공 학생교육의 필요성, 교과 및 담임교사와 연계 교육방안 (건강한 체중관리 중요, 학생 15% 가 자신의 신체를 과체중 이라 생각함) 제시문 한가지 선택하여, 이유, 가정 연계 인성교육 방안 (존중 배려 협력 책임)
즉답형	학생이 건강하고 안전한 학교 만들기 위한 캠페인 주제, 교과 연계 프로젝트 방안 2가지 미래교육 실현위해 지역 중심 교사 교육 공동체에서 하고 싶은 주제와 구체적 활동 방안 2 가지 자신의 삶에서 소통과 협력에 관한 경험 말하고, 학교현장에서 어떻게 활용건지 학생 데이터 분석이 필요한 이유를 전공 연계 말하고, 활용 교육 방안 말하기
23년	미래교육과정, 교육안정망, 에듀테크, 학교급간교육, 교사자질, 교육공동체, 인성교육, 탄소 중립, 에코데이
구상형	전공연계하여 해결방안 제시 – 게임, 가정교육, 인프라부족, 예산풍부, 학생– 교사 교육활동 만족도 높음 1) 학교자율역량강화 2) 교육안전망구축 3) 미래교육과정 2. 에듀테크 활용 지도 방안 3. 학교 급간 전환교육 (5– 7세, 초6, 중3, 고3) 전공연계한 교육방안
즉답형	미래교육 교사 역량, 이유 교육공동체(학생, 교사, 학부모) 중 하나 선택, 하고 싶은 교육을 자신의 전공연계, 목표, 기 대효과 인성교육 방안, 전공연계 (자기 삶의 주인으로 미래사회 변화에 유연하게 대응하며, 윤리적 책임을 통해 나와 공동체의 행복을 추구하는 인성함양) 탄소중립에 대한 문제, 에코데이 운영, 자신의 전공과 교육방안
22년	경기생활교육, 건강프로그램, 인문예술교육, 학생관, 미래역량, 양성평등, 갈등해결
구상형	경기생활교육 정의: 경기생활교육은 일상생활 속에서 학생이 올바른 가치관을 가지고, 민주 시민으로 성장할 수 있도록 돕는 교육 1. 경기생활교육의 공약 중 2가지를 선택하여 구체적인 교육활동 방안을 말하시오. (학생주 도의 활동/ 공동체 역량을 증진시키는 활동/올바른 가치관 함양시키는 활동/...) 2. 지역사회와 연계한 건강프로그램 운영 방안을 말하시오. 〈조건〉 가족갈등으로 인한 스트레스 있음, 학생 우울지수가 높음, 수면시간 부족하고 불 규칙한 학생, 아동청소년 비만율이 높음 3. 지역사회 중점 인문예술교육을 교과와 연계하여 교육방안을 말하시오. 강점: 학부모 교육열 높음 / 교사 교육열 높음 약점: 학생 자존감 낮음 / 학부모 참여율 저조함 기회: 지역사회 문화예술 자원 풍족함 / 혁신학교 예산지원 풍족 위험: 지역사회 인문예술 경험 부족

즉답형	1. 다음 글을 참조하여 교육에 대한 생각을 말하시오.
	  – A: 가만히 두어도 학생들은 스스로 자란다.
	  – B: 학생들을 적극적으로 지도, 지원해주어야 한다.
	2. 미래에 학생들에게 필요한 역량과 그에 대한 구체적인 교육방안을 말하시오.
	  비판적 사고 역량 / 공동체 역량 / 의사소통 역량
	3. 성장과정에서 양성평등과 관련된 경험을 말하고, 양성평등 교육방안을 말하시오.
	4. 학생간 갈등으로 인해 반 분위기가 저하되는 문제가 있다. 비교과 교사로서 담임교사와 함께 해결할 방안을 말하시오.

21년	융합수업, 동아리활동, 부진학생지지, 학부모 연계, 미래교사, 역할, 교사상, 다문화 감수성, 연계교육 활동, 진로특강
구상형	1) 1가지 주제를 골라 자신의 교과와 타교과를 연계한 융합수업 활동 제시하기 2) 사회 문제 탐색 동아리 활동의 지도교사로서 지원 방안 설명하기 3) 부진학생 지도방안을 자신의 교과와 연계하여 말하고, 이유설명하기 4) 자신의 교과 연계를 통한 학부모와 원만한 관계를 형성할 수 있는 방안 설명하기
즉답형	1) 미래의 교사 역할을 고르고 자신의 과목과 연계하여 교사상 설명하기 2) 자신의 교과를 활용한 다문화 감수성 함양 교육 방안 제시하기 3) 청소년 수련관, 박물관, 미술관, 문화센터, 행정복지센터 중 선택하여 자신의 교과를 연계한 교육활동과 기대효과 설명하기 4) 진로 특강 진행 상황 속 교직 선택 동기를 포함하여 교사에게 필요한 소양 말하기
20년	공간혁신, 프로그램, 학교폭력, 신입생 관리
구상형	1) 자신의 교과와 연결지어 공간혁신 방안 설명하기 2) 전공과 관련하여 교육 공동체와 함께할 프로그램명, 주요내용, 운영목적 설명
즉답형	1) 학교폭력의 양상이 변해가는 상황 속 지도할 수 있는 방안 3가지 2) 자신의 교과와 관련지어 신입생 안내 책자에 수록할 내용 3가지

1) 기출분석

연도	주요 주제 (구상형)	주요 주제 (즉답형)	특징
2020	공간혁신, 전공연계 프로그램, 학교폭력 대응, 신입생 관리	학교폭력 양상 대응, 신입생 안내책자 작성	비교과도 학교 현장 적합성강조 시작
2021	융합수업, 동아리활동, 부진학생 지도, 학부모 연계, 교사상, 다문화 감수성, 진로특강	미래 교사 역할, 다문화 교육, 지역사회 연계활동, 교사 소양	다문화·연계교육강화, 교사의 철학·가치관비중 증가
2022	경기생활교육, 건강·인문예	교사의 교육관, 미래역량, 양	경기교육 브랜드(생활교육)반

	술 프로그램, 학생관, 미래역량, 양성평등, 갈등해결	성평등, 학생 갈등 해결	영, 핵심 역량·평등질문 빈번
2023	기초학력 증진, 학교폭력, 자율과제, 협업, 교직관	모둠활동 중재, 교직관, 진로교육, 인성교육, 탄소중립	기초학력·학교폭력이슈화, 학교자율과제·환경교육동시반영
2024	유네스코·환경·에듀테크·데이터 기반 학생맞춤교육	갈등상황 대처, 소통협력, 행복한 교육 실천	국제·환경·디지털·데이터 등 미래교육 키워드 전면 등장
2025	학생건강, 지역사회 자원, 학교폭력, 새학기, 상호존중, 자녀이해교육, 문화예술 융합	강점 활용, 협력 지도, 학부모 교육, 문화예술융합	건강+심리+예술융합→학생 통합 돌봄·전인교육강조

2) 흐름요약

20~21년	현장 적합성(공간혁신, 프로그램 운영, 신입생 관리) + 교사 철학(교사상, 다문화, 진로특강)
22년	경기 브랜드 반영(경기생활교육) + 미래역량·양성평등 + 갈등 해결
23년	기초학력·학교폭력 대책 심화 + 자율과제 설정 + 환경(탄소중립)
24년	국제적 키워드(유네스코), 환경·기후위기 + 에듀테크 + 데이터 기반 교육
25년	건강·심리·예술융합 + 학부모 교육 + 상호존중 → 학생 전인교육, 통합 돌봄강조

✏️ 트렌드: 학교안전·학생건강 → 다문화·평등 → 기초학력·학교폭력 → 디지털·에듀테크 → 건강·심리·융합교육

3) 핵심키워드

- 건강·심리 돌봄: 학생건강, 정서·심리 지원, 지역사회 연계 자원
- 환경·지속가능성: 탄소중립, 생태다양성, 기후위기 대응 교육
- 디지털 전환: 에듀테크, 데이터 기반 맞춤형 교육, AI 활용
- 공정·평등: 정의로운 차등, 양성평등, 다문화 감수성
- 기초학력·학습권: 기초학력 보장, 학습 무기력 극복 프로그램
- 융합·창의교육: 문화예술+교과 융합, 지역사회 자원 활용 프로젝트
- 학부모·공동체 협력: 자녀 이해 교육, 학부모와의 협력 강화

4) 예상질문

구상형 예상 문제
– 정의로운 차등과 교육 공정성을 교과 활동과 연계하여 실천할 수 있는 방안을 2가지 제시하시오.
– AI·데이터 기반 맞춤형 교육의 장단점을 말하고, 교사로서의 역할을 설명하시오.
– 학생 정서·심리 건강을 위한 교사·학부모·지역사회 협력 방안을 구체적으로 제시하시오.
– 문화예술 융합교육의 필요성과, 자신의 전공과 연계한 운영 프로그램을 설명하시오.

즉답형 예상 문제
– 수업 중 기초학력 부진 학생이 집중하지 못한다면 어떻게 지도할 것인가?
– 학부모가 자녀 교육에 대해 불만을 제기했을 때, 교사로서 상호존중적 대화법은 무엇인가?
– 최근 증가하는 디지털 매체 과의존 문제를 학생 생활지도와 연계해 지도할 방법은?
– 다문화 학생이 학급에서 소외될 때, 담임교사와 협력하여 통합교육을 실천하는 방법은?

4. 서울 초등 (교과)

24년	AI교육, 교사역할, 기후위기 프로젝트, 교육철학
구상형	1) AI교육과 관련하여 시사점과 교사의 역할 설명하기 2) 교사의 역할을 위한 자신의 계획 설명하기
즉답형	1) 기후위기 프로젝트와 관련된 예상 질문 3가지 언급하고 적절한 피드백 제공하기 2) 제시문을 참고하여 교육철학 설명하기
23년	공동체, 전문성, 자아실현, 교육철학, 교육정책, 특기
구상형	1) 교사의 생애주기별 교육 공동체, 전문성, 자아실현 중 중요시 여기는 것과 이를 실현하기 위한 방안 2가지 제시
즉답형	1) 교사가 가르친 내용이 학생이 인터넷에서 찾은 내용이 다를 경우, 학생관, 교사관, 지식관과 관련하여 지도방안 말하기 2) 서울 교육 정책과 관련하여 교사가 되어 활용하고 싶은 3가지를 경험, 특기와 함께 설명하기
22년	신학기, 다문화, 맞춤형 교육, 신규교사, 교사자질
구상형	1) 신학년 집중 준비기간의 필요성 2가지 설명하기 2) 맞춤형 교육 및 다문화 학생을 고려한 학급특색활동의 주제와 이유를 설명하고, 구체적인 교육방안 제안하기
즉답형	1) 신규교사의 고민해결 방안 3가지 제시하기 2) 워크숍 주제에 대한 자신의 생각을 말하고, 교사로서 갖추어야 하는 자질과 이유 설명하기
21년	교사역할, 학생관, 교원학습공동체의 신규교사 역할
구상형	1) 교사에게 요구되는 역할 3가지와 각각의 실천 방안 설명하기

즉답형	1) 자신이 가진 학생관과 부합하는 문장을 골라 경험과 관련지어 이유 설명하기
	2) 원격수업, 대면수업 병행 속 교원학습공동체에서 신규교사로서의 역할 설명하기
20년	동료교사 협업, 교사 역할, 교직관
구상형	1) 제시문에 나타난 문제점 3가지를 찾고, 각각의 문제점을 해결하기 위한 방안 설명하기
	2) 동료교사에게 배우고 싶은 실천적 지식과 그 이유 설명하기
	3) (추가질문) 자신이 알려주고 싶은 실천적 지식과 그 이유 설명하기
즉답형	1) 안전한 중간 놀이 시간을 위해 교사가 할 수 있는 노력 설명하기

1) 연도별 기출요약

연도	구상형 주요 주제	즉답형 주요 주제	특징
2024	– AI교육과 시사점·교사역할 – 교사의 역할 실천 계획	– 기후위기 프로젝트 예상질문 & 피드백 – 제시문 기반 교육철학	AI·기후위기·교육철학중심 → 미래교육 키워드 강화
2023	– 교사의 생애주기별 공동체·전문성·자아실현 중 선택 및 방안	– 학생이 찾은 정보와 교사 설명 다를 때 지도 방안 – 서울 교육정책 활용 + 교사 특기 연계	전문성·공동체·정책 적용력강조
2022	– 신학년 집중 준비기간 필요성 – 맞춤형 교육·다문화 특색 활동 & 방안	– 신규교사의 고민 해결 방안 3가지 – 워크숍 주제·교사 자질	신규교사 적응력 + 다문화·맞춤형 수업집중
2021	– 교사에게 요구되는 역할 3가지 & 실천 방안	– 학생관 경험 연결 – 원격·대면 병행 속 신규교사의 역할	교사 역할·학생관·교원 학습공동체중심
2020	– 문제점 3가지 찾고 해결 방안 – 동료교사에게 배우고 싶은 지식 & 이유 – 내가 알려주고 싶은 지식 & 이유	안전한 중간놀이 시간을 위한 교사 노력	협업·실천적 지식·교직관비중 높음

2) 흐름요약

– 20~21년: 교사의 역할, 학생관, 동료 협업 → 기본 교직관·역할 정립에 초점.

– 22년: 맞춤형 교육, 다문화, 신규교사 적응 → 현장 적응력 + 다양성 존중강조.

- **23년**: 교사 전문성·자아실현, 교육정책 연계 → 정책 이해 + 전문성 성장비중.
- **24년**: AI교육, 기후위기, 교육철학 → 미래교육 + 철학적 성찰강화.

> 🖉 **서울초등의 특징:**
>
> 매년 "교사의 역할과 태도"를 반복적으로 묻되,
> 최근으로 갈수록 AI·기후위기·교육철학같은 거시적 교육 키워드가 중요해짐.

3) 2026 대비 핵심 키워

- 🤖 **AI·디지털 교육**: AI 활용 수업, 디지털 윤리, 데이터 기반 교육.
- 🌐 **기후위기·생태교육**: 기후 프로젝트, 탄소중립, 생태다양성 교육.
- 📚 **교육철학·교직관**: 교사의 역할, 학생관, 교육철학 정립.
- 🤝 **교원공동체·협업**: 신규교사의 협업, 동료교사와 배움의 관계.
- 🗣 **맞춤형·다문화 교육**: 학생 다양성 반영, 학급 특색활동 설계.
- 👤 **신규교사 역량**: 첫 해 담임 역량, 학급 운영, 학부모 소통.

4) 예상질문

구상형

1. AI 활용 수업의 장단점을 말하고, 교사로서 AI를 교육적으로 활용할 방안을 제시하시오.
2. 기후위기 교육 프로젝트를 학급 차원에서 운영한다면, 구체적인 활동과 기대효과를 설명하시오.
3. 신규교사로서 학부모와의 신뢰 형성을 위한 첫 학기 활동 2가지를 제안하시오

즉답형

1. 학생이 "인터넷 정보와 선생님 말씀이 달라요"라고 말했을 때, 교사로서 어떻게 대응할 것인가?
2. 다문화 학생이 수업에서 소외될 때, 담임교사로서 구체적으로 어떤 활동을 할 수 있나?
3. 신규교사가 교원학습공동체에서 성장하기 위해 필요한 태도 2가지를 말하시오.

5. 서울 중등 (교과)

24년	수업문제, 스마트폰, 가치관, 교육관, 교권
구상형	1) 수업 상황에서의 문제점3가지를 말하고, 교사로서의 해결방안 각각 제시하기 2) 사례의 공통 원인을 찾고, [사례1] 의 해결방안을 담임교사 차원에서 2가지, [사례2]의 해결방안을 학교 차원에서 2가지 말하기 3) (추가질문) 스마트폰 사용하며 지도를 거부하는 학생을 지도해야 하는 이유와 지도 방법 말하기
즉답형	1) 자신의 생각과 비슷한 교사를 선택하고 이유 말하기 2) 자신이 선택하지 않은 C교사로서 조언하기 3) (추가질문) 교사의 권위가 어디서 오는지 1~3 순위 정리하여 설명하기
23년	디벗, 학부모 응대, 수업방해, 공간 혁신, 교직관
구상형	1) 제시문과 '디벗'에 관련하여 교사로서 학부모에게 할 수 있는 답변 3가지를 말하고, (다)에 제시된 교사의 고민을 해결 할 수 있는 방안 2가지 제안하기 2) 학교교육만족도 조사결과 속 문제의 원인을 설명하고, 이에 대한 해결책 4가지 제시하기 3) (추가질문) 학생의 수업 방해로 힘들어하는 동료교사에게 학생 담임교사로서 해줄 수 있는 조언 설명하기
즉답형	1) 제시문과 관련된 실현 방안과 이유 말하기 2) (추가질문) 학교 내의 공간 중 바꾸고 싶은 부분에 대해 교직관과 관련지어 설명하기
22년	교육계획, 문제해결, 교원학습공동체 운영, 가치관, 미래학교, 학생관, 교사자질
구상형	1) 제시문과 관련된 교육계획의 한계점 2가지와 개선방안 말하기 2) 두 상황속 공통적인 원인을 학교문화 차원, 교사 개인 차원에서 각각 제시하고, 교사 A, 교사 B 의 입장에서 문제 해결 방안 제시하기 3) (추가질문) 교사가 되어 운영하고 싶은 교원학습공동체와 이유, 구체적인 운영 방안 말하기
즉답형	1) 제시문과 관련된 자신의 의견을 말하고, 미래학교가 나아가야할 방향 3가지 설명하기 2) (추가질문) 교사로서 바라는 학생의 성장 모습과 이를 위해 지녀야 할 교사의 자질 2가지 설명하기
21년	학생 관계, 화해, 원격수업, 신규교사, 기본학력책임제, 학생관, 교직관
구상형	1- 1) A,B학생에게 해주고 싶은 조언 말하기 1- 2) 화해와 관계 회복을 위한 학급 활동을 구체적으로 설명하기 2) 원격 수업의 각 사례에서 문제점을 지적하고 해결 방안 제시하기 3) (추가질문) 신규교사로서 새학기에 실천해보고 싶은 학급활동을 교직관과 연결지어 말하기
즉답형	1- 1) 기본학력책임제도제와 관련하여 필요성을 교직관과 연결지어 설명하기 1- 2) 학생지원 방안을 인지적 측면과 정의적 측면으로 나누어 제시하기 2) (추가질문) 기본학력책임제도제에 참여를 거부하는 학생 지도 방안 3가지 설명하기
20년	인성교육, 자질, 교직관, 학생관

구상형	1) 박교사가 고려하지 못한 점, 올바른 지도방안을 사례별로 설명하기 2) 서울인성교육 시행계획을 바탕으로 하여 계획표의 개선 방향 3가지, 자신의 전공과 연계한 인성교육 방안 1가지 3) (추가질문) 인성교육을 실시하기 위하여 교사에게 필요한 자질과 필요한 자질을 함양하기 위하여 자신이 한 노력에 대하여 말하기
즉답형	1) 자신의 교직관과 관련지어 학생을 선택하여 지도방안 설명하기 2) (추가질문) 선택하지 않은 학생에 대한 지도방안 설명하기

1) 연도별 기출 요약

연도	구상형 주요 주제	즉답형 주요 주제	특징
2024	- 수업 문제 상황 해결 - 사례 공통 원인 분석 + 담임·학교 차원 해결 - 스마트폰 사용 지도 필요성과 방법	교사 유형 선택 & 이유 다른 교사 입장 조언 교사 권위의 근원	수업 문제·스마트폰·교권→ 학생 지도 + 교사 권위 중심
2023	- 디벗 관련 학부모 응대 - 교육만족도 문제 원인 + 해결책 - 수업 방해 학생 지도 조언	제시문 관련 방안 바꾸고 싶은 공간 + 교직관	학부모 소통·공간 혁신·교직관강조
2022	- 교육계획 한계와 개선 - 상황별 공통 원인(학교문화·개인 차원) - 교원학습공동체 운영 방안	미래학교 방향 학생 성장 모습 + 교사 자질	학교문화·공동체 운영·미래학교
2021	- 학생 갈등 조언 & 화해 활동 - 원격수업 문제점·해결 - 신규교사 학급활동	기본학력책임제 필요성 학생 지원 방안 참여 거부 학생 지도	학생 관계·원격수업·기본학력책임제
2020	- 인성교육 지도 개선 - 서울인성교육 시행계획 개선 + 전공 연계 인성교육 - 인성교육 위한 교사 자질 & 노력	교직관 기반 학생 지도 다른 학생 지도방안	인성교육·교사 자질·학생관

2) 흐름요약

　－ 2020~2021: 인성교육, 학생관, 기본학력책임제 → 교사의 기본 자질과 학생 지도 철

학중점.

- 2022: 학교문화·교원학습공동체·미래학교 → 학교 차원의 공동체적 실천 + 미래교육 관점부각

- 2023: 학부모 응대, 공간혁신, 수업 방해 대응 → 학교 현장 소통력과 실무형 해결능력 강조.

- 2024: 스마트폰, 교권, 교사의 권위 → 학생 지도와 교사의 권위 회복 문제심화

✏️ 서울 중등 비교과는 "가치관·철학 → 학교문화·공동체 → 현장 대응·교권"으로 흐름 이동.

3) 핵심키워드

- 📱 스마트폰·디지털 리터러시: 학생 스마트폰 사용 지도, 교육적 활용 vs 규제.
- 💝 교직관·학생관: 정의로운 차등, 학생 성장 지원, 교사 권위.
- 🏫 학교문화·공동체: 교원학습공동체, 학교 차원의 갈등 해결, 공간혁신.
- 📚 인성·기본학력: 기본학력 보장, 인성교육, 학업 부진·문제행동 학생 지도.
- 🌏 미래교육·정책: 미래학교, 교육격차 해소, AI·에듀테크 활용.

4) 예상질문

구상형

1. 스마트폰 과의존 학생을 학급 차원에서 지도한다면, 교육적 이유와 지도 방안 3가지를 제시하시오.
2. 신규교사로서 학부모와의 소통에서 발생할 수 있는 갈등을 예상하고, 예방·대응·사후 관리방안을 설명하시오.
3. 교사로서 학교 공동체(교사·학생·학부모)속에서 지켜야 할 가치 2가지와 이를 실천할 구체적 활동을 말하시오.

즉답형

1. "교사의 권위는 어디서 비롯되는가?" 순위를 정하고 그 이유를 말하시오.
2. 수업 중 방해하는 학생이 있을 때, 담임교사와 교과교사가 협력하여 해결할 수 있는 방법을 말하시오.
3. 미래학교가 지향해야 할 방향을 2가지 제시하고, 그 속에서 교사의 역할을 말하시오.

6. 서울 중등 비교과

22년	척추측만증/단백뇨/독서교육/자해/그린급식/기후위기/먹거리 생태전환교육 가치관, 학생관, 교사 자질
구상형	1) 각 문제의 공통적 원인, 해결 방안 3가지 – 영양/사서/상담/보건 → 2) 〈보건〉 척추측만증 2-1) 예방교육 중 전개단계 들어갈 내용(진단방법을 포함)을 설명하기 2-2) 척추측만증 의심학생 조치 2-3) (추가질문) 단백뇨1+ 나온 학생이 있다., 기전설명, 학생 문진할 내용, 2-4) 단백뇨 검출 학생에게 재검사 권유 시연 3) 〈사서〉 학교도서관 운영 측면, 독서교육 측면 3-1) 사서교사의 역할 구체적인 운영방안 3-2) (추가질문) 창의융합형 인재육성을 위한 학교도서관 공간혁신 방안 3가지, 사례들어 제시 4) 〈상담〉 자해 4-1) 자해가 심각하다고 보는 근거 5가지, 구체적 상담 방안 3가지 4-2) 어떻게 대처 할지 모르는 담임교사에게 할 수 있는 자문 2가지 4-3) (추가질문) 스마트폰 과의존 고민 학부모, 조언 3가지, 말하듯이 시연 5) 〈영양〉 그린급식, 기후위기, 먹거리생태전환교육 5-1) 그린급식을 시행하기 위한 활동명, 수업목표, 수업내용 1~3차시 6) (추가질문) 그린급식의 취지와 목적으로 학부모에게 전달하기 위해 가정통신문을 작성, 본인이 교사라면 어떤 내용을 넣을건지
즉답형	1) 자신의 생각, 공교육이 나아가야 할 방법 3가지 2) (추가질문) 교육을 통해 어떤 모습으로 성장했으면 하는지, 교사의 자질 2가지
21년	학교폭력, 자체해결, 분노조절장애학생, 학부모 응대, 자율배식, 편식, 식중독 관리, 동아리 활동, 가치관, 기본학력책임제, ADHD, 교직관
구상형	1) 학생 A는 학생 B를 학폭, A는 B에게 사과했지만. 아직 불편함. ... 동아리 내 학폭발생 으로 학교장 자체해결로 마무리되었다 1-1) 성장과 회복을 중심으로 학생A와의 상담을 시연하기 1-2) 교사가 학생A와 B의 관계회복을 위해 대화시 유의할 점 3가지 설명하기 1-3) 관계회복을 위해 자신의 전공과 연계한 동아리 프로그램을 구상하기 2) 〈상담교사〉 [수업시간: 화가 났을 때 소리를 지르고 물건을 던지는 학생이 있다. 이 교사 가 지도를 하거나 주의를 주어도 호전되지 않고 계속 화를 낸다] 2-1) 화를 내는 학생에 대한 조치방안 2가지 2-2) 해당 학생의 담임교사로서 상담방안 2가지 2-3) 교사에 대한 심리적 지원 방안 2가지 2-4) (추가질문) 학생이 외부 상담 기관과 연계가 필요하다는 사실을 학부모에게 알렸을 때, 학부모가 비협조적으로 반응하며 상한 기분을 표현 할 수 있다. 이러한 상황에서

	어떻게 대처하는지 3가지 방안을 구상하여 표현하기(학부모와 대화하듯 말하기) 3) 〈영양교사〉 [몇몇 학교에서는 학생들을 위한 자율 배식 운영, 이후 학생들은 주요 음식과 육류 음식만 집중적으로 배식받는 실정이다.] 3-1) 자율배식제도로 인해 발생 가능 문제점을 다양한 측면에서 3가지 제시 3-2) 이러한 문제 해결을 위한 참여형 교육 프로그램을 제안하고, 프로그램 이름, 교육목표, 활동 내용을 구체적으로 설명하기 3-3)(추가질문) 계절 특성상 여름철에 식중독 발생확률 높다. 식중독 예방위한 방안을 학생, 교사, 조리종사원 측면에서 각각 제시하기 4) 〈사서교사〉 [사제동행 독서 동아리 활동계획] 4-1) 동아리 활동 준비 단계에서 비대면(원격) 활동과 관련하여 고려할 점 3가지 4-2) 대면, 비대면 병행 수업으로 가능한 독서동아리 활동 구상하여 구체적 설명 4-3) (추가질문) 사람책을 활용한 진로탐색의 필요성을 언급, 이를 활용 할 수 있는 방안 2가지
즉답형	1-1) 교직관 바탕으로, 기본학력책임지도제의 필요성 설명 1-2) 학생의 지원방안을 인지적 영역과 정의적 영역으로 나누어 각각 제시 [- 진단평가 결과 기초학력 부진, 국어 영어 수학 능력 부족 - 정서행동검사 결과 ADHD 성향 있다고 확인됨 - 학교생활에서 자신감이 부족하고 교우관계를 잘 형성하지 못한다. - 기본 생활습관 부족, 식사습관, 영양 균형, 위생관리 등 규칙적인 생활어려움 2) (추가질문) 부진학생에게 기본학력 책임지도제 프로그램 참여를 권유할 때 거부하는 학생이 있을 수 있다. 이때 학생 참여율 높일 방안 3가지
20년	인성, 협동, 교사관, 지도방안, 균형있는 식단, 소아당뇨, 응급처치, 교직관
구상형	1-1) 자신의 전공과 관련, 협력적 인성교육 방안 2가지 1-2) 자신이 교사가 되어야 하는 이유를 경험과 관련지어 설명하기 〈상담〉 2-1) 각 상황에 따른 상담교사의 답을 말하고, 지도 방안 설명하기 2-2) (추가질문) 학생b지도시 발생 할 수 있는 어려움과 해결방안 각각 3가지 〈영양〉 2-1) '건강 한식의 날' 사례에 대해 개선해야할 점 3가지 2-2) (추가질문) 균형 있는 식단에 대한 지도 방안 제시하기 〈보건〉 2-1) 소아당뇨병 학생 관련 학생, 학부모, 교사 지원 방안 2-2) (추가질문) 보건 수업 중 찾아온 학생에 대한 대처방안, 이유 설명
즉답형	1) 자신의 교직관과 관련지어 학생 선택하여 지도방안 설명하기 2) (추가질문) 선택하지 않은 학생에 대한 지도 방안 설명하기

1) 기출문제 흐름 요약

연도	주요 키워드	구상형 핵심	즉답형 핵심
2022	척추측만증, 단백뇨, 독서교육, 자해, 그린급식, 기후위기, 가치관, 교사자질	보건: 척추측만증 예방·조치 영양: 그린급식·기후위기 교육 상담: 자해 대처·스마트폰 과의존 학부모 상담 사서: 도서관 운영·공간혁신	공교육 3가지 방향, 교사의 자질·성장
2021	학교폭력, 관계회복, 분노조절, ADHD, 자율배식, 식중독, 동아리활동, 교직관	상담: 학폭 사안 상담·분노조절학생 지도 영양: 자율배식 문제·참여형 교육 사서: 독서 동아리·사람책 진로탐색	기본학력책임제 필요성 + ADHD 학생 지원 방안
2020	인성, 협동, 소아당뇨, 응급처치, 균형식단, 교직관	상담: 상황별 상담 지도 영양: '건강 한식의 날' 개선·균형식단 지도 보건: 소아당뇨 학생 지원·보건수업 응급상황 대처	교직관에 따른 학생 지도방안

2) 흐름분석

보건교사
20년: 소아당뇨 → 학생·가정·교사 협력
21년: ADHD → 기본학력·정서지원 연결
22년: 척추측만증, 단백뇨 → 구체적 예방·진단·문진·시연까지 요구
☞ 건강관리+교육 연계 능력, 실무 역량 강화

영양교사
20년: 균형 식단, 한식 개선
21년: 자율배식 문제 → 학생 편식 해결, 위생 관리
22년: 그린급식, 기후위기, 먹거리 생태전환
☞ 급식 → 식습관 교육 → 기후·환경 교육 확장 흐름

사서교사
21년: 독서 동아리, 사람책 활용
22년: 독서교육 + 공간혁신 (창의융합형 인재 육성)
☞ 독서습관 지도 → 도서관 활용 확장 → 융합·창의교육 허브

상담교사
20년: 상황별 상담 지도, 어려움·해결방안

21년: 분노조절, 학부모 응대

22년: 자해, 스마트폰 과의존 학부모 상담

☞ 학생 위기 상담 → 회복적 접근 → 학부모 상담 능력 강화

3) 26년 대비 필수 키워드 *전공과목 기초 지식 (필수) – 서울

- 보건: 기초건강검사(소아당뇨·척추측만증·비만), 감염병, 정신건강(자해·우울·스마트폰 중독)
- 영양: 그린급식, 탄소중립, 제로웨이스트, 알레르기 대응, 식습관- 성인병 예방
- 사서: 디지털 리터러시, 메타버스 도서관, AI 활용 독서, 공간혁신
- 상담: 회복적 생활교육, 학부모 협력, 위기학생 다중지원체계, 학교폭력 피해 학생 회복

4) 2026 대비

- 보건: "기초검사(체성분/혈압)에서 건강 이상이 발견된 학생을 지도하는 방안"

  "스마트폰 과의존 학생 상담 및 학부모 연계 방안"

- 영양: "그린급식을 확대하기 위한 학부모 협력 방안"

  "알레르기 학생 급식 안전 관리와 학생 주도 프로그램"

- 사서: "AI·디지털 환경 속에서 도서관 활용 교육 방안"

  "학교 공간 혁신과 연계한 독서활동 프로그램"

- 상담: "위기학생 조기 발견 체계를 교사 협력으로 어떻게 구축할 것인가"

  "회복적 생활교육을 활용한 학급 내 갈등 해결 방안"

✎ 서울 중등 비교과는 "전문성 + 교직관 + 협력"3박자를 모두 보려는 흐름이에요.
즉, 단순 기능이 아니라 교사다움, 학부모·지역 연계, 미래 교육 키워드까지 준비해야
고득점이 가능합니다.

7. 강원도 초등

23년	공평한 교육, 자기주도교육, AI 활용, 회복적 생활교육
구상형	1) 공정한 출발선을 보장하기 위한 교육 방안 (시책) 5가지
즉답형	1) 학생의 자기주도성 촉진을 위한 교육방법 5가지 2) Ai를 활용한 디지털 교육 과정 방안 5가지

	3) 회복적 생활교육과 관련지은 본인의 장점을 말하고, 회복적 생활교육 운영방안 3가지 제시하기
22년	학생관, 미래교육, 생태환경교육, 위기학생지원, 학교장자체해결, 생활지도
구상형	1) 1-1 학생의 행위 주체성의 중요성에 대해 설명하기 2) 1-2 미래교육을 위한 교육과정 운영방안 4가지 제안하기
즉답형	1) 생태환경교육 관련 강원도 교육청의 정책 1가지 및 진행해보고 싶은 생태환경 교육활동 2가지와 이유 설명하기 2) 강원도 교육청 정책 내 위기 학생 지원방안 3가지 제안하기 3) 학교장 자체해결제의 요건 4가지 설명하고, 생활지도 방법 말하기
21년	교육과정, 학교맞춤형 교육, 원격수업, 진로교육
구상형	1) 학교 중심 수업 성장 일상화의 의미와 교육과정 기반 삶을 위한 수업을 구현하는 방안 4가지 제시하기
즉답형	1) 학교 상황에 맞는 하고 싶은 교육활동 3가지와 그 이유 설명하기 2) 원격 수업 형태 3가지와 교육 격차 해소 방안 3가지 말하기 3) 교육과정 중심 진로교육 실천 시 고려 해야 할 사항 4가지 설명하기
20년	관계중심생활교육, 느린학습자, 민주시민교육, 교수평기일체화
구상형	1) 학교장 자체해결의 의미와 관계 중심 생활교육 방안 3가지 설명하기
즉답형	1) 천천히 배우는 학생을 지원하기 위한 교사로서 지도방안 4가지 설명하기 2) 민주시민교육 활성화를 위한 교실에서 할 수 있는 미디어 리터러시 활동 4가지 설명하기 3) 교육과정- 수업- 평가- 기록의 일체화 단계별 교사의 역할 설명하기

1) 핵심키워드, 기출요약

연도	핵심 키워드	구상형	즉답형
2023	공평한 교육, 자기주도교육, AI, 회복적 생활교육	공정한 출발선 보장 방안 5가지	– 자기주도성 촉진 교육방법 5가지 – AI 활용 디지털 교육 방안 5가지 – 회복적 생활교육 + 본인 장점 + 운영방안 3가지
2022	학생관, 미래교육, 생태환경교육, 위기학생, 자체해결, 생활지도	– 행위 주체성 중요성 설명 – 미래교육 교육과정 운영 방안 4가지	– 생태환경교육 정책+활동 2가지 – 위기학생 지원 방안 3가지 – 학교장 자체해결 요건 4가지+ 생활지도

2021	교육과정, 맞춤형 교육, 원격수업, 진로교육	– 수업 성장 일상화 의미 + 구현방안 4가지	– 학교맞춤형 활동 3가지 – 원격수업 형태 3가지+격차 해소 3가지 – 교육과정 기반 진로교육 고려사항 4가지
2020	관계중심 생활교육, 느린학습자, 민주시민교육, 교수평기일체화	– 자체해결 의미 + 관계중심 생활교육 3가지	– 느린학습자 지도방안 4가지– 민주시민교육 & 미디어리터러시 4가지 – 교수·평가·기록 일체화 단계별 교사 역할

2) 흐름 분석

공정성과 평등
20년: 관계중심 생활교육 → 23년: 공정한 출발선 보장
☞ 강원도는 일관되게 '교육 공정성·정의로운 차등' 강조.

학생 주도성 & 자기주도교육
21년: 맞춤형 교육·진로교육 → 23년: 자기주도성 촉진
☞ 학생이 스스로 배움을 설계·실행할 수 있는 역량 중시.

미래교육·디지털 전환
20년: 미디어리터러시, 교수평기일체화 → 22년: 미래교육 운영 → 23년: AI 활용
☞ 강원도 기출은 시대 흐름(코로나·AI·디지털 교육)을 반영.

생활교육 & 회복적 관점
20년: 관계중심 생활교육 → 22년: 자체해결제 → 23년: 회복적 생활교육
☞ 학생관계 회복·갈등 해결 능력을 교사의 핵심 역량으로 평가.

3) 키워드

- 교육 공정성 & 정의로운 차등

- 학생 자기주도성 & 맞춤형 학습

- AI·디지털 리터러시 교육

- 회복적 생활교육 & 관계 회복

- 생태환경·기후위기 교육

- 위기학생 조기 지원 체계

- 교육과정- 수업- 평가- 기록 일체화

4) 예상문제

정의로운 차등 & 공정성
"정의로운 차등을 실현하기 위한 학급 단위 프로그램 2가지 제안"

AI & 디지털 활용
"AI를 활용한 자기주도 학습 프로그램 설계 및 기대효과 설명"

회복적 생활교육
"학급 내 갈등 상황에서 회복적 대화 활용 지도 방안"

생태환경 교육
"강원도 교육청 시책과 연계한 기후위기 대응 교육활동 구체적 방안"

위기학생 지원
"위기학생을 조기 발견하고 교내 연계할 수 있는 체계적 방안"

 강원도는 "정책(시책) + 교직관 + 학생중심 활동" 3박자가 기본이에요.
즉, 정책을 외워가는 게 아니라 내 교직관과 활동 아이디어로 풀어내야 고득점이 가능합니다.

8. 강원도 중등(교과)

23년	생활지도 방식, 강원도 시책과 연결된 프로그램, 학생지원, 미래교육 선도학교, 교육과적 내실화
구상형	1- 1) 이 교사의 생활지도 방식을 고르고, 해당 방식의 장단점 각 2가지 말하기 1- 2) 강원도 교육 지향 가치와 연결지어 교육 프로그램 구상 3가지
즉답형	1) 학교가 다른 B교사가 A학생을 지원 할 수 있는 방안 3가지 2) 미래교육 선도학교를 운영하기 위한 방안 4가지 3) 제시문의 교사가 가지는 문제점 2가지와 학기말 교육과정 내실화를 위한 방안 4가지
22년	차별유형, 강원도 교육시책, 학교운영, 동료교사, 통합학급, 생태환경교육
구상형	1- 1) 학생참여를 저해하는 차별 유형 4가지 말하기 1- 2) 강원도 교육청의 교육정책과 관련하여 학생의 학교운영참여활성화 방안 4가지 제시하기
즉답형	1) 박교사가 미흡했던 점 3가지와 해결 방안 3가지 말하기 2) 통합학급 운영 활성화를 위한 담임교사의 교육 활동과 학교의 지원 방안 3가지 제시하기 3) 담임교사 또는 교과교사로서 생태환경교육 실시방안 4가지 제시하기
21년	코로나19, 협동, ICT활용, 스마트폰, 개별화교육, 원격수업, 고교학점제, 자해, 자살, 학교혁신 추진과제, 강원도 교육 시책

구상형	1- 1) 자료 1에 나타난 문제점을 설명하고, 해결 방안 3가지 제시하기 1- 2) 자료 2에 나타난 문제점을 언급하고, 해결 방안을 교사와 학교측면에서 2가지씩 제시하기 (자료1) 코로나19, 학교목표공유, 교사협업- 헌신, ICT활용능력, 학생의 학습) (자료2) 스마트폰수업, 개별차 상이함, 줌수업, 원격수업과 등교수업의 괴리
즉답형	1) 고교학점제의 의미를 설명하고, 문제점을 해결 할 수 있는 방안 3가지 말하기 2) 강원도 교육청 교육 안전망 정책을 바탕으로 자해(자살) 학생 지도 방안 4가지 설명하기 3) 학교혁신 추진과제 4가지 및 운영 방안 설명하기
20년	**학교폭력, 생활지도, 시책, 돈안드는교육, 다문화, 동료 평가**
구상형	1) 학교폭력 사안- 자체해결- 처리 조건 4가지 2) 학교장 자체해결제 실시된 목적 2가지, 담임교사로서 평화로운 학급 만들기 위한 생활지도 방안 2가지
즉답형	1) '돈안드는 교육' 4가지 설명 2) 다문화 학생 지원방안 4가지 3) 교사A~C의 평가 방법보고, 각 문제점, 개선방안 A: 평가를 모둠단위 실시, 모둠 구성원 같은 점수 받도록 B: 평가 실시하다 수업시간 부족하여 나머지 부분은 개인적으로 실시하여 제출 C: 모든 평가방법을 활동 중 자기평가로 실시, 학생들에게 평가권을 부여함

1) 기출요약

연도	핵심 키워드	구상형	즉답형
2023	생활지도, 강원도 시책, 학생 지원, 미래교육 선도학교, 교육과정 내실화	– 교사의 생활지도 방식 선택 + 장단점 2가지씩 – 강원도 교육 지향가치 연계 프로그램 3가지	– 타 학교 교사가 A학생 지원 방안 3가지 – 미래교육 선도학교 운영 방안 4가지 – 교사의 문제점 2가지 + 학기말 교육과정 내실화 방안 4가지
2022	차별유형, 시책, 학교운영, 동료교사, 통합학급, 생태환경교육	– 학생참여 저해 차별 유형 4가지 – 시책과 연계한 학생 학교운영 참여 활성화 방안 4가지	– 박교사 미흡점 3가지 + 해결방안 3가지 – 통합학급 활성화 위한 교육활동·학교 지원 방안 3가지 – 교사 입장에서 생태환경교육 실시 방안 4가지

2021	코로나19, 협동, ICT, 스마트폰, 개별화교육, 원격수업, 고교학점제, 자해·자살, 학교혁신, 강원 시책	– 자료1: 코로나·교사협업·ICT활용 문제와 해결방안 3가지 – 자료2: 원격 vs 등교수업 괴리 문제, 교사·학교 측면 해결방안 2가지씩	– 고교학점제 의미 + 문제 해결방안 3가지 – 교육안전망 정책 기반 자해·자살 학생 지도 4가지 – 학교혁신 추진과제 4가지 및 운영 방안
2020	학교폭력, 생활지도, 자체해결, 돈 안 드는 교육, 다문화, 동료 평가	– 학폭 자체해결 처리조건 4가지 – 자체해결제 목적 2가지 + 학급 평화 위한 생활지도 2가지	– '돈 안 드는 교육' 4가지 – 다문화 학생 지원방안 4가지 – A·B·C 교사 평가방법 문제점 및 개선방안

2) 흐름 분석

시책 & 정책 연계
20년: 자체해결제, 다문화 → 23년: 강원도 시책 연계 프로그램
☞ 강원도는 꾸준히 "지역 시책 + 교과 적용력"을 평가.

생활지도 & 학생관계 회복
20년: 학폭·생활지도 → 21년: 자해·자살 지도 → 23년: 생활지도 방식 비교
☞ 교사의 학생관·생활지도 철학을 강조.

미래교육 & 디지털 대응
21년: 원격수업·ICT → 23년: 미래교육 선도학교
☞ 포스트코로나 → AI·미래교육 전환흐름 반영.

교육과정 내실화 & 교원역량
21년: 학교혁신, 협동 → 23년: 학기말 교육과정 내실화
☞ 단순 수업지식이 아니라 교육과정–운영능력–학교문화까지 본다는 특징.

3) 핵심키워드

키워드	메모
강원도 시책 연계(생활교육, 생태환경, 미래교육 선도학교)	
정의로운 차등 & 교육 공정성	
학생 참여·자기주도성 확대	
디지털·AI 교육 & 원격·대면 혼합형 수업 운영	
생활지도 철학 (학폭·자해·회복적 생활교육)	

교육과정 내실화 & 학교혁신 추진	
다문화·통합학급 지원	
평가 개선 (과정중심·공정성)	

4) 예상문제

시책 연계 프로그램
"강원도 2026년 교육시책과 연계한 학급 단위 프로그램을 설계하시오."

생활지도 철학
"생활지도에서 교사의 원칙과 철학은 무엇이며, 사례를 들어 설명하시오."

AI·디지털 교육
"AI 활용 수업의 장점과 단점을 말하고, 학생 주도성을 높이는 방안을 제시하시오."

회복적 생활교육
"학급 내 갈등 상황에서 회복적 대화·생활교육을 적용한 지도 방안."

교육과정 내실화
"학기말 교육과정 내실화를 위해 교사가 준비해야 할 구체적 실행 방안 3가지."

> ✍ 강원 중등 교과는 "시책 연계 + 생활지도 철학 + 미래교육 대응" 3축이 필수입니다.
> 즉, 답변에 정책 키워드 + 교직관 + 실제 수업·지도 활동 아이디어가 함께 들어가야
> 고득점 가능성이 높습니다.

9. 평가원 초등

24년	문제학생, 학부모 응대, 공개수업 동료교사, 인성적 교사자질
구상형	1) 문제행동을 보이는 학생에 대하여 학교에서 지원할수 있는 방법 2가지 2) 교사가 학부모에게 요청할 수 있는 가정 협조 사항 2가지와 이유 설명하기
즉답형	1) 공개수업과 관련하여 후배 교사가 가져야 하는 태도 3가지와 이유 설명하기 2) A교사에게 요구되는 인성적 자질 3가지 설명하기
23년	문제학생 지도, 교원학습공동체, 전문성, 마을 축제, 인성
구상형	1) B교사, C교사가 접한 학생의 문제 유형과 개별형 지도 방안 1가지씩 설명하고, 문제 상황을 사전에 예방 할 수 있는 수업 운영 방법 1가지 말하기
즉답형	1) 교사가 전문성을 신장하고, 교원학습공동체에 참여하기 위해 가져야 할 태도 3가지와 이유 3가지 설명하기 2) 교사로서 마을 축제를 진행하기 위해 필요한 인성적 자질 3가지, 이유 3가지 설명하기

22년	온라인수업, 교직관, 인성자질		
구상형	1) 온라인 수업과 교수- 학습 매체의 문제점 1가지와 해결 방안 2가지를 각각 제시하기		
즉답형	1) 제시문제 나타난 교사의 문제점 2가지와 교사로서 바람직한 태도 2가지 설명하기 2) 제시된 상황에서 교사가 가져야 할 인성적 자질 3가지와 이유 설명하기		
21년	학부모 응대, 교직관, 아동관, 학급규칙 제정		
구상형	1) 각 장면 학부모와의 어려움을 말하고, 대응 방안과 그 이류를 각각 2가지씩 설명하기		
즉답형	1) 제시문과 관련하여 교사의 입장을 선택하고, 자신의 아동관과 관련지어 설명하기 2) 학급규칙 제정을 위한 실천 방안 3가지 설명하기		
20년	학생지도, 동료교사 태도, 인성자질, 교직관		
구상형	1) A학생에 대한 지도 방안 4가지와 그 이유 설명하기		
즉답형	1) 박 교사의 잘못된 태도 2가지와 해결 할 수 있는 방안 2가지 설명하기 2) 문제상황 후속 조치 2가지와 교사에게 필요한 인성적 자질 2가지 설명하기		

1) 기출요약

연도	핵심 키워드	구상형	즉답형
2024	문제학생, 학부모 응대, 공개수업, 인성적 교사자질	- 문제행동 학생 지도 방안 2가지 - 학부모 가정 협조 요청 2가지 + 이유	- 공개수업에서 후배 교사 태도 3가지 + 이유 - A교사에게 필요한 인성적 자질 3가지
2023	문제학생 지도, 교원학습공동체, 전문성, 마을 축제, 인성	- B·C학생 문제 유형 + 지도 방안 1가지씩 - 문제 상황 예방 수업운영 방안	- 교원학습공동체 참여 교사의 태도 3가지 + 이유 - 마을 축제 운영 교사의 인성적 자질 3가지 + 이유
2022	온라인수업, 교직관, 인성자질	- 온라인수업/매체 문제점 1가지 + 해결 방안 2가지	- 교사의 문제점 2가지 + 바람직한 태도 2가지 - 교사에게 필요한 인성적 자질 3가지 + 이유
2021	학부모 응대, 교직관, 아동관, 학급규칙 제정	- 학부모와의 어려움 2가지 + 대응 방안 2가지 + 이유	- 교사의 입장 선택 + 아동관 연결- 학급규칙 제정 실천 방안 3가지
2020	학생지도, 동료교사 태도, 인성자질, 교직관	- A학생 지도 방안 4가지 + 이유	- 박교사의 잘못된 태도 2가지 + 해결 방안 2가지 - 문제 상황 후속 조치 2가지 + 교사 인성자질 2가지

2) 흐름분석

1. 문제학생 지도 & 생활교육
20년 학생지도 방안 → 23·24년 문제행동 학생 지도 강화
☞ 학생관리·생활지도는 꾸준히 중심 키워드.

2. 교사의 인성적 자질 & 교직관
20~24년 모든 해에 공통 출제
☞ 단순 기술보다 교사다운 태도·인성이 평가 핵심.

3. 학부모 응대 & 소통 역량
21년 학부모 대응 → 24년 가정 협조 요청
☞ 교사- 학부모 관계 관리 능력 중시.

4. 시대적 키워드 반영
22년 온라인수업(코로나 여파)
23년 교원학습공동체, 마을축제 → 공동체 역량 강조
24년 공개수업, 후배교사 태도 → 교사 전문성 전수 & 동료성 강조

3) 핵심 키워드

키워드	메모
문제학생 지도(자기주도·회복적 생활교육 관점)	
인성적 자질·교직관·아동관(변함없는 평가 축)	
공동체성(학습공동체, 마을교육, 지역사회 연계)	
교사의 전문성 신장(연구·수업혁신·동료 교사 지원)	
디지털 교육 역량(AI, 온라인/오프라인 혼합수업 대응)	
학급운영(규칙·자치·학생 주도성 확대)	

4) 예상문제

문제학생 지도 & 생활교육
"수업 중 반복적으로 수업을 방해하는 학생을 회복적 생활교육 관점에서 어떻게 지도하시겠습니까?"

학부모 협력
"학부모의 지나친 간섭으로 학급 운영이 어려울 때 교사의 대응 방안을 설명하시오."

교사 인성 & 자질
"AI 시대에도 변하지 않는 교사의 인성적 자질 3가지와 그 이유를 말하시오."

교직관 & 아동관
"당신의 아동관을 담임교사 역할과 연결하여 설명하시오."

공동체 & 전문성

"교원학습공동체에 참여하며 전문성을 신장할 수 있는 방법과 그 효과를 제시하시오."

> ✏️ **요약:** 평가원 초등 기출은 문제학생·학부모·교사 인성·공동체성이 매년 반복적으로 다뤄지고 있어, 이 4대 키워드와 최근 흐름(디지털·AI·회복적 생활교육)을 엮어 답변을 준비해야 합니다.

10. 평가원 중등(교과)

24년	수업설계, 에듀테크, 교직관, 교육활동, 교사의 역할, 유의점
구상형	1) 수업설계상의 문제점 1가지와 해결책 1가지 제안하기 2-1) 에듀테크를 수업에 활용할 때의 유의점 1가지 제시하기 2-2) 에듀테크 수업과 관련하여 교사로서 전문성을 키울 수 있는 구체적인 방안 1가지 제시하기 3-1) 자신의 교육관과 비슷한 교육관을 고르고 이유 설명하기 3-2) 자신이 선택한 교육관을 실현할 수 있는 교육활동 1가지 구체적으로 제시하기
즉답형	1-1) 자신이 생각하는 교사의 역할과 주어진 상황에서 어떻게 행동할지에 대해 설명하기 1-2) 자신이 선택한 방법으로 행동할 때 유의할 점 2가지 제시하기
23년	메타버스, 교직관, 칭찬, 교사상, 문제해결력
구상형	1) 메타버스 활용 수업 문제점을 언급하고, 문제점 해결방안 각각 제시하기 2) 교직관과 사명에 비추어 교사가 학생을 칭찬해야 하는 이유 2가지 설명하고, 제시문의 학생 칭찬을 위한 노력 방안 2가지 제시하기 3) 자신의 교육관에 부합한 주장 선택하여 이유를 말하고, 자신이 선택한 교육관을 실현하고 싶은 교사상 설명하기
즉답형	1-1) 교사A의 입장에서 대처방안 1-2) 대처방안 실천시 유의할 점 1-3) 중재자의 입장에서 대처방안
22년	동기, 기초학력 부진아, 인성자질, 전문자질, SNS, 학교문화, 신뢰
구상형	1) 동기적 특성 1가지 말하고, 학생들에게 적절한 과제 하나씩 제시 2) 코로나19, 기초학력 부진아 지도 교사에게 필요한 인성적 자질과 전문적 자질을 1가지 제시, 자질을 기르기 위한 어떤 노력 할건지 1가지 3) 교사의 SNS에 대한 입장 선택, 선택한 입장이 학교조직 문화에 끼칠 영향을 고려하여 유의할 점 말하기
즉답형	1) 학생을 얼마나 신뢰할 까에 대한 질문, 두교사중 선호교사 고르고 이유말하기 2) 자신이 선택한 교사의 입장에서 유의해야 할 점 말하기 3) 학생과 바람직한 신뢰관계 형성을 위한 방안 제시

21년	학생관리, 교사자질, 교사상, 윤리, 문제해결, 의사소통
구상형	1) 학생들이 겪는 어려움 하나씩 제시, 담임교사로서 해결방법 1가지 제시 2) 최교사 교직일기, 가진 자질 2가지, 앞으로 함양하기 위한 노력 3) 본인의 교사상에 근거하여 가장 중요하다 생각 하는 가치, 이유, 자신의 교사상으로 교육 시 기대할 수 있는 학생의 모습 제시
즉답형	1) 내가 김교사라면, 행동한 이유, 김교사의 입장에서 2) 김교사 행동을 교직 윤리적 측면에서 비판하기 3) 내가 김교사라면 동료교사에게 어떻게 대처할 것인지
20년	봉사활동, 교직관, 사례, 갈등해결
구상형	1) 학생 봉사 활동과 관련지어 김교사의 문제점 2가지, 해결 방안 각각 말하기 2) A, B교사 중 본인과 교육관이 비슷한 교사 택하고, 되기 위해 노력했던 점 3가지 3) 문장에 대한 사례를 설명하고, 자신의 교육관과 관련지어 설명하기
즉답형	1-1) 어떤 부장교사와 같이 일 하고 싶은지 이유 들어 설명하기 1-2) 선호하지 않는 부장교사와 갈등 발생시, 어떻게 해결 할 것인지 설명하기

1) 기출분석

연도	핵심 키워드	구상형	즉답형
2024	수업설계, 에듀테크, 교직관, 교사의 역할	– 수업설계 문제점·해결책 – 에듀테크 활용 시 유의점 + 전문성 신장 방안 – 교육관 선택 + 실현 교육활동	– 교사의 역할과 상황별 행동 – 선택한 행동의 유의점 2가지
2023	메타버스, 교직관, 칭찬, 교사상, 문제해결력	– 메타버스 수업 문제·해결책 – 교직관·사명 → 칭찬 이유·노력 – 교육관 선택 + 교사상 설명	– 교사 A 입장에서 대처 방안 – 실천 시 유의점– 중재자 입장 대처방안
2022	동기, 기초학력, 인성·전문자질, SNS, 신뢰, 학교문화	– 학생 동기적 특성·과제 제시 – 기초학력 부진아 지도: 인성·전문자질 + 노력 – 교사의 SNS 입장 + 학교문화 영향	– 학생 신뢰 질문: 교사 선택 + 이유 – 선택한 입장에서 유의점– 신뢰관계 형성 방안
2021	학생관리, 교사자질, 교사상, 윤리, 문제해결, 의사소통	– 학생 어려움 제시 + 해결방안 – 교직일기: 교사 자질 2가지 + 노력 – 교사상 기반 가치·학생 모습 제시	– 김교사 입장에서 행동 이유 – 김교사 행동 윤리적 비판 – 동료교사와 대처 방법

| 2020 | 봉사활동, 교직관, 사례, 갈등해결 | – 봉사활동 문제점 2가지 + 해결 방안
– 교육관 유사 교사 선택 + 노력 3가지
– 문장 사례 설명 + 교육관 연결 | – 선호 부장교사 + 이유
– 갈등 발생 시 해결방안 |

2) 흐름분석

교사의 전문성 & 교육철학
20년 교육관 사례 → 21년 교사상·윤리 → 22년 인성·전문자질 → 23·24년 AI·에듀테크 시대의 교사 역할
☞ 꾸준히 "나는 어떤 교사인가"를 묻는 흐름.

학생 지도 & 신뢰 관계
21년 학생관리 → 22년 신뢰 관계 → 23년 칭찬·문제 해결 → 24년 수업설계·역할
☞ 학생관·신뢰·생활지도는 계속 반복 출제.

시대 반영 키워드
20년 봉사활동 (공동체성)
21년 원격수업, 윤리 (코로나 영향)
22년 SNS·신뢰
23년 메타버스, 칭찬 (미래교육·인성 중심)
24년 에듀테크, 교육관, 교사 전문성

3) 키워드

키워드	포인트
AI·에듀테크	→ 교육 활용 + 윤리적 유의점
교사의 전문성 & 자기성장	→ 평생학습, 학습공동체 참여
교사상·교직관·학생관	→ 가치관·철학 연결 답변
학생 신뢰·생활지도	→ 회복적 생활교육, 문제 해결
공동체·협력	→ 학부모·동료·지역사회 협력
교육의 공정성 & 정의로운 차등	전국적 공통 화두)

4) 예상문제

AI·에듀테크 활용
"AI를 활용한 수업에서 교사가 반드시 지켜야 할 원칙 2가지를 말하고, 구체적인 실천 방안을 설명하시오."

교사상 & 교직관

"당신이 지향하는 교사상은 무엇이며, 이를 수업·생활지도에서 어떻게 실현하겠습니까?"

학생 지도 & 신뢰

"학생이 반복적으로 과제를 거부할 때, 교사로서 신뢰를 유지하며 지도할 수 있는 방법 2가지를 제시하시오."

윤리 & 공동체

"교사의 SNS 사용이 학교문화에 미치는 영향을 설명하고, 바람직한 실천 방안을 제시하시오."

미래교육 & 공동체성

"지역사회와 협력하여 학생들의 기초학력을 보장할 수 있는 수업 방안을 말하시오."

Part 3

🔍 **정리**   정리: 평가원 중등 기출은 매년 <교사의 정체성(교직관·교사상)>과 <시대 키워드(AI, 메타버스, SNS)>를 동시에 묻습니다. 따라서 26년 준비에서는 **철학 + 최신 정책 키워드 + 구체적 사례**를 엮는 답변 전략이 필요합니다.

11. 평가원 중등(비교과)

22년	정서적 문제, 인성교육, SNS, 학생신뢰
구상형	1) 정서적인 문제점 1가지, 교사의 지도방안 2가지 2) 인성교육 해야 하는 이유, 자신의 교과가 인성교육에서 가진 장점, 향후 인성교육에 필요한 자질, 노력방안 3) 교사의 SNS에 대한 입장 선택, 선택한 입장이 학교조직 문화에 끼칠 영향을 고려하여 유의할 점 말하기
즉답형	1) 학생을 얼마나 신뢰할 까에 대한 질문, 두교사중 선호교사 고르고 이유말하기 2) 자신이 선택한 교사의 입장에서 유의해야 할 점 말하기 3) 학생과 바람직한 신뢰관계 형성을 위한 방안 제시
21년	대처방안, 교사 자질, 교직관, 교육방향, 동료교사
구상형	1) 학생의 정서적, 행동적 측면 문제점을 말하고, 대처방안 각각 제시하기 2) A교사가 가지고 있는 자질, 갖추어야 할 자질을 1가지씩 말하고, 자신의 노력경험 말하기 3) 문장을 선택하여 교직관과 관련지어 설명하고, 교육방향 설명하기
즉답형	1) 교사의 입장에서 동료교사에게 그렇게 한 이유 설명하기
20년	봉사활동, 교직관, 문제 갈등해결
구상형	1) 학생 봉사 활동과 관련지어 김교사의 문제점 2가지, 해결 방안 각각 말하기 2) A, B교사 중 본인과 교육관이 비슷한 교사 택하고, 되기 위해 노력했던 점 3가지 3) 문장에 대한 사례를 설명하고, 자신의 교육관과 관련지어 설명하기

즉답형	1- 1) 어떤 부장교사와 같이 일 하고 싶은지 이유 들어 설명하기
	1- 2) 선호하지 않는 부장교사와 갈등 발생시, 어떻게 해결 할 것인지 설명하기

1) 기출요약

연도	핵심 키워드	구상형	즉답형
2022	정서적 문제, 인성교육, SNS, 학생신뢰	- 정서 문제 1가지 + 지도 방안 2가지 - 인성교육 이유 + 교과 장점 + 자질·노력방안 - 교사의 SNS 입장 + 학교 문화 영향 + 유의점	- 교사 신뢰 질문: 선호교사 선택 + 이유 - 선택한 교사 입장에서 유의점 - 학생과 신뢰관계 형성 방안
2021	정서·행동 문제, 교사 자질, 교직관, 교육방향, 동료교사	- 학생의 정서·행동 문제 + 대처방안 - A교사의 자질 + 필요한 자질 + 자신의 노력경험 - 문장 선택 후 교직관·교육 방향 설명	- 동료교사에게 행동한 이유 설명
2020	봉사활동, 교직관, 갈등해결	- 봉사활동 문제점 2가지 + 해결방안 - A·B교사 중 유사 교육관 교사 선택 + 노력 3가지 - 문장 사례 설명 + 자신의 교육관과 연결	- 선호 부장교사와 이유 - 선호하지 않는 부장교사와 갈등 해결방안

2) 흐름분석

2020 → 2021 → 2022로 갈수록

20년: 교직관·갈등해결 (교사 기본 태도 중심)
21년: 교사 자질·교직관 (교사 역할 강조)
22년: 인성교육·SNS·신뢰관계 (교사 영향력 + 학생관계 중심)

핵심 출제 축

- 교사의 정체성(교직관·교사상)→ 꾸준히 반복 출제
- 학생 관계(신뢰, 정서, 행동 문제 지도)→ 상담적 역량 강조
- 사회적 이슈(SNS, 인성교육, 봉사활동)→ 시대성과 현장성 반영

3) 필수 키워드

키워드	포인트
교사의 전문성 + 인성자질	(전문성+따뜻함 균형)
학생 신뢰 관계 형성	(회복적 생활교육, 공감 대화, 비밀보장 원칙)
정서·행동 문제 지도	(위기학생, 자해·폭력·학습무기력 등)
SNS·디지털 리터러시	(교사 윤리, 교육적 활용, 위험 관리)
인성교육 & 봉사활동	(공동체성, 민주시민교육과 연결)

4) 예상질문

정서·행동 문제 지도
"정서적으로 불안정한 학생이 수업 중 갑자기 자리를 이탈할 때, 교사로서 어떻게 지도하겠습니까?"

학생 신뢰 & 상담
"학생이 교사에게 불신을 표현할 때, 신뢰를 회복하기 위해 교사가 취할 수 있는 구체적 방안을 말해 보세요."

SNS & 교사 윤리
"교사의 SNS 활동이 학생·학부모에게 미치는 긍정적·부정적 영향을 설명하고, 교사로서 지켜야 할 원칙을 말하시오."

인성교육
"자신의 전공과 연계하여 인성교육을 실천할 수 있는 활동을 제시하고, 그 기대효과를 설명하시오."

동료·학부모 협력
"동료교사와의 갈등 상황에서 협력적 관계를 회복하기 위한 대화 전략을 말하시오."

✏️ 결론적으로, 중등 비교과는 교직관 + 학생 신뢰 + 정서 지도 + 시대적 이슈(SNS·인성)이 네 가지 축이 반드시 준비되어야 합니다.
즉, 답변은 "결론(교직관) → 근거(정책·교육학) → 사례(현장 대응) → 기대효과(학생 성장·공동체 발전)"구조로 가야 합니다.

---

12. 인천초등 (23년도부터 평가원으로 포함됨.)

22년	원주민 문명, 공교육 방향성, 안전사고, 문제 상황지도, 휴먼 디지털 교육(에듀테크)
구상형	1) 원주민 문명의 결과와 시사점을 말하고, 공교육의 방향성에 대해 설명하기

즉답형	1) 체육활동 진행시 안전사고를 예방하고, 대처하기 위한 방안 설명하기 2) 문제상황에 대한 지도 방안 3가지 제시하기 3) 휴먼 디지털 교육을 위한 교사 전문성 신장 방안 설명하기 (사례를 활용하여 자신이 가진 에듀테크 역량 설명)
21년	교사상, 학생교육 안전망, 문화 예술 교육, 에듀테크 역량
구상형	1) 시에서 의미 있다고 생각 되는 부분과 교사상을 연결지어 설명하기
즉답형	1) 학생교육 안전망의 구체적인 교육 방안 말하기 2) 원도심, 신도시, 농어촌, 도서지역 중 하나를 선택하여 특색을 살린 문화예술 교육 방안 제시하기 3) 자신이 가진 에듀테크 역량의 사례를 활용하여 설명하기
20년	문제해결 방안, 독서습관, 갈등해결, 마을 자원 활용
구상형	1) A교사와 B교사가 겪고 있는 문제의 해결 방안 각각 2가지 씩 설명하기
즉답형	1) 독서습관 형성을 위한 지도방안 설명하기 2) 동료교사와 갈등이 생겼을 때 해결 방안 제시하기 3) 마을 인적 자원을 수업에 활용 할 수 있는 방안 설명하기

1) 기출요약

연도	구상형 주제	즉답형 주제
2022	– 원주민 문명 시사점 & 공교육 방향성	– 체육활동 안전사고 예방·대처 – 문제 상황 지도 3가지 – 휴먼 디지털 교육(에듀테크) + 교사 전문성 신장
2021	– 시(詩) 의미 + 교사상 연결	– 학생교육 안전망 구축 – 지역 특색(원도심·신도시·농어촌·도서지역) 문화예술교육 – 에듀테크 역량 사례
2020	– A·B교사 문제 상황 각각 해결 방안 2가지	– 독서습관 형성 지도 방안 – 동료교사 갈등 해결 방안 – 마을 인적 자원 활용 수업 방안

2) 흐름요약

2020년: 기초 생활·수업 문제 해결 능력(독서, 갈등, 마을 자원 활용).
2021년: 교사상 확립 + 학생 안전망 + 지역 특색 교육, 에듀테크 역량 강조.
2022년: 공교육 방향성 + 안전사고 대처 + 디지털 전환 교육(휴먼 디지털, 에듀테크).

흐름: 기본 생활교육 → 교사상·안전망·지역교육 → 디지털 전환·공교육 철학

3) 키워드

교육 철학·공교육 방향성	정의로운 차등, 교육 공정성, 모두를 위한 배움.
안전 & 위기 대응	안전사고 예방, 위기 학생 대처, 생활지도.
에듀테크 & 디지털 전환	휴먼 디지털 교육, AI·스마트교육, 교사 전문성.
지역사회 연계	마을교육공동체, 지역 특색 문화·예술 교육.
교사상·학생관	교사의 인성적 자질, 학생관, 교직관.

4) 예상질문

구상형

– 교육격차 해소를 위한 인천 지역 특화 교육 프로그램을 설계하고, 공교육의 방향성과 연계해 설명
하시오.
– AI·에듀테크 활용 수업에서 발생할 수 있는 문제점 2가지와 이를 보완하기 위한 교사의 지도 방안
을 제시하시오.

즉답형

– 수업 중 발생한 안전사고 상황에서 교사로서의 즉각적 대처와 사후 조치를 설명하시오.
– 교사로서 학생의 행복감을 높이기 위해 학급에서 실천할 수 있는 활동 3가지를 말하시오.
– 교사에게 필요한 인성적 자질 중 본인이 가장 중요하게 생각하는 것 1가지를 말하고, 이유와 실천
방안을 설명하시오.

 정리하면, 인천 초등 기출은 "교사상·안전·에듀테크·지역연계"가 매년 반복 키워드
예요.
26년에도 디지털 교육과 안전·공교육 가치관이 융합된 문제가 출제될 가능성이 높
습니다.

13. 인천 중등 (교과)

22년	자기자신, 진로교육, 교사역량, 혐오표현, 지도 방안, 리터러시 역량
구상형	1) 자신이 중요하게 생각하는 것을 1가지 골라 이유를 설명하고, 구체적인 실현 방안 4가지 제시하기 2) 진로교육 프로그램 5가지를 제시하고, 이에 필요한 교사의 역량 5가지 설명하기
즉답형	1) 학생들의 혐오 표현 사용을 예방하고, 지도할 수 있는 교육 방안 5가지 제시하기 2) 학생의 미디어 리터러시 역량을 신장 시킬 수 있는 방안5가지 설명하기
21년	기후위기대응, 생태환경교육, 동아리, 활동방안, 블렌디드 러닝, 교사 역량, 학부모 응대, 다문화/장애/학습부진아/가정환경 어려운 학생/학급운영
구상형	1) 기후위기대응, 생태환경교육을 역점정책사업으로 결정, (중략) 민-관-학-거버넌스 구축하여 협력할 계획이다. 1-1) 생태환경교육 동아리 이름, 이유 설명하기 1-2) 교과 연계하여, 동아리 활동 방안 5가지 구상하기 2) 코로나19로 블렌디드 러닝 2-1) 블렌디드 러닝을 위해 교사가 가져야 할 역량 4가지 2-2) 자신이 언급한 역량을 기르기 위한 방안 각각 제시
즉답형	1) 통화내용: 학부모가 코로나로 학교 등교를 불안해함 (마스크 미착용, 거리두기 미실시 학생들이 많다는 자녀의 말을 듣고 부모가 불안해함) 1-1) 학부모의 우려에 대하여 학교교육신뢰도를 높일 문제해결 방안을 교사, 학교 차원의 방안을 종합하여 4가지 제시 2) 제시문: 다문화 학생, 장애학생, 학습부진 학생, 가정환경 어려운 학생 등, "더불어사는 우리! 어울려 함께하자!"로 급훈정함. 교사는 급훈에 맞추어 학부모 참여 독려위해 가정통신문 작성 중 2-1) 가정통신문에 기록할 학급운영 방향 5가지 제시, 이유를 설명하기
20년	미래교육, 실천가능성, 조직문화 장단점, 신년사, 교사 역할, 신규교사, 학생상
구상형	1) 미래교육의 방향성 말하고, 학교 현장 실천 방안 2가지 2) 학교 조직 문화의 문제점 3가지, 개선할 수 있는 방안 3가지
즉답형	1) 신년사와 관련지어 교사의 역할 5가지 2) 앞에 학생들이 있다 가정하고, 신규교사로서 바라는 학생상을 포함한 첫인사

1) 기출요약

연도	구상형 주제	즉답형 주제
2022	- 중요하게 생각하는 가치 1가지 + 실현 방안 4가지 - 진로교육 프로그램 5가지 + 교사 역량 5가지	- 학생 혐오 표현 예방·지도 방안 5가지 - 미디어 리터러시 역량 신장 방안 5가지

| 2021 | – 기후위기 대응, 생태환경교육 동아리명 + 이유
– 교과 연계 동아리 활동 5가지
– 블렌디드 러닝: 교사 역량 4가지 + 역량 기르기 방안 | – 코로나 불안 학부모 응대 (교사·학교 차원 방안 4가지)
– 다문화·장애·학습부진·가정환경 고려 학급운영(가정통신문 5가지 방향) |
| 2020 | – 미래교육 방향성과 실천 방안 2가지
– 학교 조직문화 문제점 3가지 + 개선 방안 3가지 | – 신년사와 관련된 교사의 역할 5가지
– 신규교사로서 바라는 학생상 포함 첫인사 |

2) 흐름요약

2020년: 미래교육과 학교조직문화 → 교사의 역할, 신규교사 다짐.

2021년: 기후위기·생태환경 교육, 블렌디드 러닝 → 위기 대응 역량, 학부모 신뢰 회복, 학급운영 철학.

2022년: 가치·진로교육·역량 강조 → 학생 언어문화 지도(혐오 표현), 디지털 리터러시.

> ✏ 흐름: 미래교육 방향성 → 기후위기·블렌디드 러닝 → 교사역량·가치관·리터러시 교육

3) 키워드

미래교육 철학	정의로운 차등, 디지털·AI 교육, 학생 주도성
위기 대응	기후위기 교육, 코로나 이후 학부모 신뢰 회복.
교사 역량	블렌디드 러닝, AI·리터러시, 진로교육 지도력.
학생 생활 지도	혐오 표현 예방, 다문화·배려 교육.
조직문화 & 학급 운영	협력·민주적 운영, 학부모와 소통.

4) 예상질문

구상형
- AI · 에듀테크 활용 수업의 장점과 단점을 말하고, 학생 주도성을 강화할 수 있는 구체적 방안을 제시하시오.
- 교사로서 중요하게 생각하는 가치 1가지를 말하고, 이를 실천할 수 있는 학교 현장 실행 방안을 3가지 제시하시오.

즉답형
- 학급에서 학생들이 혐오 표현을 사용할 때 교사로서 즉각적 대응 방안과 예방 교육 방법을 말하시오.
- 학부모가 학교 교육에 대한 불신을 보일 때, 교사와 학교 차원에서 신뢰를 회복할 수 있는 방안을 말하시오.
- 미래교육에서 교사가 갖추어야 할 핵심 역량 3가지와, 이를 기르기 위해 교사가 해야 할 노력을 말하시오.

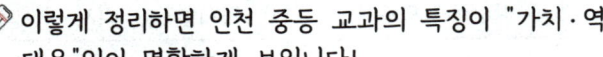 이렇게 정리하면 인천 중등 교과의 특징이 "가치 · 역량 · 리터러시 + 학부모 신뢰 · 위기 대응"임이 명확하게 보입니다!

유형별 핵심 키워드 TOP 10 & 임플 만능틀

- 정책형: "교육격차 해소, 기초학력 보장, AI·디지털 리터러시, 생태환경 교육"
- 가치관형: "정의로운 차등, 교육 공정성, 교직관·학생관"
- 상황형: "학부모 민원, 응급 상황, 학교폭력, 위기학생"

이 곳에서는 각 지역마다 주로 나오는 키워드를 말하고 있습니다. 해당 키워드가 나온다면, 나의 교직관을 녹여 내거나 수업 등 활동을 녹여낸 답변을 준비하도록 합니다! (본인의 해당 지역에 형광펜을 칠하고, 반드시 보아야 할 것과 다른 지역 키워드는 생각해 볼만한 키워드 라고 생각하면 됩니다!

1 유형별 구분

1. 정책형 (교육부·시도 시책, 제도 연계)

기초학력 보장	(경기·평가원: 기초학력 책임지도제, 학력 부진 지도)
교육격차 해소	(코로나19 학습결손, 맞춤형 지원, 강원·서울 기출)
AI·디지털 리터러시	(서울: AI 교육, 인천: 휴먼 디지털 교육, 인천중등: 미디어 리터러시)
생태환경·기후위기 교육	(강원·서울·인천: 생태환경, 기후위기 대응, 탄소중립)
경기/강원/서울 시책 반영	(경기생활교육, 미래교육 선도학교, 행복한교육·경기교육 기본계획)

2. 가치관형 (교직관·학생관·교육철학)

정의로운 차등 & 교육 공정성	(서울초등·경기초등 기출: 정의로운 차등, 공정한 출발선)
교직관·학생관·교사상	(서울, 경기, 강원, 평가원 전 영역에서 반복)
인성·민주시민교육	(평가원·강원 기출: 인성자질, 민주시민 역량)
전문성·책무성	(교사 자질, 교사 전문성 신장, SNS 사용과 교사 윤리 관련 기출)
공동체·협력	(교원학습공동체, 교사·학부모·학생 협력, 학교공동체 문화)

3. 상황형 (실제 돌발·상황 지도)	
학부모 민원 응대	(서울·인천·평가원·중등: 코로나 불안, 수업 차이, 민원 대응)
위기학생 지도	(자해·자살·분노·ADHD)(서울중등·서울비교과·강원중등 기출 다수)
학교폭력 & 관계회복	(서울비교과·강원·경기 기출: 자체해결, 회복적 생활교육)
안전·응급 대응	(인천초등: 체육 안전사고, 보건: 척추측만증·소아당뇨·응급처치)
수업 방해·스마트폰 문제	(서울·인천·강원 중등 기출에서 반복 출제)

2. 최종 TOP10 키워드 리스트

키워드		임플 idea & 나만의 idea
기초학력 보장	Say.N	– 잠깨우기 프로젝트 (잠: '재력'을 깨: 우는 우: 리들의 기: 초학력 보장수업) – SBS 모닝케어 (step by step) 아침공부시간 등
	you	
교육격차 해소	Say.N	– 모공됨: 모로가도 공부하면 됨. 나의 위치에 상관없이 교육이 제공될 '모공됨 캠페인'은 아이들에게 적절한 교육을 제공 할 수 있는 맞춤형 교육과정 – 뭣중동: 뭣이중헌디 동아리: 교육과 인성을 아우를수 있는 동아리 등
	you	
AI·디지털 리터러시	Say.N	– AI. '에이,아이도 하겠네' 전학공 : AI를 다루는 것은 현대 사회에 필수가 된 만큼, 교사가 먼저 찾아 배움을 나누어야 함 (전학공 운영) – 지피티 가짜 늬우스 : AI가 만연한 시대에 가짜뉴를 분별 할 수 있는 분별력 키우는 수업 구성 등
	you	
생태환경·기후위기 교육	Say.N	– 지구로 환생해보기 ; 어느 지역에 환생할것인지 정하고, 그 나라의 생태계 탐방하기, 인터넷 조사, 그룹 모둠 수업, 예시)몽골, 아프리카, 동남아, 북극, 중국, 호주, 영국 등 – 내가 지금까지 마신 플라스틱병 개수구하기 – 우물안 개구리 수업: 내가 무심코 던진 쓰레기가 지구를 아프게 했다. 역지사지 수업 등
	you	

교직관·학생관·교사상	Say.N	– 머리카락과 빗 같은 존재 (블로그 참조) – 실과 바늘 – 농부와 씨 (흔함) – 목수와 나무 등
	you	
정의로운 차등·교육 공정성	Say.N	– 노노노예스 캠페인 : No편견, No차별, No학대, YES정의- 나를 사랑으로 대해주세요 캠페인 – 정의의 이름으로 널 교육시키겠다 프로젝트 – 쌤과 함께 하는 공정한 거래 수업 – 함크아, 같크쌤 : 함께 크는 아이, 같이 크는 쌤
	you	
인성·민주시민교육	Say.N	– 돌부처주간: 오늘은 화를 안내보는 주간 운영 (=화남이 고장주간, 이함해:이번생은 함께해) – 내 속에 인성이랑 민주있다. 등
	you	
공동체·협력 (학부모·교사·학생)	Say.N	– PTS퍼스트 : 우리 모두 처음입니다 – 학교라는 나무 아래, 교사와 학부모가 관심을(물, 자양분) 주 면 학생이 주렁주렁 열려요 – 학씨어디가, 같이가 프로젝트 : 학교에서 학부모와 학생의 역할이 중요함을 인지하고, 교사는 동행하는 동반자 등
	you	
위기학생 상담·지도 (자해, ADHD 등)	Say.N	– 돈두댓, 나쁜생각 : 하지 말라는 말 보다, 행동이 먼저인 손 을 잡아주는 교사가 되겠습니다 – 촛불하나 프로젝트 : 지치고 힘들 때 불빛을 밝혀주는 선 생님 – 힘파두파 기기up : 힘도 파팍 나고, 두뇌도 파팍 쓰는 기초 체력, 기초마음 up 프로젝트 (연계)
	you	
학부모 민원·학교폭력·수업방해 대응	Say.N	– 마음의 잡초뽑기 day : 마음을 헤아리는 주간 – 버닝스쿨 : 학교에서 있었던 일들을 털어내는 등
	you	

⟨임플 만능틀⟩
"제가 실제로 쓰려고 둔 만능아이디어니 여기서 자신만의 네이밍을 만드는 연습을 해보세요!"

1. 신학기 · 학급 프로그램
마이스쿨텔레비전⟨신학기는 처음이지?⟩: 학교 생활터 안내 + 선생님 별명 · 이름 소개 영상 제작
동번선후배 멘토링: 같은 급끼리 3인 1조, 질문 · 답변 · 관계 쌓기

2. 기후 변화 · 시민 교육
얼스마마: 지구를 지키는 소년단, 요일별 환경 실천(월: 셧다운 / 화: 보일러 절약 / 수: 물 절약 / 목: 채식데이 / 금: 텀블러 / 토: 식목 / 일: 1회용품X)
도토리 인성 주간 도와주고 토닥이고 리해하는 활동, 회복적 대화 포함
1인1식물: 식물 키우기 · 테라리움으로 환경 감수성 · 정서 안정
다른 존재 되어보기: 북극곰, 펭귄 등 멸종 위기 동물 역할 체험
제로웨이스트 플러스지구 프로그램: 환경문제 사례조사 → 실천토의 → 홍보UCC 제작

3. 생활 SOC · 공간 혁신
휴토피아: 신발 벗고, 온돌 · 좌식 원탁 대화 공간, 창의 · 이야기 공간
건강성장학교 / 마음성장학교: 보건 · 정신 건강 부스, 유관기관과 연계한 건강 · 마음 성장 프로젝트
365부스: 주민 혈압 · 체중 · 비만 관리, 약물 · 알코올 · 불안장애 상담
마음소리 부스: 심리 상담 전용 공간

4. 동아리 · 학생자치 활동
심쿵소년단: CPR · 응급처치 보건 도우미 활동
Help 동아리: 안전 · 응급처치 UCC 제작, 안전 부스 운영
스쿨닥터 동아리: 건강지식 학습 · 팜플렛 제작 · 또래 상담
헬린이와 헬소년: 건강습관 캠페인, 헬스 UCC, '헬스킹왕짱' 선발
봉우리: 환경보호 · 안전 순찰 · 프로젝트 봉사
업사이클링 런닝: 자원 수집 · 재활용 제작 · 전시 · 기증
힐링캠프: 금연 · 금주 캠페인, 스트레스 관리, 지역사회 건강홍보

5. 인성 · 회복적 생활교육
심술씨앗: 부정적 감정 나누기 · 비폭력 대화 · 감정 표현 훈련
영감데이: 친구에게 영감 주고 받기, 인성 주간
창창한 데이: 창문 열고 창의력 발휘(멍 때리기 포함)
심다방: 마음을 여는 카페형 대화 공간
NUT 배지(Nurturing User Team): 협력 · 배려 속 졸업 시까지 모든 반 학생에게 배지 수여

6. 혁신교육 · 마을 연계
마을 재난 지도 만들기: 연락망 · 대응 계획 구축
릴레이 마라톤: 학생 · 교사 · 마을 주민이 함께 건강 · 연대 강화

마을 체조: 마을 대표 건강 체조 제작·활용

7. 안전·보건 교육
더블 에스 365 캠페인(Safety Student) : 3초 생각→6학년까지 안전, 5래 사는 법 실천
나침반 5분 교육: 등교 후 5분 영상 안전교육 누적→습관화
어둠의 손, 깨끗한 손: 형광물질 손씻기 체험·감염병 예방
VR 안전교육: 화재·재난 상황 VR 시뮬레이션
Eco마스크 제작: 감염병 예방 마스크 제작·기부

8. 디지털·미디어 리터러시
줌티켓: 온라인 인성·참여권 유도 티켓 시스템
백투더퓨처: AI 한테 상담, 진단 프로그램: 미래형 보건 체험 프로그램
스마트 사이버 안심존: 가정·학교 연계 미디어 과의존 예방
틱톡 운동 교실: 자세 교정·거북목 예방 짧은 영상 제작

9. 진로·창의융합
엄마손 파이 프로그램: 학부모 직업인 초청, 진로 대화
무엇이든 물어보살: 직업·진로 자유 질의응답
다이아몬드를 찾아라: 서로의 장점 발굴·공유
버킷리스트 도전: 학생 주도 경험·목표 실현 프로젝트

구분	프로그램명(네이밍)	설명	활용 질문 예시	답변 유형
신학기·학급	마이스쿨텔레비전 〈신학기는 처음이지?〉	학교 생활터 안내 + 선생님 소개 영상	"신학기에 학생들의 적응을 돕는 방안은?"	구상형
신학기·학급	동번선후배 멘토링	같은 급끼리 3인 1조, 질문·답변·관계 쌓기	"학급 내 유대감을 높이는 방법은?"	구상형
기후·시민	얼스마마	요일별 환경 실천 캠페인	"학생 환경교육을 실천 중심으로 하려면?"	즉답형
기후·시민	도토리 인성 주간	**도**와주고 **토**닥이고 **리**해하는 주간	"회복적 생활교육 사례를 말해보라"	구상형
기후·시민	1인1식물	테라리움·식물 키우기	"환경감수성 높이는 체험 프로그램은?"	즉답형
기후·시민	다른 존재 되어보기	멸종 위기 동물 역할 체험	"기후위기 대응 교육 아이디어는?"	구상형
기후·시민	제로웨이스트 플러스지구	사례 조사 → 실천 → 홍보 UCC	"세계시민 교육 사례를 들어보라"	구상형

생활 SOC	휴토피아	온돌·좌식 대화 공간 혁신	"학교 공간 혁신 방안을 제안하라"	즉답형
생활 SOC	건강성장학교 / 마음성장학교	보건·정신 건강 부스, 유관기관 연계	"마을과 함께하는 건강 프로그램?"	구상형
생활 SOC	365부스	주민 혈압·체중·비만 관리	"학교 시설을 지역사회와 공유하는 방법은?"	즉답형
생활 SOC	마음소리 부스	심리 상담 전용 공간	"학교 내 정신건강 지원 방안을 제안하라"	즉답형
학생자치	심쿵소년단	CPR·응급처치 보건 도우미	"응급처치 교육 활성화 방안은?"	즉답형
학생자치	Help 동아리	안전·응급처치 UCC·부스	"학생자치활동으로 안전을 주제로 한다면?"	구상형
학생자치	스쿨닥터 동아리	건강지식·팜플렛·또래 상담	"학생 건강교육에 학생 참여를 높이려면?"	구상형
학생자치	헬린이와 헬소년	건강습관 캠페인·헬스킹 왕짱	"보건실과 연계할 수 있는 동아리 활동은?"	구상형
학생자치	봉우리	환경보호·안전 순찰·봉사	"학생 봉사활동의 효과를 말해보라"	즉답형
학생자치	업사이클링 런닝	자원 수집·재활용 제작·기증	"환경교육과 체육을 융합하는 방법은?"	구상형
학생자치	힐링캠프	금연·스트레스 관리·캠페인	"학생 정신건강 지원 활동을 예로 들어보라"	구상형
인성교육	심술씨앗	감정 나누기·비폭력 대화 훈련	"회복적 생활교육을 실천한 사례는?"	구상형
인성교육	영감데이	친구에게 영감 주고받기	"학생 간 긍정문화 조성을 위한 방법은?"	즉답형
인성교육	창창한 데이	창문 열고 창의력 발휘	"창의성을 높이는 생활교육 아이디어?"	즉답형
인성교육	심다방	마음을 여는 카페형 대화	"심리적 안전망을 만드는 방법은?"	즉답형
인성교육	NUT 배지(Nurturing User Team)	협력·배려 졸업까지 배지 수여	"학생들의 협력·배려 문화를 확산하는 방법은?"	즉답형
안전·보건	더블 에스 365 캠페인 (Safety Student)	3초 생각→6학년까지 안전 생활	"안전문화 정착 방안은?"	즉답형

안전·보건	나침반 5분 교육	등교 후 5분 안전 영상	"안전교육을 생활화하려 면?"	즉답형
안전·보건	어둠의 손, 깨끗한 손	형광물질 손씻기 체험	"감염병 예방을 위한 체 험교육은?"	즉답형
안전·보건	VR 안전교육	화재·재난 VR 시뮬레이 션	"안전교육의 몰입도를 높이는 방법은?"	즉답형
안전·보건	Eco마스크 제작	감염병 예방 마스크 기부	"환경과 안전을 함께 가 르치는 사례?"	즉답형
디지털	줌티켓	온라인 참여권 유도 티켓	"온라인 수업 참여율 높 이는 방법?"	즉답형
디지털	백투더퓨처: AI 한테 상 담, 진단	AI 활용 미래형 보건 체 험	"AI를 교육에 활용하는 방법은?"	즉답형
디지털	스마트 사이버 안심존	미디어 과의존 예방	"스마트폰 중독 예방 방 법?"	즉답형
디지털	틱톡 운동 교실	짧은 영상으로 자세 교정	"SNS를 교육적으로 활 용하는 방법?"	즉답형
진로·융합	엄마손 파이 프로그램	학부모 직업인 초청	"학부모 자원을 활용한 진로교육 방안?"	즉답형
진로·융합	무엇이든 물어보살	자유 질의응답	"학생의 진로탐색을 돕 는 활동은?"	즉답형
진로·융합	다이아몬드를 찾아라	서로의 장점 발굴	"자아존중감 향상 활동 은?"	즉답형
진로·융합	버킷리스트 도전	학생 주도 경험·목표 실 현	"학생 주도성을 기르는 방법은?"	즉답형

✎ 이렇게 "기출에서 자주 나온 키워드는 곧 나만의 답변으로 반드시 녹여야 합니다!

1) 초등/중등(교과): 수업 전문성·학습권 보장, 학급운영, 느린학습자 이해, 맞춤형 교육

2) 보건: 부적응 학생 건강관리 및 감염병·위생· 협력적 응급대처

3) 영양: 급식 안전·영양 불균형 지도, 비만 등 협력적 건강관리

4) 상담: 부적응학생, 위기학생·학부모 협력 및 협력적 태도

5) 사서: 교과 연계 문해력 신장, 독서 활성화·미디어 리터러시 및 협력적 대응

경기도 교육청의 경우 하이러닝을 통해 맞춤형 교육실현이 가능해짐을 확인 할 수 있습니다.

---

1) 초등·중등(교과)
– 핵심 포인트: 수업 전문성, 학습권 보장, 학급운영.
– 면접 관점: 수업은 교사의 본질적 책무이자 학생의 권리 보장과 직결됩니다.
– 답변 요소:
  기초학력 보장 → 맞춤형 수업, 보충·심화 지원
  수업 전문성 → 학생 참여형·블렌디드 러닝·AI 활용
  학급운영 → 학생 주도 규칙, 회복적 생활교육, 생활지도
– 예시 답변 문장:
  "저는 교과 교사로서 수업 전문성을 통해 모든 학생의 학습권을 보장하겠습니다. 특히 기초학력 보장을 위해 맞춤형 보충지도를 실시하고, AI·에듀테크를 활용한 개별화 수업을 강화하겠습니다. 또한 학급 운영에서는 학생 주도의 규칙 수립과 회복적 생활교육을 통해 안전한 공동체를 만들어 가겠습니다."

---

2) 보건교사
핵심 포인트: 부적응 학생 건강관리, 감염병 대응, 협력적 응급대처.
면접 관점: 보건교사는 학생의 신체적·정신적 건강 안전망입니다.
답변 요소:
부적응 학생 → 건강검사, 상담, 학부모·교사 협력
감염병 대응 → 예방교육, 격리·보고체계, 사후관리
응급대처 → 교직원 협력적 매뉴얼, 골든타임 대응
예시 답변 문장:
"저는 보건교사로서 학생들의 건강을 최우선으로 지키겠습니다. 응급 상황에서는 교직원과 협력적 체계를 가동해 골든타임을 확보하고, 감염병 예방교육과 보고체계를 통해 안전한 학교 환경을 조성하겠

습니다. 또한 부적응 학생에게는 건강검사와 상담을 병행하며 학부모와 담임교사와 협력해 다각도로 지원하겠습니다."

3) 영양교사
– 핵심 포인트: 급식 안전, 영양 불균형 지도, 비만 예방 및 협력적 건강관리.
– 면접 관점: 식생활은 평생 건강의 기초. 학생 개별 차이를 존중하며 생활 속 실천으로 이어져야 함.
– 답변 요소:
  급식 안전 → HACCP 준수, 알레르기 표시·관리
  영양 불균형 지도 → 편식 지도, 개인 맞춤 상담, 가정 연계
  비만 예방 → 체험형 수업, 보건·체육교사 협력 건강 프로그램
– 예시 답변 문장:
  "저는 영양교사로서 급식 안전을 철저히 관리하고, 학생들의 영양 불균형을 해소하는 지도에 힘쓰겠습니다. 특히 비만 위험군 학생을 위해 보건·체육교사와 협력한 건강관리 프로그램을 운영하여, 학생 스스로 건강한 식습관을 형성할 수 있도록 돕겠습니다."

4) 상담교사
– 핵심 포인트: 부적응 학생, 위기학생 조기 발견, 학부모 협력, 회복적 상담 태도.
– 면접 관점: 상담교사는 학생 마음의 안전망. 예방·개입·회복을 연결하는 다리 역할.
– 답변 요소:
  위기학생 조기 발견 → 교사협력 관찰체계, 다중 관찰 기록
  공감 상담 → 비밀보장, 회복적 대화, 공감적 경청
  학부모 협력 → 상담 참여 독려, 필요 시 지역 상담기관 연계
– 예시 답변 문장:
  "저는 상담교사로서 학생들이 언제든 마음을 기댈 수 있는 울타리가 되겠습니다. 위기 학생은 조기 발견 체계를 통해 선제적으로 개입하고, 공감과 회복적 대화를 통해 안정감을 줄 것입니다. 또한 학부모와의 협력을 통해 학생을 학교·가정·지역사회가 함께 지지할 수 있도록 하겠습니다."

5) 사서교사
– 핵심 포인트: 교과 연계 문해력 신장, 독서 활성화, 미디어 리터러시 교육, 협력적 대응.
– 면접 관점: 도서관은 학교의 심장, 책과 정보는 학생 배움의 산소.
– 답변 요소:
  문해력 신장 → 교과 연계 독서 활동, 독서 포트폴리오
  독서 활성화 → 독서 동아리, 테마 전시, 독서 축제
  미디어 리터러시 → 가짜뉴스 판별, 정보 신뢰도 평가, 디지털 글쓰기
– 예시 답변 문장:
  "저는 사서교사로서 도서관을 배움의 허브로 만들겠습니다. 교과와 연계한 독서 활동으로 문해력을 신장시키고, 독서 동아리와 테마 전시로 학생들의 자발적 독서 문화를 확산하겠습니다. 또한 미디어 리터러시 교육을 통해 학생들이 정보의 홍수 속에서도 올바른 판단과 표현을 할 수 있도록 지도하겠습니다."

✏️ "아, 내 직종 답변의 뼈대는 이 3~4개 키워드로 잡아야 하는 구나"라고 생각하고 정리해둔 게 모이면 어느 순간 나만의 만능틀이 만들어지는 것이 보입니다!

Chapter **08**

구상형 실전문제 세트

임용면접
플러팅

1부 구상형 만능틀 만드는 방법

구상형 문항은 보통 10분~15분 구상 → 1지문당 2분 30초 ~ 전체 구상답변시간 15~20분 발표 구조이므로, 답변의 **흐름과 설계 공식**을 만들어 두면 어떤 문제든 빠르게 대응할 수 있습니다.
(지역마다 답변 시간이 다르니, 공고문을 꼭 확인할 것!)

1. 구상형 답변 기본 공식 (서-본-결)

서론(30초)

문제 상황·핵심 키워드 언급
교사로서의 기본 입장 밝히기
예) "저는 보건교사로서 학생 안전과 건강을 최우선으로 생각합니다."
예) "저는 ~ (교육관) 으로, ~ 가 중요하다고 생각합니다."→ 가치관/교육관 녹이기

본론(1분30초~ 2분)

원인 분석→ 왜 이런 문제가 중요한지
해결 방안→ 3단 구조(사전 예방 / 사후 대처 / 지속 관리)
각 방안마다 **구체적 활동·프로그램넣기 ★★★★★**
예) 최근 ~ 문제로 ~한 문제가 ~ 되고 있습니다.
예) 00교사로서 학급운영/00실운영을 하면서 000 프로젝트, 000 활동, 000 등을 하겠습니다.
예) 이는 ~한 효과를 가져올 것이며, 학생들의 ~성장을 적극 지원하는 00 교사가 되겠습니다.

결론(30초)

기대 효과 → 학생 변화, 학교문화 변화
직종·전공 강조 + 다짐
예) "이를 통해 안전하고 건강한 학교 문화를 만들겠습니다."
예) 이를 통해 00교사가 되겠습니다~

2. 구상형 '7칸 표' 만들기

구상 시간에 빈 칸을 채우는 방식으로 구성

구상 항목	내용 작성
문제 상황	제시문 요약
교사 입장	○○교사로서 ~
원인	1~2줄
방안1	사전 예방
방안2	사후 대처
방안3	지속 관리
기대 효과	한 줄 정리

시간은 2분 30초 이내로 답변하도록 구성한다.
여러 번 하다보면, 나도 모르게 어디에 갖다붙여도 좋은 만능틀이 만들어진다!

3. 직종별 예시 – 구상형 답변 틀
문항: "흡연 예방 교육 방안을 제시하시오."

서론: "저는 보건교사로서 학생 건강을 지키는 가장 효과적인 방법은 예방 교육이라고 생각합니다."
본론:
사전 예방– 흡연 폐해 교육, 또래 서포터즈 운영 "OOO" 네이밍 짓기!
사후 대처– 금연클리닉, 보건실 상담
지속 관리– 가정통신문, 학부모 교육, 지역 보건소 연계

결론: "이런 교육을 통해 학생들이 건강한 생활습관을 형성하도록 돕겠습니다."

4. 구상형 답변 속도 올리는 팁
나만의 서론 만능 문장 10개 암기 → 시작·전환·마무리 문장
(교직관을 대표하는 문구나 속담, 등)
주제별 아이디어 뱅크 작성 → 보건·영양·사서·상담별 20개씩
(만능틀 : 어디에 넣어도 좋을 동아리명, 전학공이름, 활동 및 프로젝트 이름 등)
3단 방안 구조 습관화 → 예방-대응-관리
(기승전)
결론: 난 어떠한 교사가 되겠다로 마무리 ~ (교직관, 학생관을 넣기)

2부 즉답형 만능틀 만드는 방법

1. 기본 구조 (기-승-전-결)

기(起): 상황·문제 제시
승(承): 원인·배경 분석
전(轉): 해결 방안 제시
결(結): 기대 효과·다짐

2. 단축 구조 (시간·기억 부족 시)

결론-"저는 ○○가 필요하다고 생각합니다."
부연설명-한 문장으로 이유 설명
교사 역할 선언-"저는 ○○교사로서 △△ 교육을 실천하겠습니다."

3. 예시

문항: "학교폭력 예방을 위해 교사가 할 수 있는 방안을 말하시오."
결론: "학교폭력 예방의 핵심은 사전 교육과 관계 회복입니다."
부연설명: "학생들이 서로를 이해하고 존중하는 문화를 만드는 것이 근본 해결책이기 때문입니다."
교사 역할 선언: "저는 상담교사로서 회복적 생활교육 프로그램과 또래조정 활동을 운영하겠습니다."

4. 핵심 팁

교사 역할 선언에서 직종·전공을 반드시 넣기→ "보건교사로서", "영양교사로서", "사서교사로서",
"상담교사로서"
교육 방안은 한두 가지 구체적으로→ 프로그램명·활동명 언급 시 신뢰 상승
결론 문장은 짧고 명확하게→ "핵심은 ○○다" 형식

3부 즉답형 & 구상형 통합 만능틀

1. 즉답형 답변 만능틀

구조: 결론 → 부연설명 → 교사 역할 선언

결론

"핵심은 ○○라고 생각합니다."

부연설명

"그 이유는 △△하기 때문입니다."

교사 역할 선언

"저는 ○○교사로서 □□ 교육(프로그램)을 실천하겠습니다."

템플릿 예시

"학교폭력 예방의 핵심은 사전 교육과 관계 회복입니다.

그 이유는 학생들이 서로를 이해하고 존중하는 문화를 만드는 것이 근본 해결책이기 때문입니다.

저는 상담교사로서 회복적 생활교육 프로그램과 또래조정 활동을 운영하겠습니다."

2. 구상형 답변 만능틀

구조: 서론(30초) → 본론(2분) → 결론(30초)

서론

상황 요약 + 직종 입장

예) "저는 보건교사로서 학생 안전과 건강을 최우선으로 생각합니다."

본론- 3단 방안 구조

사전 예방→ 교육·환경 개선

사후 대응→ 응급·상담·행동 지도

지속 관리→ 모니터링·가정 연계

결론

기대 효과 + 다짐

예) "이를 통해 학생이 건강하고 안전한 생활습관을 형성하도록 하겠습니다."

3. 직종별 '교사 역할 선언' 문구 뱅크

• 보건교사

"저는 보건교사로서 학생 건강권 보장을 위해 △△ 프로그램을 운영하겠습니다."

"응급 상황 시 즉각 대응하고, 예방 중심의 보건 교육을 실천하겠습니다."

• 영양교사

"저는 영양교사로서 학생들이 건강한 식습관을 형성하도록 △△ 교육을 실시하겠습니다."

"위생·안전이 확보된 급식 환경과 지속 가능한 식문화 교육을 실천하겠습니다."

• 사서교사

"저는 사서교사로서 학생들의 독서 습관 형성과 정보활용 능력 향상을 위해 △△ 프로그램을 운영하겠습니다."

"도서관을 학생들의 배움·소통·치유 공간으로 만들겠습니다."

• 상담교사

"저는 상담교사로서 학생들의 정서 안정과 관계 회복을 위해 △△ 상담·프로그램을 실시하겠습니다."

"위기 학생을 조기 발견하고, 예방 중심의 상담 체계를 강화하겠습니다."

4. 구상형 '7칸 표' 구상 시트

항목	작성 내용
문제 상황	제시문 요약
교사 입장	"저는 ○○교사로서…"
원인	1~2줄
방안1	사전 예방
방안2	사후 대처
방안3	지속 관리
기대 효과	한 줄 마무리

5. 실전 적용 예시

문항: "흡연 예방 교육 방안을 제시하시오."

즉답형:

"흡연 예방의 핵심은 조기 교육과 또래 영향력 활용입니다.

학생들은 친구의 행동에 영향을 많이 받기 때문입니다.

저는 보건교사로서 또래 서포터즈를 운영하고 금연클리닉과 연계하겠습니다."

구상형:

서론: "저는 보건교사로서 학생 건강권을 위해 예방 중심의 교육이 필요하다고 생각합니다."

본론:

사전 예방 – 흡연 폐해 교육, 또래 서포터즈

사후 대처 – 금연클리닉, 개별 상담

지속 관리 – 가정 연계, 학교 캠페인

결론: "이를 통해 학생들이 흡연을 시작하지 않고 건강한 생활을 유지하도록 하겠습니다."

Chapter **09**

즉답형 실전문제 세트

* **1부** 즉답형 100문 카테고리 구성 & 예시

* **2부** 1분 답변 구조 훈련

임용면접
플러팅

〈생각해보고, 자신의 교육관 = 가치관 = 학급운영 (학생관리)를 묶어서 하나의 스토리를 완성해보세요〉

1. 교육관·가치관·교직 철학 (10문)

1) 자신의 교육관과 어울리는 글을 하나 고르고 그 이유를 설명하시오. 그리고 실천 방안을 말하시오.
   A)

2) 인성교육의 필요성과 본인의 교직 철학을 연결해 설명하시오.
   A)

3) 정의로운 사회란 무엇이라 생각하는지 말하고, 이를 교실에서 구현할 방법을 제시하시오.
   A)

4) 교사로서 소명의식을 잃지 않기 위한 자기 관리 방법을 제시하시오.
   A)

5) 본인이 생각하는 이상적인 교사상과 이를 실천하기 위한 구체적 계획을 말하시오.
   A)

6) 학생 중심 교육의 의미를 설명하고, 자신의 전공과 연결하여 실천 방안을 제시하시오.
   A)

7) 존중과 배려를 실천하는 교실 문화를 만드는 방법을 말하시오.
   A)

8) 포용적 교육의 의미와 실천 사례를 들어 설명하시오.
   A)

9) 학생 자치 활성화가 왜 중요한지 말하고, 교사의 역할을 제시하시오.
   A)

10) 학부모·지역사회와 함께하는 학교의 장점을 본인 경험이나 구상과 연결해 설명하시오.
   A)

2. 학생 생활지도·관계 회복 (20문)

1) 회복적 생활교육의 장점을 설명하고, 구체적인 적용 사례를 제시하시오.
   A)

2) 수업에 참여하지 않는 학생 지도 방법 3가지를 제시하시오.
   A)

3) 친구 관계에서 배제된 학생을 지도하는 방법을 말하시오.
   A)

4) 반 친구들에게 피해를 주는 학생이 있을 때 학급 전체와 학생 개인 모두를 지도할 방법을 제시하

시오.
A)

5) 학급 내 따돌림 상황 발생 시 초기 대응과 후속 조치를 설명하시오.
A)

6) 폭력 상황 목격 시 교사가 취해야 할 즉각적 조치를 설명하시오.
A)

7) 다문화 학생의 적응을 돕기 위한 방안을 제시하시오.
A)

8) 학부모가 자녀의 생활지도를 두고 교사와 갈등할 때 대처 방법을 제시하시오.
A)

9) 비행 가능성이 있는 학생을 조기 발견하고 지도하는 방법을 설명하시오.
A)

10) 교사·학생 간 신뢰를 형성하기 위한 첫 만남에서의 행동 원칙을 제시하시오.
A)

11) 의기소침한 학생의 자존감을 높이기 위한 지도 방안을 설명하시오.
A)

12) ADHD 의심 학생의 수업 참여를 높이기 위한 전략을 제시하시오.
A)

13) 지각·결석이 잦은 학생을 지도하는 방안을 말하시오.
A)

14) 스마트폰 과다 사용 학생을 지도하는 방법을 제시하시오.
A)

15) SNS에서 발생한 학생 간 갈등 상황 해결 방법을 제시하시오.
A)

16) 기초학력 미달 학생 지도 방안을 제시하시오.
A)

17) 고립된 학생이 학급 활동에 참여하도록 돕는 방법을 말하시오.
A)

18) 학급 내 갈등이 장기화되는 상황을 해결하기 위한 방안을 제시하시오.
A)

19) 상습적으로 수업을 방해하는 학생을 지도하는 방법을 제시하시오.
A)

20) 학생 간 장난이 심해져 안전사고로 이어질 뻔한 상황에서 교사의 조치를 설명하시오.
A)

3. 위기·안전·응급 상황 대처 (15문)
1) 교실에서 발생한 경미한 화재 상황 시 즉각적 대응 절차를 설명하시오.
A)

2) 급식 알레르기 반응이 나타난 학생의 응급 처치 절차를 설명하시오.
A)

3) 운동장에서 학생이 의식을 잃었을 때의 대처 방법을 말하시오.
   A)

4) 감염병 의심 증상이 있는 학생 발견 시 조치 절차를 설명하시오.
   A)

5) 폭우·폭설로 하교 안전이 위협받을 때 교사의 조치를 제시하시오.
   A)

6) 수업 중 지진이 발생했을 때 학생 대피 절차를 설명하시오.
   A)

7) 실험실에서 화학약품이 유출되었을 때의 대처 절차를 말하시오.
   A)

8) 학교 행사 중 학생이 크게 다쳤을 때의 대처 절차를 설명하시오.
   A)

9) 교내에서 아동학대 의심 상황이 발생했을 때 신고 및 후속 조치 절차를 설명하시오.
   A)

10) 심폐소생술(CPR) 절차와 교내 적용 상황을 설명하시오.
    A)

11) 보건실·상담실·급식실 안전관리 방안을 제시하시오.
    A)

12) 7대 안전교육 영역을 말하고, 원하는 영역 하나를 골라 교육 계획을 제시하시오.
    A)

13) 교내 폭력 사태 시 안전 확보와 보고 절차를 설명하시오.
    A)

14) 교통안전 교육 시 실습 포함 지도 방안을 제시하시오.
    A)

15) 학교 안전 점검 시 교사가 중점적으로 확인해야 할 항목을 제시하시오.
    A)

4. 학부모·동료·지역사회 협력 (10문)

1) 학부모가 수업 운영에 불만을 제기할 때 대처 방법을 설명하시오.
   A)

2) 생활지도 방침에 대해 학부모와 이견이 있을 때 대화 방법을 제시하시오.
   A)

3) 지역사회와 연계한 진로체험 프로그램 기획안을 제시하시오.
   A)

4) 학부모와의 전화 상담 시 지켜야 할 원칙을 설명하시오.
   A)

5) 학교·가정·지역사회가 함께하는 건강교육 방안을 제시하시오.
   A)

6) 학부모 봉사 참여 활성화 방법을 제시하시오.
   A)

7) 지역 기관과 연계한 위기 학생 지원 사례를 제시하시오.
   A)
8) 학부모 민원 발생 시 보고 체계와 해결 절차를 설명하시오.
   A)
9) 마을 교육공동체 참여 계획을 제시하시오.
   A)
10) 지역사회 인적·물적 자원 활용 방안을 제시하시오
   A)

5. 정책·교육과정·전문성 (15문)
1) 그린스마트스쿨의 개념과 전공과 연계한 실천 방안을 설명하시오.
   A)
2) 학생 인권 보장과 생활지도의 균형을 맞추는 방법을 제시하시오.
   A)
3) 기초학력 보장 정책과 수업 적용 방안을 설명하시오.
   A)
4) 회복적 생활교육과 응보적 생활교육의 차이점을 설명하시오.
   A)
5) 디지털 리터러시 교육의 필요성과 지도 방안을 제시하시오.
   A)
6) AI 활용 수업 사례를 제시하시오.
   A)
7) 지속가능발전교육(ESD)의 개념과 적용 방법을 설명하시오.
   A)
8) 성평등 교육의 의미와 생활지도 방안을 제시하시오.
   A)
9) 과정중심평가의 장점과 적용 방법을 설명하시오.
   A)
10) 전문적 학습공동체(PLC) 운영 계획을 제시하시오.
    A)
11) 학습자 맞춤형 교육 방안을 제시하시오.
    A)
12) 통합교육의 장점과 학부모 설득 방법을 설명하시오.
    A)
13) 학교 민주주의 실현을 위한 교사의 역할을 제시하시오.
    A)
14) 창의융합교육(STEAM) 수업 사례를 설명하시오.
    A)
15) 진로교육법에 따른 진로교육 실천 방안을 제시하시오.
    A)

6. 직종별 전문 질문 – 보건 (10문)

1) 보건실 경영의 원칙과 운영 계획을 제시하시오.

   A)

2) 학교 감염병 대응 체계를 설명하시오.

   A)

3) 건강검사 결과를 바탕으로 학생 건강지도 방안을 제시하시오.

   A)

4) 성교육 수업 구성 시 유의할 점을 설명하시오.

   A)

5) 흡연 예방 교육 프로그램 구성을 제시하시오.

   A)

6) 보건교육과 생활지도 연계 방법을 제시하시오.

   A)

7) 정신건강 교육 프로그램을 기획하시오.

   A)

8) 응급처치 교육 운영 방안을 제시하시오.

   A)

9) 비만 예방 교육 계획을 설명하시오.

   A)

10) 학부모 대상 건강 교육 계획을 제시하시오

   A)

7. 직종별 전문 질문 – 영양 (10문)

11) 학교 급식 위생·안전 관리 절차를 설명하시오.

   A)

12) 식품 알레르기 학생 관리 방안을 제시하시오.

   A)

13) 편식 예방 교육 프로그램을 제시하시오.

   A)

14) 영양표시 교육 지도 방법을 설명하시오.

   A)

15) 지역 농산물 활용 급식 활성화 방안을 제시하시오.

   A)

16) 학부모와 연계한 식습관 개선 프로그램을 제시하시오.

   A)

17) 식중독 예방 교육 계획을 설명하시오.

   A)

18) 탄소중립 실천을 위한 잔반 줄이기 교육 방안을 제시하시오.

   A)

19) 체험형 영양 교육 활동을 기획하시오.

A)

20) 영양교육과 창체 활동 연계 방안을 제시하시오.

A)

8. 직종별 전문 질문 – 사서·상담 (10문)

21) 학교도서관 활성화 방안을 제시하시오.

A)

22) 독서교육 활성화 프로그램을 기획하시오.

A)

23) 도서관과 교과 수업 연계 방안을 제시하시오.

A)

24) 독서치유 프로그램 구성안을 제시하시오.

A)

25) 위기학생 조기 발견 및 지원 체계를 설명하시오.

A)

26) 학교폭력 피해 학생 상담 원칙을 제시하시오.

A)

27) 학부모 상담 시 유의점과 절차를 설명하시오.

A)

28) 진로 상담 기법을 활용한 사례를 제시하시오.

A)

29) 집단 상담 프로그램 기획안을 제시하시오.

A)

30) 정서·행동 특성검사 결과 활용 방법을 설명하시오.

A)

이 파트는 꼭, 나만의 답변을 써보는 훈련을 꼭 하셔야 합니다!
피디에프 파일 자료는 블로그 [임용면접 플러팅]에 올려놓도록 하겠습니다!
검색어 #임플즉답형 #임플구상형 #임용면접플러팅
출력해서 사용하세요!

임용면접플러팅 ↓

내 생각을 녹인 답변 … 생각해보셨나요?

사실 답변을 들어보면, 모두 비슷하게 대답할겁니다. 이때 면접관 플러팅을 하기 위한 우리는 특별하면서도 진실된 답변을 녹여내는 데 시간을 쏟아야합니다!

제가 예시를 만들어 드릴께요! 하지만, 여러분들은 똑같이 하는게 아니라, 본인의 교직관에 따라 참신하고, 나만의 빛깔있는 답변을 만들어보세요!

1. 자신의 교육관과 어울리는 글을 하나 고르고 그 이유를 설명하시오. 그리고 실천 방안을 말하시오.

• **상담교사**
선택 글: "한 아이를 키우려면 온 마을이 필요하다."
이유: 학생 발달은 가정·학교·지역사회 협력이 필수, 관계망이 곧 회복력
실천 방안: 학부모·지역사회 연계 상담 → 위기학생 조기 발굴 → 전문기관 의뢰 및 사후관리

• **보건교사**
선택 글: "건강은 모든 배움의 기초이다."
이유: 신체적·정신적 건강이 학습과 성장의 기반, 예방이 교육의 시작
실천 방안: 예방중심 건강교육 → 정기검진·상시 상담 → 위기학생 건강 관리 체계화

• **사서교사**
선택 글: "책 속에 길이 있다."
이유: 독서는 비판적 사고·창의력·정서 발달의 핵심, 평생학습 기반
실천 방안: 독서·토론 프로그램 운영 → 주제별 추천도서 → 교과·진로 연계 자료 제공

• **영양교사**
선택 글: "우리는 먹는 대로 된다."
이유: 건강한 식습관이 학습능력·생활태도 형성에 직결
실천 방안: 맞춤형 영양교육 → 급식·가정 연계 프로그램 → 편식 개선 및 지속적 피드백

나의 답안 : ＿＿＿＿＿＿＿＿＿＿＿＿＿＿＿＿＿＿＿＿＿＿＿＿＿＿＿＿＿＿＿

2. 인성교육의 필요성과 본인의 교직 철학을 연결해 설명하시오.
상담: 인성은 관계·회복력 핵심 → 정서 안정·사회성 향상 → 또래관계 훈련, 집단상담, 회복적 대화
보건: 건강한 마음이 인성의 토대 → 자기관리·공감능력 증진 → 건강·안전교육, 협력활동, 위기대응 훈련
사서: 독서로 타인 이해·공감 확장 → 인성·비판적 사고 강화 → 인성주제 독서, 토론, 역할극
영양: 나눔·배려는 식습관에도 반영 → 공동체 의식·책임감 함양 → 단체급식 예절교육, 잔반줄이기, 지역 나눔활동
인성교육에 초점을 두는 방향으로 답합니다 (2022개정교육과정의 핵심 키워드)

나의 답안 : _____

3. 정의로운 사회란 무엇이라 생각하는지 말하고, 이를 교실에서 구현할 방법을 제시하시오.
상담: 기회·자원의 공평한 분배 → 차별 없는 학교문화 → 생활지도 공정성, 학생의견 반영, 권리교육
보건: 건강·안전에서의 형평성 → 모든 학생 동등 건강관리 → 맞춤 건강지원, 취약계층 지원, 교육 자료 보급
사서: 지식 접근의 평등 → 누구나 자료·공간 활용 보장 → 자료구입 형평성, 특수·다문화 지원 자료 제공
영양: 균형잡힌 영양 기회 평등 → 알레르기·특수식이 지원 → 맞춤 급식, 취약계층 지원, 교육 자료 공유

나의 답안 : _____

4. 교사로서 소명의식을 잃지 않기 위한 자기 관리 방법을 제시하시오.
상담: 정기 슈퍼비전, 자기성찰, 번아웃 예방 → 취미·휴식 병행, 전문성 향상
보건: 최신 의료·보건 지식 습득, 심신 관리 → 워크숍·연수, 스트레스 관리법 실천
사서: 독서·연구 습관 유지, 정보기술 습득 → 신간·트렌드 학습, 네트워크 참여
영양: 조리·영양 트렌드 학습, 건강 생활습관 → 레시피 연구, 영양학 최신정보 습득

나의 답안 : _____

5. 본인이 생각하는 이상적인 교사상과 이를 실천하기 위한 구체적 계획을 말하시오.
상담: 신뢰·공감·회복 지원자 → 학생맞춤 상담, 전문상담 기법 개발
보건: 예방·안전·건강 리더 → 예방교육 강화, 위기대응 매뉴얼 숙지
사서: 지식·정보·문화 안내자 → 독서문화 조성, 맞춤 자료 서비스
영양: 건강·식습관 길잡이 → 맞춤 영양지도, 창의 급식 프로그램 운영

나의 답안 : _____

6. 학생 중심 교육의 의미를 설명하고, 자신의 전공과 연결하여 실천 방안을 제시하시오.
상담: 학생 주도 의사결정·참여 → 상담 주제·방법 학생과 공동 설계, 자율 집단상담

보건: 학생 건강 필요 맞춤 지도 → 건강검진 결과 기반 맞춤형 보건교육
사서: 주제·흥미 중심 자료 탐색 → 프로젝트형 도서관 수업 운영
영양: 선호·영양 요구 반영 급식 → 학생참여 급식 메뉴 기획

나의 답안 : _____

7. 존중과 배려를 실천하는 교실 문화를 만드는 방법을 말하시오.
상담: 경청 훈련, 비폭력 대화, 또래조정 활동
보건: 건강·위생 지키며 서로 배려하기 교육
사서: 토론 규칙, 자료 이용 예절 교육
영양: 식사 예절, 알레르기 학생 배려 급식

나의 답안 : _____

8. 포용적 교육의 의미와 실천 사례를 들어 설명하시오.
상담: 통합교육 참여, 다양성 존중 상담 프로그램
보건: 특수·취약 학생 맞춤 건강지원
사서: 다문화·특수교육 자료 비치
영양: 개인별 식단, 종교·문화 고려 급식

나의 답안 : _____

9. 학생 자치 활성화가 왜 중요한지 말하고, 교사의 역할을 제시하시오.
상담: 자기주도성·책임감 강화 → 회의·의사결정 훈련 지원
보건: 보건·안전 동아리 운영 지원
사서: 독서동아리·도서관 학생위원회 활성화
영양: 급식 모니터단·영양동아리 운영

나의 답안 : _____

10. 학부모·지역사회와 함께하는 학교의 장점을 본인 경험이나 구상과 연결해 설명하시오.
상담: 위기학생 지원 네트워크 구축
보건: 건강·안전 캠페인 공동 운영
사서: 마을도서관 연계 독서프로그램
영양: 지역 농산물·영양교육 연계

나의 답안 : _____

11. 회복적 생활교육의 장점을 설명하고, 구체적인 적용 사례를 제시하시오.
상담: 관계 회복·갈등 해소 → 회복적 대화 모임, 피해·가해 학생 합의

보건: 보건실 내 안전한 대화 공간 → 건강·위생 갈등 해결 사례
사서: 도서관 내 분쟁 시 중재·대화 → 공동 규칙 재합의
영양: 급식실 예절·분쟁 시 대화 중재 → 학생 주도 규칙 만들기

나의 답안 : _____

12. 수업에 참여하지 않는 학생 지도 방법 3가지를 제시하시오.
상담: 원인 진단(심리·관계) → 개별 상담 → 동기부여 활동
보건: 건강문제 확인 → 체력·습관 개선 → 맞춤 보건교육
사서: 흥미 자료 추천 → 자료활용 과제 → 참여 촉진
영양: 식습관·건강 관련 동기 부여 → 체험형 영양활동

나의 답안 : _____

13. 친구 관계에서 배제된 학생을 지도하는 방법을 말하시오.
상담: 또래관계 회복 훈련, 집단상담
보건: 자존감 회복 건강 프로그램
사서: 독서치유·동아리 참여 권유
영양: 공동 조리·급식 활동 참여

나의 답안 : _____

14. 반 친구들에게 피해를 주는 학생이 있을 때 학급 전체와 학생 개인 모두를 지도할 방법을 제시하시오.
상담: 개인 상담, 학급 회의 통한 규범 재설정
보건: 건강·위생 규칙 교육, 긍정적 행동 강화
사서: 자료 이용 규칙 교육, 협동 프로젝트
영양: 급식 예절 지도, 협력 조리활동

나의 답안 : _____

15. 학급 내 따돌림 상황 발생 시 초기 대응과 후속 조치를 설명하시오.
상담: 즉시 중단, 사실 확인, 회복적 대화, 지속 모니터링
보건: 피해학생 건강·정서 회복 지원, 신고 절차
사서: 도서관 내 안전한 공간 제공, 관련 자료 활용
영양: 급식실 좌석 조정, 안전한 식사 환경 조성

나의 답안 : _____

16. 폭력 상황 목격 시 교사가 취해야 할 즉각적 조치를 설명하시오.

상담: 폭력 중단, 안전 확보, 사건 기록, 사후 상담

보건: 부상 확인·응급처치, 보고 체계 가동

사서: 안전 확보, 증언 기록, 재발 방지 교육

영양: 급식실 폭력 시 즉시 중단, CCTV·증거 확보

나의 답안 : _____

17. 다문화 학생의 적응을 돕기 위한 방안을 제시하시오.

상담: 다문화 이해 교육, 또래 멘토 연결

보건: 문화적 건강 차이 반영 지도

사서: 다문화 도서·프로그램 운영

영양: 문화별 식단·음식 체험 운영

나의 답안 : _____

18. 학부모가 자녀의 생활지도를 두고 교사와 갈등할 때 대처 방법을 제시하시오.

상담: 경청, 공감, 공동 해결책 제시

보건: 건강·위생 근거자료 제시, 협력방안 모색

사서: 학습·자료 활용 근거로 설득

영양: 식습관 개선 데이터 기반 대화

나의 답안 : _____

19. 비행 가능성이 있는 학생을 조기 발견하고 지도하는 방법을 설명하시오.

상담: 행동관찰, 조기 개입, 예방 상담

보건: 건강·위생 이상 징후 파악, 생활지도

사서: 이용 태도 변화 관찰, 대안 활동 제공

영양: 급식 태도·식습관 변화 관찰, 상담 연계

나의 답안 : _____

20. 교사·학생 간 신뢰를 형성하기 위한 첫 만남에서의 행동 원칙을 제시하시오.

상담: 친근한 자기소개, 경청 태도, 약속 지키기

보건: 보건실 이용 안내, 신뢰·비밀보장 강조

사서: 도서관 활용 안내, 학생 의견 반영

영양: 급식실 이용 안내, 학생 참여 기회 제공

나의 답안 : _____

21. 의기소침한 학생의 자존감을 높이기 위한 지도 방안을 설명하시오.

상담: 강점 찾기, 작은 성공 경험 제공, 긍정 피드백

보건: 건강·체력 강화 활동, 자기관리 성공 경험

사서: 독서·발표 활동으로 성취감 부여

영양: 조리·영양 활동 참여로 칭찬 경험 제공

나의 답안 : _____

22. ADHD 의심 학생의 수업 참여를 높이기 위한 전략을 제시하시오.

상담: 짧고 명확한 지시, 긍정적 강화, 시각자료 활용

보건: 건강검진·전문기관 연계, 생활습관 지도

사서: 짧은 읽기 자료, 흥미 중심 과제 제공

영양: 조리·급식 활동 분할 진행, 역할 부여

나의 답안 : _____

23. 지각·결석이 잦은 학생을 지도하는 방안을 말하시오.

상담: 원인 분석(가정·심리), 목표 설정, 동기 부여

보건: 건강 문제 점검, 생활리듬 개선 지도

사서: 등교 후 도서관 활동 유도, 성취감 제공

영양: 아침급식 참여, 건강식 제공

나의 답안 : _____

24. 스마트폰 과다 사용 학생을 지도하는 방법을 제시하시오.

상담: 사용 패턴 점검, 대안 활동 제시, 자기조절 훈련

보건: 눈·척추 건강 교육, 신체활동 권장

사서: 독서·창작 활동으로 대체

영양: 조리·급식 봉사 활동 대체 경험 제공

나의 답안 : _____

25. SNS에서 발생한 학생 간 갈등 상황 해결 방법을 제시하시오.

상담: 상황 파악, 회복적 대화, 디지털 시민교육

보건: 정신건강 지원, 스트레스 관리 교육

사서: 정보윤리·저작권 교육, 디지털 리터러시 지도

영양: 영양·급식 관련 허위정보 대응 교육

나의 답안 : _____

26. 기초학력 미달 학생 지도 방안을 제시하시오.

상담: 학습부진 원인 분석, 맞춤형 학습 상담

보건: 건강·시력·청력 점검, 학습환경 개선

사서: 기초독서·자료활용 훈련

영양: 영양불균형 개선, 집중력 향상 식단 제공

나의 답안 : _____

27. 고립된 학생이 학급 활동에 참여하도록 돕는 방법을 말하시오.

상담: 또래 멘토 연결, 소그룹 활동 배치

보건: 건강·체력 활동을 통한 자연스러운 참여

사서: 소규모 독서·토론 모임 참여 유도

영양: 조리팀 구성 시 참여 배정

나의 답안 : _____

28. 학급 내 갈등이 장기화되는 상황을 해결하기 위한 방안을 제시하시오.

상담: 원인 분석, 중재 회의, 회복적 서클 운영

보건: 공동 건강 목표 설정, 협동활동 계획

사서: 협력 독서 프로젝트 운영

영양: 급식·영양 활동 공동 기획

나의 답안 : _____

29. 상습적으로 수업을 방해하는 학생을 지도하는 방법을 제시하시오.

상담: 개별 면담, 긍정적 행동계약, 대안활동 제시

보건: 건강·정서 원인 확인, 자기조절 훈련

사서: 도서관 프로젝트 참여 기회 제공

영양: 급식·조리 도움 역할 부여

나의 답안 : _____

30. 학생 간 장난이 심해져 안전사고로 이어질 뻔한 상황에서 교사의 조치를 설명하시오.

상담: 즉시 중단, 안전교육, 재발방지 대화

보건: 부상 여부 확인, 응급처치, 안전 규칙 재교육

사서: 공간 안전 점검, 이용규칙 강화

영양: 급식실 안전 점검, 이동 동선 개선

나의 답안 : _____

31. 교실에서 발생한 경미한 화재 상황 시 즉각적 대응 절차를 설명하시오.

상담: 학생 안전 확보, 대피 유도, 심리 안정 지원

보건: 연기 흡입·화상 확인, 응급처치, 보건실 이송

사서: 자료·비품 보호, 대피 경로 안내

영양: 조리실 화재시 전원 차단, 화재 진압 후 보고

나의 답안 : _____

32. 급식 알레르기 반응이 나타난 학생의 응급 처치 절차를 설명하시오.

상담: 증상 확인 후 보건교사·응급체계 연결, 보호자 연락

보건: 알레르겐 확인, 에피네프린 투여, 119 신고

사서: 보건실 안내, 응급 상황 기록

영양: 원인 식단 확인, 알레르기 식단 관리 강화

나의 답안 : _____

33. 운동장에서 학생이 의식을 잃었을 때의 대처 방법을 말하시오.

상담: 즉시 도움 요청, 주변 학생 통제, 보호자 연락

보건: 의식·호흡 확인, CPR 실시, 119 요청

사서: 보건실·응급 구조 안내, 기록

영양: 근무지 인근 학생 안전 확보, 응급체계 가동

나의 답안 : _____

34. 감염병 의심 증상이 있는 학생 발견 시 조치 절차를 설명하시오.

상담: 격리 조치, 보호자 연락, 상담기록 남김

보건: 증상 확인, 보건당국 보고, 방역 절차 시행

사서: 자료·공간 소독, 이용자 안내

영양: 급식실 출입 제한, 위생관리 강화

나의 답안 : _____

35. 폭우·폭설로 하교 안전이 위협받을 때 교사의 조치를 제시하시오.

상담: 학부모 연락, 안전 귀가 지도, 대기 장소 안내

보건: 저체온증 예방, 응급키트 준비

사서: 도서관 대기 공간 개방, 비상 안내 방송

영양: 따뜻한 음료·식사 제공, 귀가 전 안전 점검

나의 답안 : _____

36. 수업 중 지진이 발생했을 때 학생 대피 절차를 설명하시오.
상담: 심리적 안정 유도, 안전한 대피 안내
보건: 부상자 확인, 응급처치, 이동 지원
사서: 자료 낙하 방지, 안전 구역 안내
영양: 조리기구·가스 차단, 대피 유도

나의 답안 : _____

37. 실험실에서 화학약품이 유출되었을 때의 대처 절차를 말하시오.
상담: 학생 이동, 긴급 안내, 상황 보고
보건: 노출 학생 응급세척, 독성 확인, 보고
사서: 안전 구역 안내, 공간 폐쇄
영양: 세제·청소약품 유출 시 사용 중지, 환기

나의 답안 : _____

38. 학교 행사 중 학생이 크게 다쳤을 때의 대처 절차를 설명하시오.
상담: 보호자 연락, 학생 안정, 사후 상담 계획
보건: 부상 확인, 응급처치, 119 신고
사서: 사고 상황 기록, 구조 지원
영양: 급식실·행사장 응급 대응, 보고

나의 답안 : _____

39. 교내에서 아동학대 의심 상황이 발생했을 때 신고 및 후속 조치 절차를 설명하시오.
상담: 아동학대 전담기관 신고, 상담 지원
보건: 상처·건강 기록, 증거 확보, 보고
사서: 관련 자료·기록 보관, 아동 보호 공간 제공
영양: 피해학생 식사·안전 지원, 신고

나의 답안 : _____

40. 심폐소생술(CPR) 절차와 교내 적용 상황을 설명하시오.
상담: 의식·호흡 확인, 119 요청, AED 지원
보건: 기도 확보, 흉부압박·인공호흡, 전문구조 인계
사서: AED 위치 안내, 대피 유도
영양: 급식실·조리 중 사고 발생 시 즉각0. 시행

나의 답안 : _____

41. 보건실·상담실·급식실 안전관리 방안을 제시하시오.
상담: 사생활 보호, CCTV 사각지대 확보, 비상벨 설치
보건: 위생·약품 관리, 감염병 예방, 안전 장비 점검
사서: 자료·가구 안전 배치, 화재 대비
영양: 식자재 보관·조리 위생, 화재·화상 예방 설비

나의 답안 : _____

42. 7대 안전교육 영역을 말하고, 원하는 영역 하나를 골라 교육 계획을 제시하시오.
상담: 생활안전·폭력예방·인터넷안전·교통·재난·약물·응급 → 회복적 생활교육(폭력예방) 실시
보건: 응급처치 중심 안전교육 → 실습형 응급대응 훈련
사서: 인터넷·정보 안전 → 디지털 리터러시 교육
영양: 식품위생 안전 → HACCP 체험 교육

나의 답안 : _____

43. 교내 폭력 사태 시 안전 확보와 보고 절차를 설명하시오.
상담: 즉시 분리·안정, 학폭 전담기구 보고, 회복 지원
보건: 부상자 응급처치, 보고·기록 유지
사서: 현장 목격·증거 확보, 보고
영양: 급식실 내 폭력 시 CCTV 확인, 보고

나의 답안 : _____

44. 교통안전 교육 시 실습 포함 지도 방안을 제시하시오.
상담: 보행·자전거 안전 시뮬레이션, 역할극
보건: 교통사고 응급대처 실습
사서: 교통안전 자료·영상 활용 학습
영양: 등·하교 시간 안전 캠페인 참여

나의 답안 : _____

45. 학교 안전 점검 시 교사가 중점적으로 확인해야 할 항목을 제시하시오.
상담: 상담실 프라이버시, 비상 대피로
보건: 약품·의료기구·응급키트 상태
사서: 책장 고정, 전기설비 점검
영양: 조리기구·가스·화재예방 설비

나의 답안 : _____

46. 학부모가 수업 운영에 불만을 제기할 때 대처 방법을 설명하시오.

상담: 경청·공감, 근거 제시, 협력적 대안 제안

보건: 교육 목적·효과 자료 제공, 설득

사서: 교육 목표·활동 근거 설명

영양: 식단·영양자료 제시, 개선 의견 반영

나의 답안 : _____

47. 생활지도 방침에 대해 학부모와 이견이 있을 때 대화 방법을 제시하시오.

상담: 규정·정책 근거 제시, 협력적 태도 유지

보건: 건강·안전 중심 근거로 설명

사서: 교육적 효과 중심 설득

영양: 위생·영양 근거로 안내

나의 답안 : _____

48. 지역사회와 연계한 진로체험 프로그램 기획안을 제시하시오.

상담: 상담센터 견학, 멘토링 프로그램

보건: 보건소·병원 진로체험

사서: 출판사·서점·도서관 방문 체험

영양: 식품제조·조리 현장 체험

나의 답안 : _____

49. 학부모와의 전화 상담 시 지켜야 할 원칙을 설명하시오.

상담: 사생활 보호, 감정 자제, 기록 남기기

보건: 정확한 건강정보 전달, 비밀보장

사서: 이용기록 보호, 명확한 안내

영양: 식습관·알레르기 정보 관리

나의 답안 : _____

50. 학교·가정·지역사회가 함께하는 건강교육 방안을 제시하시오.

상담: 가족·지역 연계 정신건강 캠페인

보건: 지역 보건소 연계 예방교육

사서: 마을도서관·독서모임 협력

영양: 지역농가 연계 식생활 교육

나의 답안 : _____

51. 학부모 봉사 참여 활성화 방법을 제시하시오.
상담: 부모교육 병행, 봉사 후 피드백 모임 운영
보건: 예방교육·건강캠페인에 학부모 참여
사서: 도서관 운영·독서행사 자원봉사 모집
영양: 지역 농산물 급식 행사에 학부모 참여

나의 답안 : _____

52. 지역 기관과 연계한 위기 학생 지원 사례를 제시하시오.
상담: 청소년상담복지센터 연계, 심리치료 지원
보건: 보건소·정신건강복지센터 협력 사례
사서: 청소년문화센터·마을도서관 연계
영양: 지역푸드뱅크 연계 영양지원

나의 답안 : _____

53. 학부모 민원 발생 시 보고 체계와 해결 절차를 설명하시오.
상담: 사실 확인 → 관리자 보고 → 대책 수립 → 회신
보건: 증거자료 확보 → 보고 → 개선방안 마련
사서: 이용기록·자료 관리 → 보고 → 재발방지 조치
영양: 식단·위생 점검 결과 보고 → 조치 후 안내

나의 답안 : _____

54. 마을 교육공동체 참여 계획을 제시하시오.
상담: 마을멘토 프로그램, 또래 멘토링
보건: 지역건강축제, 예방 캠페인
사서: 이동도서관·독서마당 운영
영양: 로컬푸드 체험, 농장 견학

나의 답안 : _____

55. 지역사회 인적·물적 자원 활용 방안을 제시하시오.
상담: 전문가 초청 특강, 상담 재능기부
보건: 의료기관 협력, 건강검진 지원
사서: 작가·출판사 협력, 자료 기증
영양: 요리사 초청, 식재료 지원

나의 답안 : _____

56. 그린스마트스쿨의 개념과 전공과 연계한 실천 방안을 설명하시오.
상담: 디지털 상담실, 친환경 심리치유 공간

보건: 친환경 보건실, 건강친화 시설
사서: 디지털 자료실, 에너지 절감 설비
영양: 친환경 조리실, 저탄소 식단

나의 답안 : _____

57. 학생 인권 보장과 생활지도의 균형을 맞추는 방법을 제시하시오.
상담: 경청·공감 기반 규칙, 회복적 대화
보건: 건강권·안전권 조화, 위생규칙 안내
사서: 자유로운 열람과 질서 있는 이용 조화
영양: 선택권 부여, 위생규칙 준수 지도

나의 답안 : _____

58. 기초학력 보장 정책과 수업 적용 방안을 설명하시오.
상담: 학습부진 상담, 학습코칭 운영
보건: 건강·영양 지원 통한 학습력 향상
사서: 기초독서·자료활용 프로그램
영양: 집중력 향상 식단, 아침급식 운영

나의 답안 : _____

59. 회복적 생활교육과 응보적 생활교육의 차이점을 설명하시오.
상담: 회복적-관계중심/응보적-처벌중심, 재발방지 강조
보건: 건강·안전 영역 갈등 시 회복적 접근
사서: 자료·공간 이용 규칙 지도에 회복적 방식 적용
영양: 급식실 분쟁 시 대화·합의 중심 해결

나의 답안 : _____

60. 디지털 리터러시 교육의 필요성과 지도 방안을 제시하시오.
상담: 정보 선별·활용 능력, 사이버 폭력 예방 교육
보건: 건강정보 검증, 허위의료정보 구분 교육
사서: 정보검색·출처표시·저작권 교육
영양: 식품·영양정보 판별, 허위광고 비판 교육

나의 답안 : _____

61. AI 활용 수업 사례를 제시하시오.
상담: AI 기반 심리검사 분석, 상담일지 자동화

보건: AI 건강 모니터링, 맞춤 건강관리 앱 활용

사서: AI 추천 도서 서비스, 독서 이력 분석

영양: AI 영양분석 프로그램, 맞춤 식단 제공

나의 답안 : _____

62. 지속가능발전교육(ESD)의 개념과 적용 방법을 설명하시오.

상담: 지속가능한 관계, 갈등해결 교육

보건: 환경·건강 연계 교육, 탄소중립 캠페인

사서: 친환경 독서 프로그램, 재활용 자료 활용

영양: 잔반 줄이기, 로컬푸드 급식

나의 답안 : _____

63. 성평등 교육의 의미와 생활지도 방안을 제시하시오.

상담: 성인지 감수성 교육, 차별 예방 대화

보건: 성교육·성폭력 예방 프로그램

사서: 성평등 도서 전시, 토론 프로그램

영양: 조리·급식 역할 분담의 성평등 실천

나의 답안 : _____

64. 과정중심평가의 장점과 적용 방법을 설명하시오.

상담: 상담활동 과정 기록·피드백 제공

보건: 건강습관 변화 과정 평가

사서: 독서·자료조사 과정 점검

영양: 식습관 개선 과정 모니터링

나의 답안 : _____

65. 전문적 학습공동체(PLC) 운영 계획을 제시하시오.

상담: 또래 상담교사 연구 모임

보건: 보건교육 연구회 운영

사서: 독서교육·정보활용 연구회

영양: 급식·영양교육 개선 모임

나의 답안 : _____

66. 학습자 맞춤형 교육 방안을 제시하시오.

상담: 진단검사 기반 맞춤 상담·코칭

보건: 건강·체력 수준별 운동 프로그램
사서: 독서수준·흥미별 자료 제공
영양: 연령·건강상태별 식단 제공

나의 답안 : _____

67. 통합교육의 장점과 학부모 설득 방법을 설명하시오.
상담: 다양성 존중, 사회성 발달 강조
보건: 건강·안전 측면 통합교육 필요성 안내
사서: 모두가 이용하는 열린 자료 환경
영양: 특수·일반 학생 맞춤 급식 사례 공유

나의 답안 : _____

68. 학교 민주주의 실현을 위한 교사의 역할을 제시하시오.
상담: 학생 참여 확대, 의사결정 훈련
보건: 보건위원회 운영, 의견 반영
사서: 도서관 운영에 학생 의견 수렴
영양: 급식 메뉴 선정 학생 참여 보장

나의 답안 : _____

69. 창의융합교육(STEAM) 수업 사례를 설명하시오.
상담: 미술·심리 융합 프로그램
보건: 과학·체육 융합 건강교육
사서: 문학·역사 융합 독서 수업
영양: 과학·가정 융합 영양교육

나의 답안 : _____

70. 진로교육법에 따른 진로교육 실천 방안을 제시하시오.
상담: 개인별 진로 설계, 진로캠프 운영
보건: 보건·의료 분야 직업 체험
사서: 출판·정보 분야 진로 탐색
영양: 식품·조리 분야 현장 실습

나의 답안 : _____

여기까지 뻔하면서 뻔하지 않은 답변을 잘 적어보셨나요? 이제, 스터디원들과 비교하면서 내 답변이 실현가능한지, 허무맹랑한 방안인지에 대해 이야기 나누어보고 다듬어보세요!

여기서부턴 각 파트별로 생각해둘 항목들을 묶어놨습니다. 생각해 볼 부분입니다!

71. 보건실 경영의 원칙과 운영 계획을 제시하시오.

핵심 키워드: 안전·위생·비밀보장 / 효율적 공간 배치 / 학생 접근성
흐름: 운영 목표 → 시설·장비·약품 관리 → 예방·응급·정서지원 기능 강화(학생의 건강 우선)

나의 답안 : _____

72. 학교 감염병 대응 체계를 설명하시오.

핵심 키워드: 조기 발견 / 격리 / 보고 / 방역 / 교육
흐름: 의심증상 확인 → 즉시 격리 → 보건당국 보고 → 소독·예방교육

나의 답안 : _____

73. 건강검사 결과를 바탕으로 학생 건강지도 방안을 제시하시오.

핵심 키워드: 개별 상담 / 맞춤 건강관리 / 학부모 소통 + 학부모와의 소통 중시
흐름: 결과 분석 → 위험군 선별 → 맞춤 지도 → 사후 추적

나의 답안 : _____

74. 성교육 수업 구성 시 유의할 점을 설명하시오.

핵심 키워드: 발달 단계 / 가치중립 / 학생 참여 / 안전한 분위기 + 발달 중심 성교육
흐름: 연령별 내용 조정 → 실생활 연계 → 비밀보장 → 학부모 협력

나의 답안 : _____

75. 흡연 예방 교육 프로그램 구성을 제시하시오.

핵심 키워드: 지식·태도·행동 변화 / 또래 교육 / 금연클리닉 연계 + 전체 교사 협업하도록 조성
흐름: 사전 설문 → 맞춤형 수업 → 실천 계획 → 사후 점검

나의 답안 : _____

76. 보건교육과 생활지도 연계 방법을 제시하시오.

핵심 키워드: 건강 습관·규율 / 안전 생활 / 위생 지도 + 담임교사와 연계 (협업)필수
흐름: 교육 내용 → 학급 운영 반영 → 상담·관찰

나의 답안 : _____

77. 정신건강 교육 프로그램을 기획하시오.
핵심 키워드: 스트레스 관리 / 회복탄력성 / 도움 요청법 + 상담교사와 담임교사와 협업
흐름: 실태조사 → 주제 선정 → 체험·상담 병행 → 평가

나의 답안 : _____

78. 응급처치 교육 운영 방안을 제시하시오.
핵심 키워드: 실습 중심 / 교직원·학생 대상 / 정기 반복 + 시뮬레이션 강화
흐름: 이론교육 → 실습(AED·CPR) → 평가 → 정기 보수교육

나의 답안 : _____

79. 비만 예방 교육 계획을 설명하시오.
핵심 키워드: 식습관 / 운동 / 생활습관 / 가족 참여 + 체육, 영양 협업
흐름: BMI 측정 → 생활패턴 분석 → 맞춤 지도 → 가정 연계

나의 답안 : _____

80. 학부모 대상 건강 교육 계획을 제시하시오.
핵심 키워드: 가정 내 건강관리 / 예방접종 / 응급처치 + 학부모 강의 개설
흐름: 필요 주제 선정 → 교육 자료 제공 → 참여형 강의 → 피드백

나의 답안 : _____

〈영양파트〉
81. 학교 급식 위생·안전 관리 절차를 설명하시오.
핵심 키워드: HACCP / 위생점검 / 개인위생 / 조리·배식 온도 관리 + 학부모 모니터링을 통한 투명한 관리
흐름: 원재료 입고 검사 → 보관·조리·배식 전 위생 확인 → 잔반·폐기물 처리

나의 답안 : _____

82. 식품 알레르기 학생 관리 방안을 제시하시오.
핵심 키워드: 학생명단 관리 / 대체식 / 알레르겐 표시 + 보건교사 연계 (협업)
흐름: 사전조사 → 대체식 제공 → 교육·응급대처 체계 마련

나의 답안 : _____

83. 편식 예방 교육 프로그램을 제시하시오.
핵심 키워드: 식품 다양성 / 체험활동 / 가정 연계 + 담임교사와 연계 + 캠페인
흐름: 편식 실태 파악 → 시식·조리 체험 → 학부모와 피드백

나의 답안 : _____

84. 영양표시 교육 지도 방법을 설명하시오.

핵심 키워드: 식품 선택 능력 / 칼로리·영양소 이해 / 비교 분석 + 영양 수업실시, 창체 활용, 식사시간 영상 송출

흐름: 이론교육 → 마트 체험·라벨 분석 → 생활 속 실천 과제

나의 답안 : _____

85. 지역 농산물 활용 급식 활성화 방안을 제시하시오.

핵심 키워드: 로컬푸드 / 식재료 신선도 / 지역경제 활성화 + 사회교과 협업, 텃밭가꾸기 동아리 활동 등

흐름: 공급망 구축 → 급식 식단 반영 → 체험·홍보 활동

나의 답안 : _____

86. 학부모와 연계한 식습관 개선 프로그램을 제시하시오.

핵심 키워드: 가정 연계 / 건강한 레시피 / 식사일기 + 체육, 보건 협업 (연계)

흐름: 가정 조사 → 레시피 제공·실습 → 결과 공유

나의 답안 : _____

87. 식중독 예방 교육 계획을 설명하시오.

핵심 키워드: 개인위생 / 조리도구 관리 / 보관온도 + 보건 협조, 위생 교육철저

흐름: 이론·영상교육 → 손씻기·온도체크 실습 → 캠페인

나의 답안 : _____

88. 탄소중립 실천을 위한 잔반 줄이기 교육 방안을 제시하시오.

핵심 키워드: 환경교육 / 음식물 쓰레기 감량 / 식단 조절 + 가정내 교육 확대

흐름: 잔반량 측정 → 원인 분석 → 실천 목표 설정

나의 답안 : _____

89. 체험형 영양 교육 활동을 기획하시오.

핵심 키워드: 오감체험 / 조리활동 / 게임·퀴즈 + 가정과 연계 학습

흐름: 주제선정 → 체험기구 준비 → 참여·발표

나의 답안 : _____

90. 영양교육과 창체 활동 연계 방안을 제시하시오.

핵심 키워드: 자율·동아리 활동 / 프로젝트 학습

흐름: 주제탐구 → 실천 프로젝트 → 학교 행사 공유

나의 답안 : _____

〈사서/상담교사 파트〉

91. 학교도서관 활성화 방안을 제시하시오.
사서: 개방시간 확대, 자료·전자책 확충, 독서 행사 운영 + 디지털리터러시, 디지털문해력교육 등 확대
상담: 심리·진로 관련 도서 비치, 독서치유 공간 조성

나의 답안 : _____

92. 독서교육 활성화 프로그램을 기획하시오.
사서: 독서마라톤, 작가와의 만남, 주제별 북토크
상담: 자기이해·관계형성 주제 독서토론, 감정일기 작성

나의 답안 : _____

93. 도서관과 교과 수업 연계 방안을 제시하시오.
사서: 프로젝트 기반 자료 제공, 조사·발표 지도
상담: 진로탐색 교과와 연계한 자료·활동 제공

나의 답안 : _____

94. 독서치유 프로그램 구성안을 제시하시오.
사서: 감정·상황별 맞춤 도서 선정, 후속 토론
상담: 독서 후 감정표현 활동, 회복탄력성 강화

나의 답안 : _____

95. 위기학생 조기 발견 및 지원 체계를 설명하시오.
사서: 도서관 이용패턴 관찰, 정서·관계 변화 감지
상담: 다중관찰– 기록, 초기상담– 전문기관 연계

나의 답안 : _____

96. 학교폭력 피해 학생 상담 원칙을 제시하시오.
사서: 피해학생 보호공간 제공, 자료·정보 지원
상담: 비밀보장, 공감경청, 회복프로그램 연계

나의 답안 : _____

97. 학부모 상담 시 유의점과 절차를 설명하시오.
사서: 객관적 자료 활용, 중립적 태도, 피드백
상담: 신뢰 형성, 감정 수용, 대안·지원 방안 제시

나의 답안 : _____

98. 진로 상담 기법을 활용한 사례를 제시하시오.

사서: 진로 관련 자료 큐레이션, 정보검색 지도

상담: 흥미·적성검사 해석, 진로 로드맵 작성

나의 답안 : _____

99. 집단 상담 프로그램 기획안을 제시하시오.

사서: 독서·토론형 집단활동, 팀 프로젝트

상담: 주제별 집단상담(관계·진로·스트레스), 평가

나의 답안 : _____

100. 정서·행동 특성검사 결과 활용 방법을 설명하시오.

사서: 관심군 학생 맞춤 도서·프로그램 제공

상담: 결과 분석 → 상담·보호자 협력 → 사후관리

나의 답안 : _____

100가지 질문에 대해서도 자신의 과, 자신만의 답변을 구성해보려고 시간을 꼭 가져보세요!

Chapter **10**

문제 은행

✱ **1부** 100문 101답 – 문제

✱ **2부** 교사 100문 101답 – 예시

임용면접
플러팅

임용면접플러팅 ↓

A. 교직관·철학

1. 내가 교사가 되려는 이유는?

[예시] "저는 학생 한 명 한 명의 가능성을 믿고, 이를 이끌어주는 교사가 되고자 합니다. (결론) …"

2. 내가 생각하는 좋은 교사란?
3. 교직 생활에서 가장 중요하게 생각하는 가치는?
4. 내가 추구하는 교육 철학 3가지는?
5. 10년 후 나는 어떤 교사일까?
6. 교사의 보람은 언제 느끼는가?
7. 교육의 최종 목표는 무엇이라고 생각하는가?
8. 교육에서 '학생 중심'이란 무엇인가?
9. 교사의 전문성은 어떻게 개발해야 하는가?
10. 내가 닮고 싶은 교사상은 무엇인가?

B. 학급 경영–생활지도

11. 담임으로서 학급 운영 철학은 무엇인가?
12. 학급 규칙을 어떻게 세우고 지키게 할 것인가?
13. 학생 자율성을 어떻게 키울 것인가?
14. 학생이 수업 시간에 집중하지 않을 때 어떻게 할 것인가?
15. 수업 중 학생이 떠들 때 대처 방법은?
16. 수업 참여를 꺼리는 학생을 어떻게 지도할 것인가?
17. 친구 관계가 원만하지 않은 학생을 어떻게 돕는가?
18. 집단 따돌림 초기 징후를 발견했을 때?

---

19. 갈등이 있는 학생끼리 어떻게 중재하는가?
20. 학생의 사소한 규칙 위반을 어떻게 처리하는가?

C. 학부모 소통

21. 학부모가 부당한 요구를 할 경우 어떻게 대처하는가?
22. 학부모와 교육관이 다를 때 어떻게 조율하는가?
23. 민원 발생 시 담임으로서의 첫 조치는?
24. 학부모 상담 전 준비 사항은 무엇인가?
25. 학부모와의 관계를 어떻게 신뢰로 이끄는가?

D. 학생 안전·위기 대응

26. 수업 중 안전사고 발생 시 첫 조치는?
27. 학교폭력 가해·피해 학생을 동시에 상담해야 한다면?
28. 자해 징후가 보이는 학생을 발견하면?
39. 위기 상황 시 보고 체계는 어떻게 되는가?
40. 심폐소생술 절차를 설명해보라.
41. 화재 발생 시 학급 학생을 어떻게 대피시키는가?
42. 학교 밖에서 학생이 위험에 처했을 때 교사로서의 행동은?
43. 감염병 발생 시 학급 운영 방안은?
44. 위기학생을 조기 발견하는 방법은?
45. 위기관리위원회의 역할은 무엇인가?

E. 수업·교육과정

46. 수업 목표를 어떻게 설정하는가?
47. 학생 참여형 수업의 장점은?
48. 수업에서 ICT를 활용하는 방법은?
49. 교육과정 재구성 경험을 말해보라.
50. 수준별 수업 운영 방안은?
51. 학습부진 학생을 지도하는 방법은?
52. 영재·우수 학생을 도전적으로 지도하는 방법은?
53. 교과 간 융합 수업 사례를 제시하라.
54. 평가 방법을 다양화하는 이유는?
55. 과정 중심 평가의 장점은 무엇인가?

F. 인권·다문화·포용 교육

56. 학생 인권과 학급 규칙이 충돌하면?
57. 다문화 학생의 학습·생활 적응 지원 방법은?
58. 특수교육대상 학생이 포함된 학급 운영은?
59. 성차별적 발언이 나왔을 때 교사의 대처는?
60. 학교 내 인권 교육을 활성화하는 방법은?

G. 정책·시사 연계
61. 최근 교육부 정책 중 하나를 설명하고, 학교 적용 방안을 말하라.
62. 시도교육청의 교육 방향과 연계한 학급 운영 계획은?
63. 학교 자율성과 책무성의 균형을 어떻게 잡을 것인가?
64. 기초학력 보장 정책을 어떻게 실행할 것인가?
65. 회복적 생활교육의 의미와 적용 사례는?

H. 교사 역할·리더십
66. 동료 교사와 의견이 다를 때 조율 방법은?
67. 교사로서 리더십은 어떻게 발휘하는가?
68. 학교 내 갈등을 해결한 경험은?
69. 교사로서 솔선수범이 필요한 순간은?
70. 교사로서 가장 어려웠던 결정은 무엇이었나?

I. 자기 성장·성찰
71. 교직 생활 중 실패 경험과 배운 점은?
72. 수업에서 실패한 경험을 말해보라.
73. 교사로서의 강점 3가지는?
74. 교사로서의 약점과 개선 방안은?
75. 장기적으로 나를 어떻게 성장시킬 것인가?

J. 돌발 상황·현장 대응
76. 수업 중 학생이 기절하면?
77. 학생이 욕설을 할 경우 대처는?
78. 시험 부정행위 적발 시 처리 방법은?
79. 수업 중 불이 나면?
80. 학생이 가출했다고 연락이 올 경우?

K. 학급 문화·행사
81. 학급 단합을 위한 활동은?
82. 학교 행사 기획 경험을 말하라.
83. 봉사활동 프로그램 운영 방법은?
84. 학급 내 학습 분위기를 조성하는 방법은?
85. 학생 주도 프로젝트를 운영한 경험은?

L. 평가·피드백
86. 학생 평가 시 유의할 점은?
87. 형성평가와 총괄평가의 차이는?
88. 평가 결과를 학생·학부모에게 전달하는 방법은?
89. 평가 공정성을 확보하는 방법은?
90. 평가 결과를 수업 개선에 활용하는 방법은?

M. 학생 지도 · 상담
91. 진로 상담 시 유의할 점은?
92. 학생이 장래희망을 모를 때 상담 방법은?
93. 부모의 기대와 학생의 진로가 다를 때 조율 방법은?
94. 정서불안 학생 지도 경험은?
95. 친구와의 갈등으로 수업에 참여하지 않는 학생 대처법은?

N. 비상 상황 · 외부 협력
96. 지역사회 기관과 연계한 교육 사례는?
97. 경찰 · 소방과 협력해야 했던 경험은?
98. 외부 전문가를 활용한 교육 사례는?
99. 학부모 봉사단과 협력한 경험은?
100. 교육청과 협력한 프로그램 사례는?

O. 자기계발 · 전문성
101. 최근 읽은 교육 관련 도서와 느낀 점은?
102. 교사로서 필요한 역량을 개발하는 방법은?
103. 교사 연수에서 얻은 점은?
104. 수업 개선을 위해 시도한 변화는?
105. 새로운 교육 기술을 배우는 방법은?

P. 마무리 · 비전
106. 합격 후 첫 1년의 목표는?
107. 교직 생활에서 이루고 싶은 궁극적 목표는?
108. 내가 학생에게 꼭 전하고 싶은 한 마디는?
109. 교육 현장에서 꼭 지키고 싶은 원칙은?
110. 내 이름이 학생 기억 속에 남기를 바라는 이유는?

• 활용법
하루 10문씩 순환 답변 → 10일이면 전 범위 1회전
'결론 – 근거 – 사례 – 효과' 구조로 통일해 일관성 강화
암기용이 아니라 '틀 훈련'이 목적 → 변형 질문에도 대응 가능

2부 교사 100문 101답 – 예시

A. 학급 경영·생활지도

1. 내가 교사가 되려는 이유는?

┌ 공통 답변 예시
  결론: "저는 학생 한 명 한 명의 가능성을 믿고, 이를 이끌어주는 교사가 되고자 합니다."
  근거: 학생은 적절한 환경과 관계 속에서 잠재력이 발현됨
  사례: 실습 당시 소극적인 학생이 프로젝트 발표에서 성장하는 모습을 봄
  효과: 학생이 자기주도적 학습자로 성장
├ 보건교사 예시
  결론: "건강한 삶이 교육의 기초라는 믿음으로 보건교사가 되고자 합니다."
  근거: 건강 증진은 학습 참여도와 직결
  사례: 보건실에서 생활습관 교육 후 출석률이 향상된 사례
  효과: 건강한 생활 습관 형성, 학습 효과 증대
├ 영양교사 예시
  결론: "학생들의 균형 잡힌 식습관을 길러 건강한 성장을 돕고자 합니다."
  근거: 올바른 영양은 성장기 발달과 집중력에 직접 영향
  사례: 영양교육 후 급식 잔반량 30% 감소
  효과: 건강 증진, 환경 보호, 식생활 개선
├ 사서교사 예시
  결론: "책을 매개로 학생들의 사고력과 창의력을 키우고자 합니다."
  근거: 독서는 모든 교과 학습의 기초
  사례: 독서동아리 운영으로 학습 태도 개선
  효과: 자발적 학습 문화 확산
└ 상담교사 예시
  결론: "학생들의 마음을 지키는 안전망이 되고 싶습니다."
  근거: 정서 안정은 학업과 생활의 기반
  사례: 상담 후 학교 적응이 개선된 학생 사례
  효과: 심리적 회복, 학업·대인관계 개선

2. 내가 생각하는 좋은 교사란?

공통

결론: "학생의 성장을 끝까지 믿고 지원하는 교사입니다."

근거: 교사의 믿음은 학생의 자기효능감을 높임

사례: 끝까지 격려해 학업 포기 위기 학생을 졸업까지 이끈 경험

효과: 자기 주도성 향상, 학급 분위기 개선

보건교사– 건강·안전 중심 지도, 위기 대응 능력

영양교사– 학생 눈높이 맞춘 식생활 교육, 알레르기 예방

사서교사– 맞춤형 독서 추천, 정보 활용 지도

상담교사– 공감·경청, 회복적 대화 실천

3. 교직 생활에서 가장 중요하게 생각하는 가치는?

공통– 신뢰(결론) → 신뢰가 학습·생활 지도 성공의 기반(근거) → 담임·학생·학부모 모두가 신뢰하는 관계 형성 사례 → 학급 운영 안정화(효과)

보건– 안전

영양– 건강

사서– 정보 접근권

상담– 심리적 안정

4. 내가 추구하는 교육 철학 3가지는?

공통– 학생 중심 / 평등한 기회 / 평생학습 역량

보건– 예방 중심 / 건강 습관 / 안전 교육

영양– 균형·다양성 / 지속 가능성 / 식문화 존중

사서– 독서 생활화 / 비판적 사고 / 디지털 리터러시

상담– 공감 / 회복 / 자기 성찰

5. 10년 후 나는 어떤 교사일까요?

공통– 학생·학부모·동료에게 신뢰받는 교사

보건– 학생 건강 데이터 기반 맞춤형 건강 지도

영양– 지역사회 연계 식생활 교육 리더

사서– 학교·지역 거점 독서 문화 전문가

상담– 위기 개입 전문가이자 회복 촉진자

6. 교사의 보람은 언제 느끼는가?

공통– 학생 변화 순간

보건– 건강 회복 후 활기찬 학생 모습

영양– 식습관 개선·체력 향상

사서– 독서 습관 형성

상담– 정서 회복·학교 적응

7. 교육의 최종 목표는 무엇이라고 생각하는가?

공통– 자기주도적 삶

보건– 건강·안전의 생활화

영양– 평생 건강한 식습관

사서– 평생 학습 역량

상담– 심리적 회복력·자기이해

8. 교육에서 '학생 중심'이란 무엇인가?

공통– 학생의 의견·흥미·수준 반영

보건– 학생 건강 요구 반영

9. 교사의 전문성은 어떻게 개발해야 하는가?

공통– 지속적 연수·학습·실천

보건– 최신 보건 지식·응급처치 기술 습득

영양- 식습관·문화 고려
사서- 흥미 기반 독서 프로그램
상담- 학생 주도 상담 목표 설정

영양- 식품·영양 트렌드·HACCP 기준
사서- 정보기술·자료관리·독서지도법
상담- 심리학·상담 기법·사례 슈퍼비전

10. 내가 닮고 싶은 교사상은 무엇인가?

공통- 학생과 함께 성장하는 교사
보건- 예방교육 전문가
영양- 식생활 변화 촉진자
사서- 지식과 사람을 연결하는 안내자
상담- 안전하고 따뜻한 대화 파트너

11. 담임으로서 학급 운영 철학은 무엇인가?

공통- 학생 자율과 책임의 균형
보건- 건강·안전 문화 중심
영양- 건강한 식생활 문화 조성
사서- 독서·토론 문화 중심
상담- 심리 안전 기반 학급 운영

12. 학급 규칙을 어떻게 세우고 지키게 할 것인가?

공통- 학생 참여형 규칙 제정 → 주기적 점검·개선
보건- 보건 안전 규칙 포함
영양- 급식 예절·위생 규칙
사서- 도서 대출·반납 규칙
상담- 존중·경청규칙

13. 학생 자율성을 어떻게 키울 것인가?

공통- 자율 활동 기회 제공·피드백
보건- 건강 캠페인 학생 주도
영양- 메뉴 기획·영양 캠페인
사서- 독서 프로그램 기획
상담- 학생 주도 상담 프로그램

14. 학생이 수업 시간에 집중하지 않을 때?

공통- 원인 분석 후 맞춤 지도
보건- 건강 문제 확인·개입
영양- 에너지·영양 상태 점검
사서- 흥미 반영 자료 제공
상담- 심리 상태 확인·지원

15. 수업 중 학생이 떠들 때 대처 방법은?

공통- 비언어 신호·위치 조정
보건- 활동 전 주의 환기
영양- 체험활동 전 안전 안내
사서- 조용한 학습 환경 유지
상담- 대화 규칙 리마인드

16. 수업 참여를 꺼리는 학생 지도 방법은?

공통- 강점 기반 참여 유도
보건- 건강 관련 역할 부여
영양- 급식 홍보·레시피 제작
사서- 책 선정·행사 운영
상담- 소그룹 대화 참여

17. 친구 관계가 원만하지 않은 학생 지도 방법은?

공통- 갈등 원인 파악·중재
보건- 공동 건강 활동 배정
영양- 조리·시식 활동 협업
사서- 독서토론 협동 과제
상담- 회복적 대화 운영

18. 집단 따돌림 초기 징후 발견 시?

공통- 즉시 개입·피해자 보호·원인 해결
보건- 건강검진·상담 연계
영양- 급식 자리 조정·관찰
사서- 도서관 이용 패턴 확인
상담- 피해자·가해자 동시 상담

19. 갈등 있는 학생끼리 중재 방법은?

공통- 회복적 대화 3단계
보건- 보건실 안전한 공간 제공
영양- 협동 조리·메뉴 기획
사서- 공동 독서 프로젝트
상담- 감정 나누기·합의

20. 학생의 사소한 규칙 위반 처리 방법은?

공통- 즉시 피드백·일관된 지도
영양- 급식 줄서기·위생 수칙
상담- 존중 규칙 재확인

보건- 위생·안전 규칙 강화
사서- 도서 훼손·분실 지도

B. 학부모 소통

21. 학부모가 부당한 요구를 할 경우?
공통- 경청·사실 확인·규정 안내
보건- 보건 지침·법령 제시
영양- HACCP·식품 안전 기준
사서- 저작권·대출 규정
상담- 비밀보장·상담 윤리

22. 학부모와 교육관이 다를 때 조율 방법은?
공통- 공통 목표 찾기·근거 제시
보건- 건강 데이터 근거
영양- 영양 지표·성장곡선
사서- 독서 발달단계 자료
상담- 심리검사 결과

23. 민원 발생 시 첫 조치는?
공통- 신속 보고·기록·대응
보건- 응급상황 시 즉시 보고
영양- 식중독 의심 시 보고
사서- 자료 유실 시 보고
상담- 폭력·자해 위기 보고

24. 학부모 상담 전 준비 사항은?
공통- 학생 정보·기록·목표 설정
보건- 건강검진·상병 이력
영양- 식습관·알레르기 기록
사서- 독서 기록·성향 분석
상담- 상담 이력·관찰 기록

25. 학부모와 신뢰를 쌓는 방법은?
공통- 일관된 소통·성실한 피드백
영양- 메뉴·영양 정보 제공
상담- 상담 진행·결과 공유

보건- 건강 보고서 정기 발송
사서- 추천 도서 안내

C. 학생 안전·위기 대응

26. 수업 중 안전사고 발생 시 첫 조치는?
공통-학생 상태 확인 → 응급처치 → 보고·이송 → 학부모 연락
보건-심폐소생술·상처 처리 직접 수행
영양-급식 알레르기 반응 시 응급 대처
사서-기물 파손·낙상 시 즉시 조치
상담-위기 학생 정서 안정 후 조치

27. 학교폭력 가해·피해 학생 동시 상담 시?
공통- 분리 상담 → 사실 확인 → 회복적 대화
보건- 신체·정서 피해 확인
영양- 급식·행사 중 사건 확인 시 보고
사서- 도서관 내 사건 기록·보고
상담- 피해·가해자 회복 프로그램

28. 자해 징후 학생 발견 시?
공통-안전 확보 → 즉시 보고 → 전문 상담 연계
보건-응급 처치 후 전문기관 연결
영양-급식 중 발견 시 조치
사서-도서관 내 은밀한 공간 관찰·보고
상담-위기개입·심리평가

29. 위기 상황 시 보고 체계는?
공통- 즉시 학교 관리자 → 교육청 → 보호자
보건- 감염병·부상 보고 절차
영양- 식중독·이물질 보고
사서- 기물·자료 손상 보고
상담- 자해·폭력 위기 보고

30. 심폐소생술 절차 설명
공통- 의식·호흡 확인 → 119 신고 → 흉부압박·AED 사용
보건- 연 1회 전교생 교육 주관
영양- 급식실 직원 대상 교육
사서- 도서관 직원 대상 교육
상담- 위기 학생 구조 시 지원

31. 화재 발생 시 대피 방법
공통- 침착 안내 → 최근 비상구 → 인원 점검
보건- 대피 중 부상자 응급조치
영양- 급식실 화재 예방 교육
사서- 자료 보호·안전 우선
상담- 대피 후 정서 안정

32. 학교 밖 학생 위험 시 행동
공통- 안전 확보 → 보호자·학교 보고 → 동행 지원
보건- 응급처치
영양- 음식물 알레르기 발생 시 조치
사서- 주변인 도움 요청
상담- 긴급 심리 지원

33. 감염병 발생 시 학급 운영 방안
공통- 위생 교육 → 거리두기 → 온라인 수업 전환
보건- 손씻기·마스크 교육
영양- 급식 위생 강화
사서- 비대면 자료 서비스
상담- 비대면 상담 제공

34. 위기학생 조기 발견 방법
공통- 담임·교사·학부모 협력 관찰
보건- 건강검진·출결 확인
영양- 급식 섭취 변화 관찰
사서- 이용 패턴 변화 확인
상담- 행동·정서 변화 체크

35. 위기관리위원회의 역할
공통- 위기 상황 분석·대응 계획 수립
보건- 보건 위기대응팀 활동
영양- 식품 위기 대처 협의
사서- 자료 손실·재난 대처
상담- 회복 프로그램 기획

D. 수업·교육과정

36. 수업 목표 설정 방법
공통- 교육과정 분석 → 학습자 수준 고려 → 측정 가능한 목표 설정
보건- 건강·안전 행동목표
영양- 식습관 변화 목표
사서- 독서량·이해도 목표
상담- 정서 안정·행동 변화 목표

37. 학생 참여형 수업 장점
공통- 몰입도·이해도·자기주도성 향상
보건- 건강 캠페인 참여
영양- 메뉴 기획·조리 참여
사서- 책 토론·추천
상담- 역할극·집단상담

38. 수업에서 ICT 활용 방법
공통- 자료 제공·참여 유도·평가 지원
보건- 건강 앱·영상 교육
영양- 식단 분석 프로그램
사서- 전자책·온라인 전시
상담- 심리검사 도구

39. 교육과정 재구성 경험
공통- 목표·내용·방법 수정 사례
보건- 보건·체육 융합
영양- 과학·가정 융합
사서- 국어·사회 연계 독서
상담- 인성·창체 융합

40. 수준별 수업 운영
공통- 수준 진단 → 맞춤 지도
보건- 건강지식 수준별 교육
영양- 영양지식 수준별 지도
사서- 독서 수준별 자료
상담- 발달단계별 상담

41. 학습부진 학생을 지도하는 방법은?
공통- 원인 분석 → 수준별 자료 제공 → 성취 경험 제공
보건- 시각자료·실습 중심 건강교육
영양- 시식·체험 기반 영양지도
사서- 읽기 수준별 자료 제공
상담- 학습 동기 강화 상담

42. 영재·우수 학생 지도 방법은?
공통- 심화·탐구 과제 제공 → 피드백 강화
보건- 건강 캠페인 기획 주도
영양- 메뉴 개발 프로젝트
사서- 독서토론·서평 공모
상담- 멘토링 프로그램

43. 교과 간 융합 수업 사례를 제시하라.
공통- 주제 선정 → 교과 협업 → 산출물 발표
보건- 과학+보건: 감염병 예방 실험
영양- 가정+과학: 영양소 실험
사서- 국어+역사: 역사 소설 독서토론
상담- 도덕+창체: 회복적 대화

44. 평가 방법을 다양화하는 이유는?

공통- 학생 특성 반영·공정성 강화

보건- 실습평가+포트폴리오

영양- 요리 시연+보고서

사서- 독서일지+구두발표

상담- 역할극+자기보고

45. 과정 중심 평가의 장점은?

공통- 학습과정 피드백 → 성취 향상

보건- 건강습관 변화 확인

영양- 식습관 개선 기록

사서- 독서 빈도·이해도 향상

상담- 정서·행동 변화 관찰

F. 인권·다문화·포용 교육

46. 학생 인권과 학급 규칙이 충돌하면?

공통- 규칙 재검토 → 합의안 도출

보건- 건강권·안전권 우선

영양- 알레르기 배려 식단

사서- 자료 접근권 보장

상담- 심리 안전 보장

47. 다문화 학생 지원 방법은?

공통- 언어·문화 존중 → 맞춤 지도

보건- 다문화 건강교육

영양- 문화별 음식 체험

사서- 다언어 자료 제공

상담- 문화 적응 상담

48. 특수교육대상 학생 지도 방법은?

공통- 개별화 교육계획 → 환경 조정

보건- 장애 특성별 건강교육

영양- 특수식 제공

사서- 점자·오디오북

상담- 맞춤 상담·치료 연계

49. 성차별 발언 대처 방법은?

공통- 즉시 중단 요청 → 교육·대화

보건- 성교육 연계

영양- 성평등 조리활동

사서- 성평등 독서자료

상담- 성인지 감수성 교육

50. 학교 내 인권 교육 활성화 방법은?

공통- 연간 계획·체험형 교육

영양- 먹거리 인권 교육

상담- 회복적 대화 교육

보건- 건강·성교육

사서- 인권 주제 도서전시

G. 정책·시사 연계

51. 최근 교육부 정책 하나와 적용 방안은?

공통- 정책 개요 → 학교 적용 계획

보건- 학교 건강관리 종합대책

영양- 급식 품질 향상 정책

사서- 학교도서관 활성화

상담- 학생 정서 지원 방안

52. 시도교육청 교육 방향과 학급 운영 계획은?

공통- 지역 비전 반영·실행안 제시

보건- 지역 보건기관 연계

영양- 지역 식재료 활용

사서- 지역 문화자료 활용

상담- 지역 상담기관 연계

53. 학교 자율성과 책무성의 균형은?

공통- 자율은 창의성, 책무성은 신뢰

보건- 자율 건강 프로그램

영양- 자율 메뉴·영양 기준

사서- 자율 프로그램·이용규정

상담- 자율 상담·윤리 준수

54. 기초학력 보장 정책 실행 방안은?

공통- 조기 진단·맞춤 지도

보건- 건강·학습 연계

영양- 영양·학습 집중력 연계

사서- 독서기반 학력 향상

상담- 학습 동기 강화

55. 회복적 생활교육 의미와 사례는?

공통- 관계 회복·책임 강화

영양- 조리협동 활동

상담- 피해·가해 회복대화

보건- 건강 캠페인 참여

사서- 공동 독서프로젝트

H. 교사 역할·리더십

56. 동료 교사와 의견이 다를 때 조율 방법은?

공통- 경청 → 공통 목표 확인 → 대안 제시

보건- 보건행사 운영 방식 합의

영양- 급식 개선안 협의

사서- 도서구입 우선순위 협상

상담- 사례회의로 합의 도출

57. 교사로서 리더십 발휘 방법은?

공통- 솔선수범·의사소통·책임감

보건- 위기 대응 리더

영양- 급식위생 점검 리더

사서- 독서행사 총괄

상담- 위기개입 코디네이터

58. 학교 내 갈등 해결 경험은?

공통- 문제 파악 → 당사자 대화 → 합의 도출

보건- 보건실 이용 갈등 조정

영양- 급식 불만 처리

사서- 자료 이용 갈등 해결

상담- 친구 관계 회복 중재

59. 교사로서 솔선수범이 필요한 순간은?

공통- 규칙 준수·시간 엄수·학습 태도

보건- 위생·안전 수칙 시범

영양- 급식위생 관리

사서- 도서 정리·관리

상담- 경청·비밀보장 실천

60. 교사로서 가장 어려웠던 결정은?

공통- 학생 보호와 규칙 사이 선택

영양- 급식 중단 여부

상담- 신고 의무 상황 판단

보건- 감염병 출석 정지 판단

사서- 자료 폐기 결정

I. 자기 성장·성찰

61. 교직 중 실패 경험과 배운 점은?

공통- 실패 원인 분석·개선 실행

보건- 건강교육 참여 저조

영양- 프로그램 불참률

사서- 독서프로그램 저조

상담- 학생 신뢰 형성 실패

62. 수업 실패 경험을 말하라.

공통- 계획 미흡·피드백 부족

보건- 활동 중심 부족

영양- 시식 재료 문제

사서- 자료 준비 부족

상담- 대화 구조 미흡

63. 교사로서 강점 3가지는?

공통- 소통력·전문성·책임감

보건- 응급대처·건강지도·소통

영양- 위생관리·영양지도·협력

사서- 자료활용·독서지도·기획

상담- 공감·경청·위기대응

64. 약점과 개선 방안은?

공통- 약점 인식 → 계획 실행

보건- 최신 지식 보완

영양- 조리 기술 연습

사서- 신간 정보 수집 강화

상담- 상담기법 습득

65. 장기적 성장 계획은?

공통- 연수·연구·협력

영양- 영양사 심화교육

상담- 심리학·임상 연수

보건- 보건학 석사 과정

사서- 정보학·사서교육

J. 돌발 상황·현장 대응

66. 수업 중 학생이 기절하면?
공통- 안전 확보 → 응급조치 → 보고
보건- 직접 응급처치
영양- 알레르기 반응 의심
사서- 안전공간 이동
상담- 심리안정 유도

67. 학생이 욕설을 하면?
공통- 즉시 제지 → 원인 대화 → 지도
보건- 보건실 개별 상담
영양- 급식 태도 지도
사서- 도서관 예절 교육
상담- 감정조절 훈련

68. 시험 부정행위 적발 시?
공통- 규정 안내 → 보고 → 지도
보건- 평가 무효 처리
영양- 조리 실습 평가 재시
사서- 독서퀴즈 무효
상담- 규칙 준수 교육

69. 수업 중 불이 나면?
공통- 비상 대피 → 인원 점검
보건- 부상자 응급조치
영양- 급식실 화재 예방
사서- 자료보호·대피
상담- 대피 후 심리안정

70. 학생이 가출했다고 연락이 올 경우?
공통- 관리자·경찰·보호자 보고
영양- 식사·안전 문제 공유
상담- 귀가 설득·심리 지원
보건- 건강상태 우려 전달
사서- 친구관계·이용패턴 정보 제공

K. 학급 문화·행사

71. 학급 단합 활동은?
공통- 협동 프로젝트·행사
보건- 건강 캠페인
영양- 요리대회
사서- 독서릴레이
상담- 마음나누기

72. 학교 행사 기획 경험은?
공통- 목표·계획·운영
보건- 건강주간
영양- 급식의 날
사서- 책축제
상담- 인권주간

73. 봉사활동 프로그램 운영 방법은?
공통- 지역연계·자발참여
보건- 병원봉사
영양- 무료급식
사서- 도서관 봉사
상담- 복지관 지원

74. 학급 내 학습 분위기 조성 방법은?
공통- 목표 공유·격려
보건- 건강 습관
영양- 급식예절
사서- 독서문화
상담- 존중 문화

75. 학생 주도 프로젝트 경험은?
공통- 학생기획·교사지원
영양- 메뉴개발
상담- 상담주간
보건- 건강캠페인
사서- 독서전시

L. 평가·피드백

76. 학생 평가 시 유의점은?
공통- 공정성·다양성
보건- 건강지식+실습
영양- 영양지식+조리
사서- 독서이해+활용
상담- 태도+참여

77. 형성평가와 총괄평가 차이는?
공통- 과정중 vs 종합결과
보건- 건강습관 기록
영양- 식습관 변화
사서- 독서빈도
상담- 상담참여도

78. 평가 결과 전달 방법은?
공통- 객관+개별 피드백
보건- 건강보고서
영양- 영양분석표
사서- 독서기록
상담- 상담일지

79. 평가 공정성 확보 방법은?
공통- 기준 명확·다수 평가
보건- 표준화 검사
영양- 위생기준 점검
사서- 자료활용 기준
상담- 평가표 공유

80. 평가 결과 수업 개선 활용 방법은?
공통- 피드백 분석→수정   보건- 보건교육 보강
영양- 메뉴 개선   사서- 자료 구성 변경
상담- 기법 수정

M. 학생 지도·상담

81. 진로 상담 시 유의점은?
공통- 흥미·적성·환경 고려
보건- 보건·의료 진로 안내
영양- 영양·식품 진로
사서- 출판·정보 진로
상담- 상담·심리 진로

82. 장래희망 모를 때 상담 방법은?
공통- 경험 확대·적성검사
보건- 보건실 체험
영양- 조리체험
사서- 독서체험
상담- 진로검사

83. 부모 기대와 학생 진로 다를 때?
공통- 공감·조율·정보 제공
보건- 의료직 진로 설명
영양- 영양사 진로 정보
사서- 정보관리직 소개
상담- 중립 상담

84. 정서불안 학생 지도 경험은?
공통- 경청·지속 지원
보건- 건강문제 병행
영양- 영양결핍 해결
사서- 독서치유
상담- 상담치료 연계

85. 친구 갈등으로 수업 불참 시?
공통- 원인 대화→관계 회복   보건- 건강활동 협동
영양- 요리팀 구성   사서- 독서토론 조
상담- 회복 대화

N. 비상 상황·외부 협력

86. 지역사회 기관 연계 사례는?
공통- 기관 선택·프로그램 진행
보건- 보건소 건강검진
영양- 농협 식재료 체험
사서- 도서관 네트워크
상담- 청소년 상담센터

87. 경찰·소방 협력 경험은?
공통- 안전교육·훈련
보건- 응급구조 훈련
영양- 급식실 안전 점검
사서- 화재대피 교육
상담- 위기개입 협력

88. 외부 전문가 활용 사례는?
공통- 전문강의·체험
보건- 의사 초청 강연
영양- 요리사 특강
사서- 작가 초청
상담- 심리전문가 특강

89. 학부모 봉사단 협력 경험은?
공통- 역할분담·소통
보건- 건강검진 보조
영양- 급식 지원
사서- 책 정리·행사
상담- 프로그램 보조

90. 교육청 협력 프로그램 경험은?
공통- 지원·홍보·실행
영양- 급식 품질 개선
상담- 상담 연수
보건- 건강 캠페인
사서- 자료 구입 지원

O. 자기계발·전문성

91. 최근 읽은 교육 도서와 느낀 점은?
공통- 책 내용·적용 계획
보건- 건강·보건 신간
영양- 영양학 서적
사서- 독서교육서
상담- 심리상담서

92. 역량 개발 방법은?
공통- 연수·연구·현장 적용
보건- 보건연수
영양- 위생교육
사서- 정보기술 연수
상담- 상담기법 연수

93. 교사 연수에서 얻은 점은?
공통- 사례·자료·네트워크
보건- 응급처치 연수
영양- 조리위생 연수
사서- 장서관리 연수
상담- 회복대화 연수

94. 수업 개선 시도 경험은?
공통- 문제 인식→변화 실행
보건- 실습 강화
영양- 체험활동 추가
사서- 디지털 자료 활용
상담- 대화기법 수정

95. 교육기술 습득 방법은?
공통- 온라인 강의·현장 적용
영양- 식단 프로그램
상담- 심리검사 도구
보건- 건강앱 사용
사서- 전자도서관

P. 마무리 · 비전

96. 합격 후 첫 1년 목표는?
공통– 학생 이해·관계 형성
보건– 건강프로그램 완성
영양– 급식위생 체계 확립
사서– 도서관 활성화
상담– 상담 신뢰 형성

97. 교직 생활 궁극 목표는?
공통– 학생 성장 지원
보건– 건강한 학교
영양– 안전한 급식
사서– 독서문화 확산
상담– 심리안전망 구축

98. 학생에게 전하고 싶은 한 마디는?
공통– "너는 소중하고 가능성이 있다."
보건– "건강이 너의 힘이다."
영양– "바른 식습관이 미래를 만든다."
사서– "책은 너의 세상을 넓힌다."
상담– "네 마음은 존중받아야 한다."

99. 교육 현장에서 꼭 지키고 싶은 원칙은?
공통– 학생 중심·존중·정직
보건– 안전 최우선
영양– 위생·품질
사서– 정보 접근 평등
상담– 비밀보장

100. 내 이름이 학생 기억에 남기를 바라는 이유는?
공통– 긍정적 영향·성장 동기 부여
영양– 식습관 변화를 만든 교사
상담– 마음을 지켜준 교사
보건– 건강습관을 심어준 교사
사서– 책을 좋아하게 만든 교사

Appendix

부 록

1) 면접 필수 교육학·정책 키워드 40

키워드의 정의, 개념 등을 외우기 보다 선생님이 이해할 수 있도록 하면 됩니다!

쉽고 빠르게, 정리할 수 있게 정의와 연결성을 적어놓았습니다!

해당 부록은 선생님의 만능틀 답변 구상의 기틀을 마련할 수 있을 것입니다.

1. 학생 중심 교육	**– 정의 :** 학생의 흥미·수준·요구를 반영하여 학습자 주도성을 강화하는 교육 **– 정책 연결:** 학생참여형 수업, 맞춤형 학습 지원, 과정중심평가, 과정중심평가, 2022개정교육과정 **– 면접 포인트:** 주도성·참여도·책임감 강화, 개별화 수업 설계 **– 사례** **보건:** 건강 요구 설문 후 맞춤 보건수업 구성 **영양:** 학생 선호·건강 데이터 반영한 식단 설계 **사서:** 독서 흥미조사 기반 도서 추천·프로그램 운영(부모와 함께하는 설문조사) **상담:** 학생이 직접 목표 설정하는 상담 계획
2. 회복적 생활교육	**– 정의:** 처벌보다 관계 회복과 재발 방지를 중시하는 생활지도 방식 **– 정책 연결:** 회복적 대화, 학폭 피해·가해 회복 서클 **– 면접 포인트:** 공동체 신뢰 회복, 책임감 교육 **– 사례** **보건:** 위생 규칙 위반 학생과의 대화·건강 교육 병행 **영양:** 급식 줄서기 질서 위반 시 회복 대화 **사서:** 도서 훼손 학생과 대체 방안 협의 **상담:** 피해·가해 학생간 감정 나누기와 합의
3. 과정중심평가	**– 정의:** 학습 전·중·후 과정을 모두 반영하여 성장 정도를 평가 **– 정책 연결:** 성취기준 기반 평가, 피드백 강화 **– 면접 포인트:** 피드백·자기 성찰·성장 강조 **– 사례** **보건:** 건강 습관 변화 기록 후 중간·최종 평가 **영양:** 급식 전후 잔반량 비교로 교육 효과 측정 **사서:** 독서 빈도·이해도 변화를 평가 **상담:** 상담 전후 정서 변화 기록

4. 자기주도 학습	**– 정의**: 학습자가 목표·계획·평가를 스스로 주도하는 학습
	– 정책 연결: 프로젝트 학습, 자기주도형 진로 설계
	– 면접 포인트: 자율성·책임감·목표관리
	– 사례
	  보건: 학생 스스로 건강 체크리스트 작성·관리
	  영양: 영양 일기 작성·개선 계획 세우기
	  사서: 독서 포트폴리오 제작
	  상담: 상담 목표와 과정 학생 주도 설정

5. 융합교육 STEAM	**– 정의**: 과학·기술·공학·예술·수학을 융합하여 창의·문제해결력을 기르는 교육
	– 정책 연결: 창의융합형 인재 교육, 2022개정교육과정
	– 면접 포인트: 실생활 적용·창의성 강화
	– 사례
	  보건: 과학·보건 융합 '감염병 예방 실험 수업', 손씻기, 혈압계 만들기 등
	  영양: 과학·영양 융합 '영양소 분석 실습'
	  사서: 역사·문학 융합 독서토론
	  상담: 심리·미술 융합 회복 프로그램

6. 교육격차 해소	**– 정의**: 학생의 경제·지역·가정 배경에 따른 학습 격차를 줄이는 교육
	– 정책 연결: 기초학력 보장법, 학습도움교사제, 느린학습자 대처방안
	– 면접 포인트: 맞춤형 지원·공평한 기회 제공
	– 사례
	  보건: 건강 취약 학생 대상 생활습관 관리 프로그램
	  영양: 결식 위험 학생 대상 맞춤 영양 지도
	  사서: 또래와 함께 책읽기 프로그램
	  상담: 집단 상담

7. 학생자율성	**– 정의**: 학생이 스스로 선택·결정·책임지는 힘
	– 정책 연결: 학생자치회 활성화, 자기주도 학습, 자주적인 학생(2022개정교육과정)
	– 면접 포인트: 자율과 책임의 균형
	– 사례
	  보건: 학생 주도 건강 캠페인 기획·운영
	  영양: 학생 자치 급식 메뉴 평가단 운영
	  사서: 학생 주도 독서 행사 기획
	  상담: 학생이 스스로 상담 목표 설정

8. 학부모 소통	**– 정의**: 상호 존중·신뢰 기반의 의사소통
	– 정책 연결: 학부모 상담주간, 가정통신문 디지털화
	– 면접 포인트: 경청·투명한 정보 공유·협력적 문제 해결
	– 사례
	  보건: 건강검진 결과 가정 통신문 발송 및 상담
	  영양: 급식 영양 정보·알레르기 안내 공유
	  사서: 추천 도서 목록 가정 발송
	  상담: 정기적인 상담 보고 및 협력 요청

9. 학생안전	**– 정의**: 학생의 신체·정서·사회적 안전 보장
	– 정책 연결: 학교안전 종합계획, 학교안전교육 7대 표준안
	– 면접 포인트: 예방– 대응– 사후관리 3단계 체계
	– 사례
	  보건: 응급처치 교육, 감염병 예방 수업
	  영양: HACCP 기반 급식 위생관리
	  사서: 비상 대피 안내·도서관 내 안전 점검
	  상담: 위기 학생 심리 안정 지원

10. 포용교육	**– 정의**: 장애·다문화·취약계층 학생이 차별 없이 교육받도록 보장
	– 정책 연결: 개별화 교육계획(IEP), 다문화 교육 지원 정책
	– 면접 포인트: 다양성 존중·평등한 학습 기회
	– 사례
	  보건: 장애학생 맞춤 보건교육 자료 개발
	  영양: 문화별 식습관 반영한 급식 메뉴 제공
	  사서: 다언어·점자 자료 제공
	  상담: 문화·언어 배경 고려한 상담

11. 회복적대화	**– 정의**: 갈등 당사자가 서로의 입장을 이해하고 합의점을 찾는 대화 방식
	– 정책 연결: 회복적 생활교육, 학폭 회복 프로그램
	– 면접 포인트: 처벌보다 관계 회복 중시
	– 사례
	  보건: 건강 규칙 위반 학생과 대화 후 재교육
	  영양: 급식실 갈등 학생 중재
	  사서: 도서 대출·반납 갈등 해결
	  상담: 학폭 가해·피해 학생 회복 서클 운영

12. 프로젝트 기반학습 PBL	**– 정의**: 실제 문제 해결을 중심으로 학습을 설계하는 방법 **– 정책 연결**: 학생참여형 수업, 창의융합형 교육 **– 면접 포인트**: 문제 해결력·협동심·창의성 **– 사례** **보건**: '건강한 학교 만들기' 프로젝트 **영양**: '잔반 줄이기' 메뉴 개발 프로젝트 **사서**: 독서·토론 프로젝트 **상담**: 학교폭력 예방 캠페인 프로젝트
13. 과정중심 생활지도	**– 정의**: 단기 지도가 아닌 지속적인 생활습관 변화 지도 **– 정책 연결**: 생활교육 강화, 과정중심 평가 **– 면접 포인트**: 변화 관찰·지속 피드백 **– 사례** **보건**: 위생 습관 점검 주간 운영 **영양**: 식습관 변화 추적 지도 **사서**: 도서 이용 습관 기록·관리 **상담**: 정서 변화 주간 기록
15. 성취기준 평가	**– 정의**: 교육과정 성취기준에 따라 성취 여부를 평가 **– 정책 연결**: 2015 개정 교육과정, 성취기준 평가제 **– 면접 포인트**: 목표·평가의 명확성 **– 사례** **보건**: 감염병 예방 행동목표 평가 **영양**: 영양소 이해도 평가 **사서**: 독서 이해·활용 능력 평가 **상담**: 상담 목표 달성도 평가
16. 개별화 교육계획(IEP)	**– 정의**: 특수교육대상 학생을 위한 맞춤형 학습 계획 **– 정책 연결**: 특수교육법, 포용교육 정책 **– 면접 포인트**: 학습권 보장, 차별 없는 수업 **– 사례** **보건**: 장애 유형별 맞춤 보건 수업 자료 제작 **영양**: 특수식 필요 학생 급식 제공 **사서**: 점자·오디오북 자료 제공 **상담**: 발달단계별 맞춤 상담 프로그램

17. 다문화 감수성	**– 정의**: 다양한 문화·언어·배경을 존중하는 태도 **– 정책 연결**: 다문화교육 지원 정책 **– 면접 포인트**: 문화적 차이 존중, 학습 기회 평등 **– 사례** **보건**: 다문화 가정 학생 건강교육 **영양**: 문화별 음식 체험 수업 **사서**: 다언어 도서 구비 **상담**: 다문화 적응 지원 상담
18. 학교자율과 책무성	**– 정의**: 학교 운영 자율성을 보장하되 결과에 대한 책임을 지는 원칙 **– 정책 연결**: 자율학교, 학교평가 **– 면접 포인트**: 창의적 운영과 투명성의 균형 **– 사례** **보건**: 자율 건강 프로그램 운영 후 결과 보고 **영양**: 메뉴 자율 편성 후 영양 기준 준수 확인 **사서**: 독서행사 기획·성과 평가 **상담**: 자율 상담 프로그램 운영 후 만족도 조사
19. 교육과정 재구성	**– 정의**: 학교·학급 특성에 맞게 교육과정 내용을 수정·보완 **– 정책 연결**: 2022개정교육과정 개정 교육과정, 자율 운영 지침 **– 면접 포인트**: 학습자 중심·현장 맞춤 **– 사례** **보건**: 보건+과학 융합 수업 **영양**: 영양+가정 과목 연계 수업 **사서**: 독서+역사 융합 프로그램 **상담**: 도덕+창체 연계 회복 프로그램
20. 학습자 맞춤형 지원	**– 정의**: 학생의 수준·흥미·필요에 따른 개별 지원 **– 정책 연결**: 맞춤형 학습, 기초학력 보장법 **– 면접 포인트**: 개별 지도·맞춤 피드백 **– 사례** **보건**: 건강지식 수준별 수업 **영양**: 식습관 개선 개인 지도 **사서**: 독서 수준별 추천 도서 **상담**: 심리 상태 맞춤 상담

21. 학습공동체	– **정의**: 교사·학생·학부모가 함께 배우고 성장하는 집단
	– **정책 연결**: 전문적 학습공동체(PLC)
	– **면접 포인트**: 협력·공유·지속 성장
	– **사례**
	  보건: 건강교육 연구회 활동
	  영양: 급식 품질 개선 협의회
	  사서: 독서지도 연구회
	  상담: 위기대응 교사 학습모임

22. 전문적 학습공동체(PLC)	– **정의**: 교사들이 협력해 수업·평가를 개선하는 모임
	– **정책 연결**: 교원 역량 강화 정책
	– **면접 포인트**: 수업·평가 질 향상, 전문성 성장
	– **사례**
	  보건: 보건교육 수업 개선 모임
	  영양: 위생 관리 개선 스터디
	  사서: 도서관 프로그램 연구 모임
	  상담: 상담 기법 연구 모임

23. 학생인권존중	– **정의**: 학생의 인격·사생활·표현 자유 보장
	– **정책 연결**: 학생인권조례, 아동권리협약
	– **면접 포인트**: 인권과 규율의 균형
	– **사례**
	  보건: 건강 정보 비밀 보장
	  영양: 식습관 관련 발언 존중
	  사서: 대출 기록 비공개
	  상담: 비밀 상담 유지

24. 학교폭력예방교육	– **정의**: 폭력 예방·대처 능력 함양 교육
	– **정책 연결**: 학교폭력예방 및 대책법
	– **면접 포인트**: 예방– 대응– 회복
	– **사례**
	  보건: 학교폭력 후 건강 회복 교육
	  영양: 급식실 폭력 예방 지도
	  사서: 도서관 질서 교육
	  상담: 피해자 심리 지원·가해자 재사회화

25. 기초학력보장	– **정의**: 모든 학생이 기본적인 학습 능력을 갖추도록 지원 – **정책 연결**: 기초학력 보장법 – **면접 포인트**: 학습권 보장·격차 해소 – **사례** 　**보건**: 기초 건강지식 교육 　**영양**: 기본 영양소 교육 　**사서**: 기초 독해력 향상 수업 　**상담**: 학습 동기 강화 상담
26. 학교– 가정– 지역사회 연계	– **정의**: 학생 교육을 위해 학교, 가정, 지역사회가 협력 – **정책 연결**: 교육복지우선지원사업 – **면접 포인트**: 공동 목표·지속적 소통 – **사례** 　**보건**: 보건소 연계 건강검진 　**영양**: 지역 농산물 활용 급식 　**사서**: 지역 도서관 공동 행사 　**상담**: 청소년센터 협력 프로그램
27. 심리·정서 지원	– **정의**: 학생의 정서적 안정과 회복을 돕는 지원 – **정책 연결**: Wee 클래스, 마음건강 바우처 – **면접 포인트**: 심리 안전망 구축 – **사례** 　**보건**: 건강과 정서 병행 지도 　**영양**: 섭식장애 학생 심리 지원 　**사서**: 독서치유 프로그램 　**상담**: 미술·음악치료 연계 상담
28. 안전교육 7대 표준안	– **정의**: 재난·생활·교통·폭력·중독·응급·직업 안전교육 표준 체계 – **정책 연결**: 학교안전교육 표준안 – **면접 포인트**: 예방 중심, 실습 포함 – **사례** 　**보건**: 심폐소생술 실습 　**영양**: 급식실 화재 예방 교육 　**사서**: 비상 대피 안내 　**상담**: 위기 학생 대처법 교육

29. 학교 보건사업	– **정의**: 학생 건강 증진을 위한 종합 프로그램 – **정책 연결**: 학교보건법, 건강검사규칙 – **면접 포인트**: 예방– 관리– 기록 – **사례** **보건**: 구강검진·건강주간 운영 **영양**: 비만 예방 캠페인 협업 **사서**: 건강 관련 도서 홍보 **상담**: 건강과 정서 연계 지도
30. 급식 위생· 안전 관리	– **정의**: 학교 급식의 위생과 안전 확보 – **정책 연결**: 학교급식법, HACCP – **면접 포인트**: 위생관리·안전교육 – **사례** **보건**: 위생 점검 협력 **영양**: 급식실 HACCP 운영 **사서**: 식생활 관련 자료 안내 **상담**: 알레르기 학생 상담
31. 독서교육	– **정의**: 독서습관 형성과 독해력 향상 교육 – **정책 연결**: 독서교육종합지원시스템 – **면접 포인트**: 자기주도 독서·흥미 유발 – **사례** **보건**: 건강 관련 도서 추천 **영양**: 식생활 도서 읽기 **사서**: 독서동아리 운영 **상담**: 독서치유 프로그램
32. 디지털 리터러시	– **정의**: 디지털 정보를 비판적으로 이해·활용하는 능력 – **정책 연결**: 디지털 시민교육 – **면접 포인트**: 정보 윤리·비판적 사고 – **사례** **보건**: 건강 정보 신뢰도 평가 교육 **영양**: 온라인 식품 정보 분석 **사서**: 가짜 뉴스 판별 수업 **상담**: SNS 안전 사용 상담

33. 교육정보화	– **정의**: ICT 활용 교수·학습 환경 개선
	– **정책 연결**: 스마트교육, 에듀테크 활용
	– **면접 포인트**: 기술 활용·격차 해소
	– **사례**
	  보건: 온라인 건강 교육 콘텐츠 제작
	  영양: 식단 앱 활용
	  사서: 전자도서관 운영
	  상담: 온라인 상담 플랫폼

34. 학교 자원봉사	– **정의**: 학생·학부모·지역사회가 참여하는 봉사활동
	– **정책 연결**: 창의적 체험활동
	– **면접 포인트**: 공동체 의식·사회성
	– **사례**
	  보건: 건강 봉사활동
	  영양: 급식 봉사
	  사서: 도서관 봉사
	  상담: 복지관 봉사

35. 창의적 체험활동	– **정의**: 교과 외 활동으로 인성·창의성·사회성 기르기
	– **정책 연결**: 창체 영역 운영 지침
	– **면접 포인트**: 자율·봉사·진로·동아리 활동
	– **사례**
	  보건: 보건 동아리 운영
	  영양: 요리 동아리
	  사서: 독서토론 동아리
	  상담: 회복 동아리

36. 진로교육	– **정의**: 적성·흥미·능력에 맞는 진로 선택 지원
	– **정책 연결**: 진로교육법
	– **면접 포인트**: 자기이해·탐색·계획
	– **사례**
	  보건: 의료 직업 체험
	  영양: 영양사 직업 탐방
	  사서: 출판·정보 직업 탐구
	  상담: 심리상담사 체험

37. 인성교육	**– 정의**: 올바른 품성과 태도를 기르는 교육 **– 정책 연결**: 인성교육진흥법 **– 면접 포인트**: 존중·배려·책임 **– 사례** 　**보건**: 건강생활 실천 인성교육 　**영양**: 식사 예절 교육 　**사서**: 도서관 예절 지도 　**상담**: 회복적 대화
38. 학급자치	**– 정의**: 학생이 학급 운영에 주도적으로 참여 **– 정책 연결**: 학생자치활동 활성화 **– 면접 포인트**: 민주적 의사결정 **– 사례** 　**보건**: 건강 규칙 자치 제정 　**영양**: 급식 질서 규칙 학생 결정 　**사서**: 도서관 운영 규칙 학생 참여 　**상담**: 학급 회복 규칙 만들기
39. 환경·지속가능 발전교육 (ESD)	**– 정의**: 환경보전과 지속가능성을 위한 교육 **– 정책 연결**: 기후변화 교육, 유네스코 ESD **– 면접 포인트**: 실천 중심 교육 **– 사례** 　**보건**: 친환경 생활 습관 교육 　**영양**: 잔반 줄이기 캠페인 　**사서**: 환경 도서 전시 　**상담**: 환경 보호 활동 상담
40. 감염병 예방교육	**– 정의**: 감염병 확산 방지를 위한 예방 행동 교육 **– 정책 연결**: 학교보건법, 감염병예방법 **– 면접 포인트**: 예방–대응–사후관리 **– 사례** 　**보건**: 손씻기·마스크 착용 교육 　**영양**: 급식 위생관리 교육 　**사서**: 감염병 관련 자료 안내 　**상담**: 감염병 관련 불안 상담

2) 교직 명언·철학 인용집

(공자·맹자·정약용·석가모니·홍익인간 등 + 현대 교육 명언 80선)

이 곳은 서론이나 결론을 임팩트 있게 시작하거나 마무리 짓고 싶을 때 쓰기 유용합니다. 또한 이 명언을 통해 나의 교직관을 완성시키는데 도움이 될 것입니다.

1. 유교 사상 (공자·맹자 등)

"군자무본, 본립이도생(君子務本, 本立而道生)"- 공자
"학이시습지 불역열호(學而時習之 不亦說乎)"- 공자
"수기치인(修己治人)" 자신을 닦아 남을 다스린다.- 공자
"인자무적(仁者無敵)"- 맹자
"측은지심이 곧 인(仁)의 시작이다."- 맹자
"사람은 배움이 없으면 뿌리가 흔들린다."- 순자
"지행합일(知行合一)" 앎과 행함은 하나다.- 왕양명
"교육은 한 사람의 천성을 기르는 일이다."- 주희(주자)

2. 한국 사상가 (정약용·퇴계·율곡 등)

"백성을 이롭게 해야 한다(利民而息)."- 정약용
"사람을 가르치는 것은 그 마음을 바르게 하는 데 있다."- 정약용
"경(敬)이 곧 배움의 시작이다."- 퇴계 이황
"학문은 실천을 위해 하는 것이다."- 율곡 이이
"나라의 근본은 백성에 있고, 백성의 근본은 교육에 있다."- 율곡 이이
"홍익인간(弘益人間) 널리 인간을 이롭게 하라."- 단군 신화
"사람은 배움으로써 사람다워진다."- 율곡 이이
"마음을 다스리는 것이 곧 나라를 다스리는 길이다."- 정약용

3. 불교·동양철학

"자비는 모든 교육의 근본이다."- 석가모니
"모든 것은 마음에서 비롯된다."- 석가모니
"등불은 스스로를 밝히며 세상을 비춘다."- 불경
"지혜는 가르침에서 나오고, 깨달음은 실천에서 나온다."- 불교 게송
"한 송이 연꽃은 진흙 속에서 핀다."- 불교 상징

4. 서양 철학자·교육학자

"교육은 자유로 가는 열쇠다." - 플라톤
"아이는 '작은 어른'이 아니라 '배우는 존재'다." - 아리스토텔레스
"교육은 잠자는 영혼을 깨우는 불꽃이다." - 플라톤
"자연은 아이들의 첫 스승이다." - 루소
"교육은 가르치는 것이 아니라, 돕는 것이다." - 루소
"인간은 교육받아야만 인간이 된다." - 칸트
"교육은 한 사람의 잠재력을 꽃피우는 일이다." - 칸트
"교사는 두 번 태어나게 하는 사람이다." - 코메니우스

"교육 없는 자유는 무질서이고, 자유 없는 교육은 억압이다." – 존 듀이
"학교는 민주주의를 배우는 삶의 실험실이다." – 존 듀이
"교육은 세상을 바꾸는 가장 강력한 무기다." – 넬슨 만델라
"교육은 단순한 정보 전달이 아니라 삶을 준비하는 것이다." – 파울로 프레이리
"억압받는 자의 교육은 해방을 위한 교육이어야 한다." – 파울로 프레이리
"아이들은 놀이 속에서 가장 잘 배운다." – 프로이트
"교사의 권위는 지식에서 오는 것이 아니라, 사랑에서 나온다." – 칼 로저스

5. 현대 교육 명언

"교사 한 명이 한 아이의 운명을 바꾼다."– 미국 속담
"학생을 바꾸려 하지 말고, 학생을 이해하라."– 교육학 격언
"아이 한 명을 키우려면 온 마을이 필요하다."– 아프리카 속담
"교육은 속도가 아니라 방향이다."– 교육학 명언
"좋은 교사는 희망을 불어넣는다."– 브루스 바턴
"아이들은 당신이 말한 것을 잊지만, 당신이 어떻게 대해줬는지는 기억한다."– 마야 안젤루
"진정한 교육은 지식을 가르치는 것이 아니라, 생각하는 법을 가르친다."– 아인슈타인
"창의성은 지식보다 더 중요하다."– 아인슈타인
"훌륭한 교사는 설명하는 것이 아니라, 영감을 준다."– 윌리엄 워드
"평생 배우는 사람만이 가르칠 수 있다."– 교육 격언
"아이를 가르친다는 것은 사랑을 가르치는 것이다."– 교육 명언
"교육의 목적은 빈 머리를 채우는 것이 아니라, 열린 마음을 여는 것이다."– 말콤 포브스
"훌륭한 교사는 평생 마음속에 남는다."– 교육 명언
"학생은 교사의 거울이다."– 교육 격언

6. 현대 교육 명언

"교사 한 명이 한 아이의 운명을 바꾼다."– 미국 속담
"학생을 바꾸려 하지 말고, 학생을 이해하라."– 교육학 격언
"아이 한 명을 키우려면 온 마을이 필요하다."– 아프리카 속담
"교육은 속도가 아니라 방향이다."– 교육학 명언
"좋은 교사는 희망을 불어넣는다."– 브루스 바턴
"아이들은 당신이 말한 것을 잊지만, 당신이 어떻게 대해줬는지는 기억한다."– 마야 안젤루
"진정한 교육은 지식을 가르치는 것이 아니라, 생각하는 법을 가르친다."– 아인슈타인
"창의성은 지식보다 더 중요하다."– 아인슈타인
"훌륭한 교사는 설명하는 것이 아니라, 영감을 준다."– 윌리엄 워드
"평생 배우는 사람만이 가르칠 수 있다."– 교육 격언
"아이를 가르친다는 것은 사랑을 가르치는 것이다."– 교육 명언
"교육의 목적은 빈 머리를 채우는 것이 아니라, 열린 마음을 여는 것이다."– 말콤 포브스
"훌륭한 교사는 평생 마음속에 남는다."– 교육 명언
"학생은 교사의 거울이다."– 교육 격언

7. 한국 교육 명언·현대 인용

"홍익인간의 정신은 교육의 근본이자 한국 교직의 뿌리다."– 한국 교육 이념

"교육은 국가 백년지대계다."- 한국 속담

"좋은 교사는 학생의 삶을 지켜주는 울타리다."- 교육 현장

"교사의 전문성은 곧 학생의 권리다."- 교육계 격언

"배움은 지식의 나눔에서 자란다."- 한국 교육 명언

"교사 한 명의 태도가 학교의 문화를 만든다."- 교육 현장

8. 기타 (철학·시·문학 등)

"길을 아는 것과 길을 가는 것은 다르다." - 모피어스(매트릭스)

"진정한 힘은 부드러움에서 나온다." - 간디

"내일의 아이디어는 오늘의 아이들에게 달려 있다." - 시교육 명언

"사랑은 최고의 교육법이다." - 괴테

"아이들은 어른의 말이 아니라, 행동을 따라 배운다." - 간디

"교육은 미래를 현재로 끌어오는 일이다." - 알빈 토플러

"배움은 끝나지 않는 여행이다." - 교육 명언

"희망은 가르침 속에 심어진다." - 교육 격언

"모든 아이는 가능성의 씨앗이다." - 교육 명언

"교사의 작은 관심이 아이의 평생을 바꾼다." - 교육 현장

"배움은 나눔으로 완성된다." - 교육 격언

"미래는 배움의 손에 달려 있다." - 교육 격언

"가르침 없는 지식은 공허하고, 배움 없는 교육은 공허하다." - 교육 명언

"참된 교사는 제자의 질문을 존중한다." - 교육 명언

(공자·맹자·정약용·석가모니·홍익인간 등 + 현대 교육 명언 80선)

• 나에게 와닿는 명언을 골라보고, 이유를 써봅시다.

• 나에게 와닿는 명언을 골라보고, 이유를 써봅시다. 나에게 와닿는 명언을 골라보고, 이유를 써봅시다.

3) 최종 압축 복습 플래너 (시험 전 7일 & 하루 전 루틴)

면접에 임하는 복장 /태도/언행

복장	언행	태도
단정할 것. 치마 바지 상관없고, 교사다운 옷 ⭐	부드럽고, 천천히, 또박또박 정확하고 전달력있는 딕션	예절, 공손, 경청, 배려 손짓으로 보이지 말고, 두손 아래 공손히!! 되도록 책상 위 손 올리지 말기~ ⭐
치마 길이는 무릎까지 혹은 조금 더 길어도 됨. 바지는 9부도 좋음.	비속어 은어 NO 줄임말 NO 요즘 언어 NO	평정심과 진정성이 보이게 하려면 눈을 초롱초롱 눈 맞춤할 것. ⭐
색상은 밝아도 되나, 거의 검정 or 네이비 입고옴. 밝은 색 입고 오는 경우는 10%. 하지만 본인에게 잘 어울리는 것으로 결정	솔~라 톤으로 높은 음으로 유지하되 끝은 내리는 톤으로 해야 진정성 있어보임 인사는 반드시 (입장, 퇴장시) 목소리를 크고 또렷OK 울먹거림NO ⭐	걸음걸이나 앉은자세를 꼭 확인할 것. 손은 가만히 책상아래로 몸을 부산스럽게 움직이지 말 것. 고개 너무 흔들지 말 것.

〈이것만은 꼭 확인 하고 면접장 들어가자!〉

면접 복장·태도·언행 체크리스트

1. 복장

☐ 단정한 복장 착용

☐ 치마·바지 상관없음, 교사다운 옷

☐ 치마 길이: 무릎~무릎 아래 / 바지: 9부 가능

☐ 색상: 검정 or 네이비 위주, 밝은색은 10% 이하

☐ 본인에게 잘 어울리는 색상 선택

☐ 원피스, 투피스 가능

☐ 교사로 근무 시에도 입을 수 있는 복장 준비

☐ 교사 느낌의 옷 위주 (여성: 숙녀복 / 리** 로*, 모나미 정장)

☐ 화려한 옷·코사쥬 지양

2. 언행

- [ ] 부드럽고 천천히, 또박또박 말하기
- [ ] 정확하고 전달력 있는 딕션
- [ ] 비속어·은어 사용 금지
- [ ] 줄임말 사용 금지
- [ ] '요즘 언어' 사용 금지
- [ ] '솔~' 같은 높은 톤 → 끝은 내리는 톤으로 마무리
- [ ] 입·퇴장 시 반드시 인사
- [ ] 목소리 크고 또렷하게, 울먹거림 금지
- [ ] 면접장 입·퇴실 시 겸손한 태도 유지
- [ ] 도와주는 모든 분께 예의 지키기
- [ ] 키워드에서 목소리 힘 주기
- [ ] 중요한 발음 명확히 (면접관 채점 편하도록)

3. 태도

- [ ] 예절·공손·경청·배려 태도 유지
- [ ] 손은 책상 아래 공손히, 책상 위에 올리지 않기
- [ ] 눈은 초롱초롱, 면접관과 시선 맞추기
- [ ] 걸음걸이·앉은 자세 단정하게
- [ ] 손·몸을 부산스럽게 움직이지 않기
- [ ] 고개 과도하게 끄덕이지 않기
- [ ] 열정은 있으나 과도한 당당함 금지 (특히 강원도)
- [ ] '나는 이미 교사다!' 태도 유지
- [ ] 답변 시 구조화:
- [ ] 핵심내용
- [ ] 주장
- [ ] 이유·근거
- [ ] 기대효과
- [ ] 교육 4주체(학생, 교사, 학부모, 지역사회) 언급
- [ ] 시선·몸·말투 일치
- [ ] 오바스럽지 않고 상냥·부드러운 투
- [ ] 기자 말투·아나운서 말투 지양
- [ ] 교사도 '연기하는 직업'임을 인지하고 학생을 대상으로 말하기

당일 아침에 훑어보세요!

면접 대비 핵심 체크리스트

1. 내가 생각하는 행복한 학교
- ☐ 학생·교사·학부모가 만족하는 학교
- ☐ 서로 존중·배려, 꿈·재능을 키우는 학교

2. 교사가 되며 염두할 민원 대처
- ☐ 먼저 공감 → 원인 파악 → 협력 해결
- ☐ 관리직과의 소통·협력

3. 학부모 불만 시 우선 행동
- ☐ 공감 후 계획·대응 안내
- ☐ 수업력·제도 개선 반영

4. 거꾸로 교실 운영 방안
- ☐ 디지털 교과서 활용, 학생 주도 활동
- ☐ 가정 학습과 연계
- ☐ 에듀테크 활용

5. 학교와의 협력 이유
- ☐ 학생–교사–학부모 삼각 협력, 삼위일체
- ☐ 상호존중·이해

6. 교육 봉사 인상 깊은 일
- ☐ 가르치며 배운 점
- ☐ 시제품 제작·체험 활동 경험

7. 교육과정 재구성 필요 이유
- ☐ 창의·융합형 수업 설계, 학생 맞춤형교육
- ☐ 다양한 지식 습득

8. 학생 문제 시 학부모 대화법
- ☐ 면담·협조 요청
- ☐ 해결 과정 공유

9. 학부모 관계 형성 4가지
- ☐ 정기 소통, 행사 초대
- ☐ 사전·사후 지도 안내

10. 교사 권위 높이는 법
- ☐ 자기계발, 수업연구, 전학공, 연수, 자기연찬 등
- ☐ 학생·학부모 신뢰 구축, 소통창구 마련 등

11. 버킷리스트·5년 계획
- ☐ 신규 활동→성과 축적
- ☐ 전문성 강화
- ☐ 학생과 함께 성장하는 교사

12. 교직과 삶 연결
- ☐ 학생 곁 지키는 존재
- ☐ 함께 살아가는 공동체

13. 미래교육 비전
- ☐ AI·드론·메타버스 활용
- ☐ 변화 수용 교육
- ☐ 에듀테크

14. 자성의 실패 경험
- ☐ 부족점 인식·개선
- ☐ 학생 생활 지도 반영

15. 자성 사례 2
- ☐ 행정·교직 태도 영향
- ☐ 이미지 개선 노력

16. 경기도 교육 문제 해결책

☐ 4차 산업 대응 교육 개편

☐ 생활 실천 중심

17. 학급 운영 중요 키워드

☐ 배려·존중·이해·성장

☐ 인성 교육

18. 학생 성과 부진 시 지원법

☐ 작은 성공 경험 제공

☐ 협력·성공 사례 공유

19. 신규 교사 포부

☐ 학생 중심 활동

☐ 성실·열정

☐ 자기연찬, 배우는 자세

20. 자신의 장·단점

☐ 강점: 배려·사람 중심

☐ 단점: 지나친 관심 → 균형

21. 교육 혁신 의견

☐ 창의·융합 교육 강화

☐ 인재 양성

22. 신규 교사 업무 부담 경감

☐ 협력·멘토링

☐ 효율적 업무 배분

☐ 부장교사와 상의

23. 교권 형성 영향 경험

☐ 교사 인품·태도 영향

☐ 일관성 유지

24. 희망 교사상

☐ 존중·이해·배려의 아이콘

☐ 협력적인 교사

25. 교직 특성과 차이점

☐ 소명의식·공공성

☐ 사회적 영향

26. 아동관

☐ 성장 가능성 중심

☐ 사랑과 관심, 느린 학습자 이해

27. 전문성 향상 노력

☐ 봉사·상담·연구 활동

28. 마지막 포부

☐ 학생 개별 관심·성장 지원

☐ 따뜻한 부름·격려

4) 구상형 예상 연습 문제

구상형 연습문항 1

관리번호		이 름	

4차 산업혁명 시대를 맞아 인공지능(AI)은 교육, 산업, 일상생활 전반에 걸쳐 활용 범위가 확대되고 있다. AI 기술은 교육 현장에서도 맞춤형 학습, 학습분석, 스마트 교실 운영 등 다양한 방식으로 활용되며 큰 기대를 모으고 있다. 그러나 동시에 **인공지능 기술의 편향성, 개인정보 침해, 책임성 부족** 등 윤리적 문제들이 사회적으로 제기되고 있어, 교사가 AI를 활용한 수업을 진행할 때는 반드시 윤리교육을 병행해야 한다는 목소리가 높아지고 있다.

과학기술정보통신부는 이에 대응하여 국가 차원의 **인공지능 윤리 기준**을 발표하였다. 이 기준은 초·중·고 교육과정에서 활용할 수 있는 기초 자료로서, 인권 보장·프라이버시 보호·다양성 존중·침해 금지·공공성·연대성·데이터 관리·책임성·안정성·투명성 등 **10대 핵심 요건**을 제시하고 있다. 또한 이를 뒷받침하는 **3대 기본 원칙**으로 ▲인간 존엄성, ▲사회적 공공선, ▲기술의 합목적성을 강조하였다.

따라서 교사는 AI 활용교육을 진행할 때 학생들에게 단순한 기술적 지식을 넘어서, **윤리적 기준과 사회적 책임**을 함께 가르쳐야 한다. 이는 미래 세대가 AI를 올바르게 활용하고 지속 가능한 사회 발전에 기여할 수 있도록 하는 중요한 교육 과제이다.

1. 위 제시문을 참고하여 답하시오.
1) 인공지능 윤리교육에서 고려해야 할 여러 요건 중, 본인이 중요하다고 생각하는 **요소 세 가지를 우선순위에 따라 제시**하시오.
2) 각각의 요소가 왜 중요한지, **그 이유를 구체적으로 설명**하시오.

1번 문항 답변 방향 & 예시답변

모범 답안 예시

1) 중요하다고 생각하는 요소 3가지 (우선순위)
① 인권 보장
② 프라이버시 보호
③ 책임성

2) 각각의 중요성 설명

-인권 보장

AI 활용 수업에서 가장 우선시되어야 할 것은 인간 존엄성을 존중하는 태도입니다. AI가 아무리 발달하더라도 학생 한 명 한 명의 권리와 가치를 침해해서는 안 되며, 알고리즘 편향이나 차별적 결과가 발생하지 않도록 교육해야 합니다. 이는 **모든 학생이 평등한 학습권을 보장받는 토대**가 되기 때문에 가장 중요한 요소라고 생각합니다.

-프라이버시 보호

온라인 학습 플랫폼이나 학습분석 프로그램은 학생들의 개인정보와 학습 데이터에 기반합니다. 만약 이러한 정보가 유출된다면 학생의 안전과 권익이 크게 침해될 수 있습니다. 따라서 AI 활용 교육에서는 **데이터 보호와 보안 의식**을 함께 교육하고, 학생이 스스로 정보 주체로서 권리를 인식할 수 있도록 돕는 것이 필요합니다.

-책임성

AI는 도구이자 수단일 뿐, 그 결과를 어떻게 활용하고 책임지는지는 인간에게 달려 있습니다. 교사는 학생들이 AI를 비판적으로 바라보고, 결과에 대한 책임과 윤리적 판단을 스스로 내릴 수 있는 태도를 기르도록 교육해야 합니다. 이는 **미래 사회의 민주 시민 역량**을 기르는 중요한 기반이 됩니다.

☝ 답변 방향성

① **국가 기준을 언급**→ "10대 핵심 요건 중에서 저는 인권 보장, 프라이버시 보호, 책임성을 가장 중요하게 생각합니다."
② **교사로서의 시각**→ "학생 권리 보장·안전 확보·책임 있는 활용"을 강조
③ **미래 교육 의미**→ "AI를 올바르게 활용할 수 있는 시민 역량, 지속 가능한 사회 발전"과 연결

즉, 단순히 나열형이 아니라 **(기준 인용 → 선택 이유 → 교육적 의미 → 학생 역량 강화)**흐름으로 말하면 모범 답변이 됩니다.

결근사기 구조 모범 답안

4차 산업혁명 시대를 살아가는 학생들에게 인공지능(AI)은 더 이상 먼 미래의 기술이 아니라 일상과 학습 속에 스며든 도구입니다. 그러나 기술의 발전이 곧 교육적 가치로 이어지는 것은 아닙니다. **교사는 학생들의 권리를 지키고, 올바른 활용 방향을 안내하는 윤리적 길잡이**로서 역할을 해야 한다고

생각합니다. 따라서 AI 활용교육에는 반드시 윤리교육이 병행되어야 합니다.

저는 국가 인공지능 윤리기준에서 제시한 여러 요건 중, 다음 세 가지를 우선순위로 두어야 한다고 생각합니다.

① 인권 보장
무엇보다 AI는 인간의 존엄성을 해치지 않아야 합니다. 알고리즘 편향이나 차별은 학생들의 평등한 학습권을 위협할 수 있으므로, 교사는 수업에서 "기술보다 사람이 중심"임을 강조해야 합니다. 이는 교사가 학생들의 권리를 보장하는 보호자라는 제 교직관과도 연결됩니다.

② 프라이버시 보호
AI 기반 학습도구는 학생들의 개인 정보와 학습 데이터에 의존합니다. 정보 유출이나 오남용은 학생의 안전을 심각하게 침해할 수 있기에, **데이터 보호와 보안의식**을 강조하는 교육이 필요합니다. 이는 학생이 미래 사회에서 스스로 정보 주체로서 권리를 행사할 수 있도록 돕습니다.

③ 책임성
AI는 어디까지나 도구이고, 그 결과에 대한 책임은 인간에게 있습니다. 교사는 학생들이 결과를 맹목적으로 수용하지 않고, **비판적으로 사고하며 사회적 책임을 고려하는 태도**를 기르도록 해야 합니다. 이는 민주 시민으로서 갖추어야 할 중요한 자질이며, 제가 추구하는 "성찰적이고 책임 있는 교사상"과도 부합합니다.

결국 AI 활용교육은 단순한 기술 습득이 아니라 **학생들의 인권을 존중하고, 개인정보를 보호하며, 책임 있는 활용 태도를 기르는 윤리적 교육**이어야 합니다. 교사로서 저는 학생들이 미래 사회의 주체로 당당히 설 수 있도록, 기술보다 사람을 우선하는 교육을 실천하고자 합니다. 그것이 곧 제가 지향하는 교직관이며, 인공지능 시대의 올바른 교육적 책무라고 생각합니다.

2026학년도 중등학교교사 임용후보자 선정경쟁시험
구상형 연습문항 2

관리번호		이 름	

오늘날 학교 진로교육은 단순히 '어떤 직업을 선택할 것인가'를 넘어, 학생들이 스스로의 삶을 설계하고 역량을 발휘할 수 있도록 돕는 것을 목표로 한다. 「진로교육법」과 2022 개정 교육과정에서도 진로교육은 교육과정 전반과 창의적 체험활동(자율·동아리·봉사·진로 활동)을 통해 통합적으로 운영되어야 함을 강조하고 있다.

또한 지역사회와의 연계를 통해 학생들이 실제 직업 세계를 체험하고, 다양한 진로 자원을 활용할 수 있도록 지원하는 것이 필요하다. 그러나 여전히 학교 현장에서는 **'진로보다 진학이 우선'**이라는 인식, 그리고 **'진로교육은 전담교사만의 업무'**라는 오해가 존재한다. 이로 인해 교과 수업과 진로교육이 분리되고, 학생들이 삶과 배움을 연결 지을 기회를 놓치기도 한다.

따라서 진로교육은 **교과와 연계된 학습 경험**, **지역사회와 협력한 프로그램**, **학생 주도적 탐색 활동**을 균형 있게 포함해야 하며, 이를 통해 학생들의 자기주도성, 협업 역량, 문제 해결력을 길러야 한다.

---

2. 위 제시문을 참고하여 답하시오.
1) 학교 진로교육의 바람직한 방향에 대한 **본인의 생각**을 제시하시오.
2) 자신의 전공 교과와 연계하여 실천할 수 있는 **진로교육 방안 한 가지**를 설명하시오.
3) 학생들의 역량 강화를 위한 **학생 중심 진로교육 방법 한 가지**를 제시하고 구체적으로 설명하시오.

2번 문항 접근방향 & 예시 답변

📋 접근방향

1) 학교 진로교육의 바람직한 방향

학교 진로교육은 단순히 직업 선택을 안내하는 데 그치지 않고, **학생이 스스로 삶의 의미와 방향을 설계할 수 있도록 돕는 과정**이어야 한다고 생각합니다. 이를 위해 교육과정과 창의적 체험활동 전반에 진로교육이 녹아들어야 하며, 진로가 '진학의 부수적 결과'가 아니라 학생의 **자기주도적 성장과 역량 발휘의 토대**가 되도록 운영해야 합니다. 또한 지역사회와 협력하여 학생들이 실제 직업 세계와 연계된 체험을 할 수 있도록 지원하는 것이 바람직한 방향이라고 생각합니다.

2) 전공 교과와 연계한 진로교육 방안 (보건교사 관점)

저는 보건교사로서 "학교 보건과 진로탐색 프로그램"을 운영할 수 있습니다. 예를 들어, '건강한 학교 만들기 프로젝트'를 통해 학생들이 흡연·비만·정신건강 등 주제를 정하고 캠페인을 기획하도록 지도합니다. 이 과정에서 학생들은 각 지역의 직업(간호사, 영양사, 상담사) 등을 탐색하며, 관련 전문가를 초청해 직무 강연을 듣거나 지역 보건소·병원을 방문하는 활동을 연계할 수 있습니다. 이를 통해 교과 지식(건강, 위생, 예방 교육)과 진로 탐색이 자연스럽게 이어질 수 있다고 봅니다.

3) 학생 중심 진로교육 방법

저는 **학생 주도 진로 탐구 동아리**를 운영하고 싶습니다. 학생들이 스스로 관심 있는 진로 분야를 선택하여 조사하고, 현직 종사자 인터뷰·체험 보고서 작성·학교 축제 발표 등으로 결과를 공유하도록 합니다. 교사는 조력자로서 자료 탐색 방법, 발표 기술, 성찰 방법을 지원하는 역할을 합니다.

이러한 활동은 학생들이 **자기주도성·협업능력·문제 해결력**을 기를 수 있는 좋은 기회가 됩니다. 무엇보다 학생이 스스로 탐색하고 성찰하며, 친구들과 협력하는 경험을 통해 진로교육의 본질적 목표인 "삶을 주체적으로 설계하는 힘"을 키울 수 있다고 생각합니다.

✓ 답변 포인트 & 방향성

서론: "진로는 직업 안내가 아니라 삶 설계"라는 큰 관점 제시
본론: 전공 교과와 자연스럽게 연결된 구체적 활동(프로젝트, 체험, 전문가 연계) 제시
결론: 학생 주도적 방법을 강조하며, 자기주도성과 역량 강화로 귀결

✏️ 결·근·사·기 스크립트

결론

"저는 학교 진로교육은 학생이 단순히 어떤 직업을 가질 것인가를 정하는 과정이 아니라, **자신의 삶을 주체적으로 설계하는 힘을 기르는 교육**이라고 생각합니다. 따라서 진로교육은 교육과정과 창의적 체험활동에 고르게 녹아들어야 하며, 교과 연계·지역사회 협력·학생 주도성을 균형 있게 담아내는 방향이 바람직하다고 봅니다."

근거

"그 이유는 첫째, 2022 개정 교육과정이 강조하는 핵심 역량, 즉 자기관리 역량과 협업 역량은 모두 진로교육을 통해 길러질 수 있기 때문입니다. 둘째, 학교 현장에서는 여전히 '진로보다 진학이 우선'이라는 인식이나 '진로교육은 전담교사의 역할'이라는 오해가 존재합니다. 이런 상황 속에서 교과 교사가 자기 수업 안에서 진로를 녹여내야만 학생들이 배움과 삶의 연결 고리를 체감할 수 있습니다."

사례

"예를 들어, 제 전공인 보건교과에서는 '학교 보건과 진로탐색 프로젝트'를 운영할 수 있습니다. 학생들이 흡연 예방, 정신건강, 비만 관리 같은 주제를 선택해 캠페인을 직접 기획·실행하도록 하는 것입니다. 이 과정에서 지역 보건소나 병원을 연계해 직무 체험을 하거나, 간호사·영양사·상담사 등 현직 전문가를 초청해 특강을 들을 수도 있습니다. 이렇게 하면 단순한 건강 지식 학습이 아니라 **보건·의료 분야의 진로 탐색 경험**으로 확장될 수 있습니다.

또한 저는 학생 주도의 진로탐구 동아리를 운영하고 싶습니다. 학생들이 스스로 관심 있는 직업을 정해 조사하고, 현직 종사자를 인터뷰하며, 학교 축제에서 발표하는 활동입니다. 교사는 조력자로서 자료 수집 방법이나 발표 기술을 지원하고, 학생이 주도적으로 탐색과 성찰을 경험할 수 있도록 돕는 것입니다."

기대효과

"이러한 활동은 학생들에게 세 가지 교육적 효과를 줄 수 있습니다. 첫째, 자기주도성과 문제 해결력을 기를 수 있습니다. 학생이 직접 주제를 정하고 실행하기 때문에 **스스로 미래를 설계하는 힘**을 얻습니다. 둘째, 협업 역량을 함양할 수 있습니다. 캠페인이나 동아리 활동은 친구들과 협동하면서 의견을 조율하고 함께 성과를 만들어가는 경험이 됩니다. 셋째, 배움과 삶의 연결성을 체감하게 됩니다. 수업 시간에 배운 보건 지식이 진로 탐색과 연계될 때, 학생들은 '내가 배우는 것이 실제 삶과 미래에 쓰인다'는 확신을 얻게 됩니다.

따라서 저는 교과 연계형 진로교육과 학생 주도적 탐색을 통해, 학생이 미래사회의 주체로 성장할 수 있도록 돕는 **가교 역할**을 충실히 수행하는 교사가 되고자 합니다."

구상형 연습문항 3

관리번호		이 름	

오늘날 학교 현장에서 교사의 생활지도권과 교권 보호가 심각하게 위협받고 있다는 목소리가 높다. 학생 지도를 둘러싼 학부모의 과도한 민원 제기, 학생들의 교사 권위 경시, 제도 운영의 한계 등이 복합적으로 작용하면서 교사가 정당한 교육적 권한을 행사하기 어려운 상황이 발생하고 있다.

[기사문 발췌]

교사 A씨는 지난해 두 학생 간 다툼을 말리던 중 한 학생에게 욕설을 들었다. 학교는 교권보호위원회를 열어 특별교육이수 조치를 결정했지만, 가해 학생의 학부모는 "방송에 제보하겠다"며 협박했고, 심지어 아동학대로 고소까지 했다. 다행히 사건은 무혐의로 종결되었으나, 교사는 큰 정신적 충격을 받았다.

교사 B씨는 수업 중 학생 책상이 흐트러져 있어 "정리해라"라고 지도했다. 그런데 다음 날, 해당 학부모는 "아이 손목을 때렸다"며 항의와 함께 아동학대 신고를 제기하였다. 이 역시 무혐의 처리되었지만 교사는 큰 피로감을 호소하였다.

[현장 교사 인터뷰]

"학부모는 자기 자녀만 생각하며 생활 지도에 과도하게 개입하고, 학생들은 교사의 지도를 무시하는 경우가 많습니다. 열정으로 버텼지만 이제는 한계입니다."

[일기 일부]

"폭력 사건이 발생해도 학교에서는 오히려 교사의 지도 부족을 탓합니다. 관리자는 학생을 감싸주라고만 하고, 선배 교사들은 교보위를 열어도 소용없으니 그냥 넘어가라고 조언합니다. 이렇게는 교사가 설 자리가 없습니다."

이와 같이 교권 추락 현상은 **개별 사안**을 넘어, 교사의 권위와 책무를 위협하는 구조적 문제로까지 번지고 있다. 이는 결국 학생 생활지도 공백, 교육활동 위축으로 이어져 장기적으로 교육의 질을 저하시킬 수 있다는 우려가 제기된다.

3. 위 제시문을 참고하여 답하시오.
1) 교권 추락 문제의 **원인 두 가지**를 분석하시오.
2) 이러한 문제를 예방하고 해결하기 위한 방안을 **교사 개인 차원**과 **학교 차원**에서 각각 두 가지씩 제시하시오.

3번 문항 접근방향 & 예시답변

문제 접근 방향

1) 원인 분석 (2가지)

학부모 관련 요인: 과도한 민원 제기, 교사 지도 불신, 학생 보호 일변도의 태도

학교·제도적 요인: 교권보호 제도의 실효성 부족, 관리자와 학교 문화의 한계("그냥 넘어가라"는 분위기)

☞ 핵심은 "교사 책임 전가 + 보호받지 못하는 구조"

2) 해결 방안 – 교사 개인 차원 (2가지)

–전문성 강화: 생활지도, 상담 역량, 법·제도 이해를 높여 학부모와 학생에게 신뢰 확보

–소통과 기록 강화: 학부모와 정기적인 소통, 상담·지도 과정을 꼼꼼히 기록하여 불필요한 오해 차단

3) 해결 방안 – 학교 차원 (2가지)

–교권 보호 제도 활성화: 교권보호위원회의 실질적 운영, 교사 법률·심리 지원 체계 마련

–학교 문화 개선: 관리자 리더십 강화, 교사 간 협력 문화 조성, 학부모 대상 교육·캠페인으로 상호 신뢰 구축

4) 답변 시 유의점

–학생 인권 vs 교권을 대립적으로 두지 말고, *"교사의 정당한 교육권이 보호되어야 학생의 학습권도 지켜진다"*라는 관점에서 말하기

–개인 차원 ↔ 학교 차원을 균형 있게 제시

결론에서는 "교사가 보호받을 때, 교육활동이 안정되고 학생 성장으로 이어진다"는 교육적 의미 강조

☞ 한마디로, 이 문제는 **"교권 추락 → 원인 구조적 분석 → 다층적 해결책(개인·학교) → 교육 본질 회복"**흐름으로 잡고 들어가면 모범 답변을 만들 수 있습니다.

✍ 예시 답변 (결·근·사·기 구조)

결론

"저는 교권 추락 문제는 단순히 교사 개인의 어려움이 아니라, 교육의 본질을 위협하는 심각한 사안이라고 생각합니다. 교사의 정당한 교육활동이 존중받고 보호될 때 비로소 학생의 학습권과 인권도 지켜질 수 있습니다. 따라서 교사 개인 차원과 학교 차원에서 모두 균형 잡힌 해결 노력이 필요합니다."

근거

"제시문에서도 보듯이, 첫째 원인은 학부모의 과도한 개입과 교사 지도에 대한 불신입니다. 사소한 생활지도조차 아동학대로 오해받으며, 교사의 권위가 흔들리고 있습니다. 둘째 원인은 교권보호 제도의 실효성 부족과 관리자·학교 문화의 한계입니다. 교보위를 열어도 변화를 체감하기 어렵고, '그냥 묻고 가라'는 분위기가 교사의 의지를 꺾고 있습니다."

사례

"따라서 교사 개인 차원에서는 첫째, 생활지도 전문성·상담 역량을 강화하여 학부모와 학생이 신뢰

할 수 있는 모습을 보여야 합니다. 둘째, 학부모 상담이나 생활지도 과정은 반드시 기록으로 남겨 오해를 차단하고, 사안 발생 시 객관적으로 대응할 수 있어야 합니다.

학교 차원에서는 첫째, 교권보호위원회가 실질적으로 작동할 수 있도록 법률 자문·심리 상담 등 구체적 지원 체계를 마련해야 합니다. 둘째, 관리자 리더십을 통해 '교사의 정당한 생활지도는 보호된다'는 문화를 조성하고, 학부모 대상 교육·캠페인을 통해 교사와 학부모가 협력적 관계를 맺도록 해야 합니다."

기대효과

"이러한 노력이 병행된다면 교사는 정당한 생활지도를 안정적으로 수행할 수 있고, 학부모는 교사에 대한 신뢰를 회복할 수 있습니다. 나아가 학생들은 교사가 올바른 권위를 가진 존재임을 경험하며, 학교 공동체 안에서 안전하게 성장할 수 있습니다. 결국 교사의 교권 보호는 학생의 학습권 보장과 교육의 질 향상으로 이어진다고 생각합니다."

☞ **이렇게 하면**

결론: 교육적 의미 제시

근거: 원인 2가지 분석

사례: 개인 차원·학교 차원 대처 방안 구체화

기대효과: 학생·학부모·교사 모두에게 긍정적 효과

면접관에게도 **구조적이고 균형 잡힌 답변**으로 보이게 됩니다.

구상형 연습문항 4

관리번호		이 름	

최근 교육 혁신을 위해 전국의 교육청은 다양한 에듀테크 기술을 학교 현장에 적극적으로 도입하고 있다. 인공지능 튜터, 학습 분석 시스템, 온라인 학습 플랫폼 등은 수업의 효율성을 높이고 학생 맞춤형 학습을 가능하게 한다는 점에서 긍정적으로 평가된다.

그러나 에듀테크는 어디까지나 **교수·학습을 지원하는 도구이자 수단**일 뿐, 그 자체가 교육의 목표가 될 수는 없다. 실제 학교 현장에서는 새로운 기술 도입에 지나치게 치중한 나머지 정작 학생 참여와 관계 형성 같은 **교육의 본질적 가치**가 희석되는 경우도 발생하고 있다.

앞으로 에듀테크 활용은 더 확대될 전망이지만, 기술 중심적 사고에서 벗어나 **학습자의 성장과 배움 중심 수업**이라는 본질에 초점을 맞추는 교사의 고민과 실천이 절실하다.

---

4. 교육에서 기술 의존도가 높아질수록 학생들이 인간적 소통이나 관계 맺기 경험을 충분히 하지 못한다는 우려가 제기된다.

1) 학생들의 **사회성·공동체성**을 길러주기 위해 교사가 수업에서 시도할 수 있는 방법 두 가지를 제시하시오.

2) 그러한 노력이 에듀테크 중심 수업의 한계를 어떻게 보완할 수 있는지 설명하시오.

4번 문항 답변 방향 & 예시답변

답변 접근 방향
-문제의식 인식
기술 중심 수업 → 학생이 화면·기계와만 상호작용 → 또래와 협력·정서적 교류 부족 → 사회성 저하 우려

-교사 대응 방법 (두 가지)
협동 학습 구조 설계: 토의·토론, 프로젝트 학습, 역할 분담 활동 등
공동체 기반 활동 운영: 온라인 자료를 오프라인에서 함께 적용·실천(예: 모둠 발표, 실험, 지역 연계 활동)

-교육적 의미
학생 간 소통·협업 경험 → 사회성·공동체성 발달
기술 의존 수업의 한계를 보완하고, 에듀테크가 **배움의 도구**로 자리 잡을 수 있음

예시 답변 (결·근·사·기 구조)

결론
"저는 에듀테크 활용 수업이 교육의 본질인 **학생 간 소통과 공동체적 배움**을 약화시킬 수 있다는 점에서 우려가 있다고 생각합니다. 따라서 교사는 의도적으로 사회성과 공동체성을 기를 수 있는 활동을 수업 안에 설계해야 합니다."

근거
"기술을 통한 학습은 편리하고 개인 맞춤형이라는 장점이 있지만, 학생들이 또래와 상호작용하지 못하면 의사소통 능력, 협력 태도, 공동체 의식이 저하될 수 있습니다. 이는 결국 미래 사회에서 필요한 핵심 역량을 기르는 데 걸림돌이 될 수 있습니다."

사례
"첫째, 저는 협동학습 구조를 활용하고 싶습니다. 예를 들어 보건 수업에서 '건강 생활 캠페인'을 모둠별로 기획하도록 하여, 자료 검색은 에듀테크로 하지만 기획·토론·발표 과정은 학생들이 서로 협력하게 하는 것입니다.
둘째, 공동체 기반 활동을 강조할 수 있습니다. 온라인에서 얻은 정보를 실제 생활 속 실천 활동으로 이어가게 하여, 모둠별로 학교나 지역사회에 적용 사례를 만들어보게 하는 것입니다. 이렇게 하면 학생들은 기술을 넘어서 실제 관계적·사회적 경험을 하게 됩니다."

기대효과
"이러한 노력을 통해 학생들은 단순히 혼자 학습하는 데 그치지 않고, 친구들과 협력하며 문제를 해결하는 과정을 경험할 수 있습니다. 결과적으로 사회성과 공동체성을 함께 길러, 에듀테크 수업이 가진 고립적·개별화적 한계를 보완하게 됩니다. 나아가 기술은 도구이고, 배움의 중심은 사람이라는 점을 학생들이 자연스럽게 체득할 수 있을 것이라 생각합니다."

2026학년도 중등학교교사 임용후보자 선정경쟁시험
구상형 연습문항 5

관리번호		이 름	

최근 교육과정에서는 학교가 지역사회와 소통하며 함께 성장하는 **마을교육공동체**의 역할을 강조하고 있다. 학교는 더 이상 학생들만의 폐쇄적 공간이 아니라, 학부모·주민과 함께 문화를 나누고 배움을 공유하는 열린 배움터로 변화하고 있다.

특히 학교 축제는 학생들이 학습의 성과를 발표하고, 끼와 재능을 표현하며, 지역사회와 어울릴 수 있는 소중한 기회이다. 그러나 여전히 일부 학교에서는 축제가 학생이나 교사 중심으로만 운영되어, 지역사회와의 연계성이 부족하다는 지적도 있다.

이에 따라 학교는 축제를 지역사회와 함께하는 장으로 기획하고, **교과와 연계한 프로그램**을 운영하여 학생의 배움이 실제 생활 속에서 확장되는 경험을 제공할 필요가 있다. 교사의 전공을 반영한 프로그램은 학생과 지역 주민 모두에게 의미 있는 교육적 성과를 만들어낼 수 있다.

5. 위 제시문을 참고하여 답하시오.
1) 자신의 전공과 연계하여 학교 축제를 위해 기획할 **프로그램명**을 제시하시오.
2) 해당 프로그램의 **주요 내용**을 설명하시오.
3) 그 프로그램을 운영함으로써 기대할 수 있는 **운영 목적**을 제시하시오.

5번 문항 답변방향 & 예시답안

답변 접근 방향

-문제의식·방향

학교 축제를 학생·교사만의 장이 아니라 지역 주민과 함께하는 배움의 장으로 확장해야 함.
전공과 연계된 프로그램은 교육적 의미와 지역사회 실천적 효과를 동시에 가질 수 있음.

-프로그램 기획 요소

-프로그램명: 간결하면서도 전공 특성이 드러나도록

-주요 내용: 학생 참여형 활동 + 지역 주민 참여형 체험을 함께 설계

-운영 목적: 건강 증진, 공동체성 강화, 전공 역량 실천 등

-결론

교사는 지역사회와 학교를 연결하는 가교 역할을 하며, 학생들은 배운 지식을 실천으로 확장

📋 예시 답변 (보건 전공 기준)

결론

"저는 학교 축제는 학생만의 행사가 아니라 지역사회와 함께 소통하며 배움을 나누는 장이 되어야 한다고 생각합니다. 따라서 보건 교사로서 전공과 연계된 건강 프로그램을 기획해, 학생과 주민 모두가 참여할 수 있는 형태로 운영하고자 합니다."

근거

"그 이유는 첫째, 2022 개정 교육과정에서 강조하는 핵심 역량 중 하나가 공동체 역량이기 때문입니다. 학교가 지역사회와 함께하는 축제를 통해 학생은 더 넓은 공동체의 일원으로 성장할 수 있습니다. 둘째, 진로교육과 연계해 학생들이 실제 현장에서 배운 지식을 활용할 기회를 제공함으로써 학습의 의미가 생활로 확장된다고 보기 때문입니다."

사례

"예를 들어 저는 「마을과 함께하는 건강 페스티벌」이라는 프로그램을 기획하겠습니다. 학생들이 모둠을 나누어 금연 체험관, 올바른 손씻기 체험, 비만 예방 식습관 퀴즈, 혈압·체성분 측정 부스를 운영하도록 하는 것입니다. 지역 보건소와 협력해 간단한 건강 상담 코너를 마련하면 주민들도 함께 참여할 수 있습니다. 학생들은 보건 수업에서 배운 지식을 직접 설명하고 안내하면서 학습을 실천으로 확장할 수 있습니다."

기대효과

"이러한 활동을 통해 학생들은 **실천적 보건 역량**과 **사회적 의사소통 능력**을 기를 수 있습니다. 지역 주민은 학교 교육에 직접 참여하며 학교와의 신뢰를 높일 수 있고, 학교는 지역사회와 함께 성장하는 공동체로 자리매김할 수 있습니다. 결국 교사는 학교와 마을을 잇는 가교로서, 교육의 공공성과 공동체성을 실현하는 역할을 할 수 있다고 생각합니다."

🎯 정리 - 답변 방향성 키워드

학교 축제 = 교육성과 공유 + 지역사회 연계 장 / 전공 반영 = 전문성 + 실천성

기대효과 = 학생 역량 강화 + 지역사회 공동체 강화

구상형 연습문항 6

관리번호		이 름	

2022 개정 교육과정은 '모든 아이는 배움의 주체'라는 철학 아래, 학생 개별성에 맞춘 맞춤형 학습과 다양한 학습경로를 강조하고 있다. 이는 4차 산업혁명, 코로나19 이후 사회 변화에 대응하고, 미래 인재에게 필요한 핵심 역량을 기르려는 노력의 일환이다.

하지만 **개별화·다양성 존중 교육**이 강조되면서 동시에 여러 교육적 고민도 제기되고 있다. 교사의 수업 운영 부담, 국가 성취기준과의 괴리, 학생 간 교육격차 확대 가능성, 평가 체계의 불안정 등은 앞으로 반드시 해결해야 할 과제이다.

다음은 세 교사의 대화이다.

A교사: "이번에 발표된 교육과정, 혁신적 포용 인재 양성을 말하지만 아직은 막연하다는 생각이 들어요. 특히 개별성과 다양성을 어떻게 반영할지가 고민되네요."

B교사: "맞습니다. 코로나 이후 학생 주도 학습이 부각되면서 개별 맞춤형 교육이 더 강조되는 분위기예요."

C교사: "그렇지만 개별화 교육 속에서 국가 성취기준이나 목표를 실현하는 게 가능할까요? 학교교육의 본질은 모든 학생의 책임교육인데, 자칫하면 기본 학력이 흔들릴 수도 있겠지요."

6. 위 제시문을 읽고 답하시오.

1) 교육의 개별화와 다양성을 추구하는 과정에서 발생할 수 있는 **교육적 문제 두 가지**를 설명하시오.

2) 이러한 문제를 예방하기 위한 **방안 두 가지**를 제시하시오.

6번 문항 답변 방향 & 예시 답안

✍ 예시 답변 방향
문제점
① 개별화 교육 과정에서 국가 성취기준 달성 및 책임교육의 약화
② 학생 간 학습 격차 심화 및 교사 업무 부담 증가

예방 방안
① 맞춤형 학습과 동시에 기초학력 보장 체계를 강화 (개인별 피드백, 보정학습)
② 교사 협력(전문적 학습공동체)과 에듀테크 도구 활용으로 교사 부담 완화, 효율적 수업 설계

✍ 예시 답변 (결·근·사·기 + 실천적 대안 포함)
결론
"저는 개별화·다양성을 강조하는 교육이 반드시 필요하지만, 동시에 **기초학력 보장과 책임교육**을 놓치지 않는 균형이 중요하다고 생각합니다. 교사로서 학생 모두가 성장할 수 있도록 현실적인 대안을 고민하고 실천하려 합니다."

근거
"왜냐하면 개별화 교육만 지나치게 강조되면 성취기준 달성이 어려워지고, 자기주도 학습 역량이 부족한 학생은 오히려 더 소외될 수 있기 때문입니다. 또한 교사의 준비 부담이 커져 실행력도 떨어질 우려가 있습니다."

사례
"그래서 저는 두 가지 대안을 제안하고 싶습니다.
첫째, **'개별화 학습 저널'** 운영입니다. 학생들이 매주 스스로 학습 목표와 성찰을 짧게 기록하게 하고, 저는 간단한 코멘트를 남깁니다. 이렇게 하면 개별화 교육을 하면서도 학생들의 최소 성취 수준을 점검할 수 있고, 부담도 크지 않습니다.
둘째, **'학생 맞춤 미니 튜터제'**를 도입하고 싶습니다. 예를 들어 수업 시간에 이해가 빠른 학생을 '1일 튜터'로 지정해 친구를 도와주게 하는 겁니다. 이 과정에서 튜터 학생은 심화 학습 효과를 얻고, 도움받는 학생은 기본 개념을 다질 수 있습니다. 에듀테크로 실시간 퀴즈나 학습 현황을 확인해, 교사가 전체 흐름을 관리하면 효과가 배가될 수 있습니다."

기대효과
"이런 활동을 통해 학생들은 단순히 '나만의 맞춤 수업'을 받는 데서 그치지 않고, **서로 배우고 성장하는 경험**을 하게 됩니다. 교사 입장에서는 매번 새로운 수업안을 만드는 부담 없이 지속 가능한 개별화 교육을 운영할 수 있고, 결국 **책임교육과 개별성 존중**을 동시에 실현하는 미래형 수업 모델이 될 수 있다고 생각합니다."

☞ 면접 팁
저널 작성, 미니 튜터제같은 현실감 있는 활동은 실제로 교실에서 할 수 있는 아이디어라서 면접관이 듣기에 "이 교사는 실행력 있다"는 인상을 줍니다.
중요한 건 **학생이 주도하고, 교사는 지원한다**는 틀을 유지하는 것!

2026학년도 중등학교교사 임용후보자 선정경쟁시험
구상형 연습문항 7

관리번호		이 름	

4차 산업혁명과 디지털 전환으로 인해 교육 현장에도 다양한 에듀테크가 빠르게 도입되고 있다. 원격수업 경험을 통해 교사와 학생 모두 새로운 학습 방식에 적응했으며, 이제는 단순한 도구적 사용을 넘어 **미래형 교수·학습 혁신**을 이끌 핵심 요소로 주목받고 있다.

특히 이러닝, 빅데이터, 인공지능, 학습과정 분석 프로그램, 게임화, 증강현실(AR)·가상현실(VR), 학습 커뮤니티 및 소셜 미디어 등은 학습자의 몰입과 맞춤형 학습 지원에 효과적일 것으로 기대된다. 하지만 기술은 어디까지나 수단일 뿐, **교과 특성과 학생 발달 단계에 적합하게 활용할 때** 교육적 의미가 극대화될 수 있다.

따라서 교사는 각 기술의 장단점을 이해하고, 자신의 전공 교과와 연계하여 학습자에게 적합한 교수·학습 과정을 설계하는 전문성이 요구된다.

7. 위 제시문을 참고하여 답하시오.
1) 제시된 에듀테크 요소 중 한 가지를 선택하시오.
2) 자신의 전공 교과와 연계하여 해당 요소를 적용한 **미래형 교수·학습 과정**을 제시하시오.
3) 그러한 교수·학습 과정이 가지는 **교육적 의미**를 설명하시오.

7번 문항 답변 방향 & 예시답안

답변 접근 방향

요소 선택

단순히 기술 소개가 아니라 교과와 연결성이 높은 요소를 고르기

예: AR·VR(응급처치·심폐소생술 체험), 인공지능(개인 맞춤형 건강 관리 앱), 빅데이터(학교 건강검사 분석)

교수·학습 과정 제시

수업 단계에서 어떻게 활용할지 구체적으로 → "학생 경험" 중심

단순 시연이 아니라 학생이 주도적으로 탐구하거나 체험하는 구조

교육적 의미 강조

학생 역량: 자기주도성, 문제해결력, 협업, 생명존중 태도

수업 효과: 몰입·현실감 강화, 지식→실천 연결

교육적 가치: 교과 전문성 + 미래 역량 결합

📝 예시 답변 (결·근·사·기 구조)

결론

"저는 제시된 요소 중에서 **증강현실(AR)**을 선택하겠습니다. AR은 보건 교과에서 학생들이 단순히 지식을 아는 데 그치지 않고, 실제 생활 속 건강·안전 상황을 **실감 나게 체험**할 수 있는 효과적인 도구라고 생각합니다."

근거

"보건 교육은 '앎'을 넘어 '행동'으로 이어져야 합니다. 하지만 교실에서 실제 응급 상황을 경험할 수는 없기 때문에 학생들은 이론을 배워도 막상 실천에 어려움을 겪습니다. AR을 활용하면 안전하게, 또 몰입감 있게 실제 상황을 시뮬레이션 할 수 있어 학습 효과를 극대화할 수 있습니다."

사례

"예를 들어 '심폐소생술 교육'을 AR로 진행해 보고 싶습니다. 학생들이 태블릿이나 AR 글래스를 통해 가상의 환자를 마주하게 하면, 즉시 반응 확인·가슴 압박 위치·속도 등을 시뮬레이션 할 수 있습니다. 또 모둠별로 '응급 상황 대응 미션'을 수행하게 하여, 친구들과 협력하며 상황을 해결하도록 구성할 수 있습니다. 이렇게 하면 단순한 교과서 암기를 넘어, 실제 상황에 적용 가능한 **체험 중심 학습**이 됩니다."

기대효과

"이러한 수업은 첫째, 학생들에게 **생명존중의 가치와 응급 대처 역량**을 길러줄 수 있습니다. 둘째, AR을 통한 실습은 학습 몰입도를 높이고, 자기주도적으로 문제를 해결하는 경험을 제공합니다. 마지막으로 교과 지식이 생활 속 실천으로 확장되어, 보건 교과가 **삶과 직결된 배움**임을 체감하게 할 수 있습니다. 따라서 AR은 단순한 기술 활용을 넘어, 학생들의 미래 역량을 강화하는 데 큰 의미가 있다고 생각합니다."

2026학년도 중등학교교사 임용후보자 선정경쟁시험
구상형 연습문항 8

관리번호		이 름	

최근 교육 담론에서는 학교가 단순히 교과 지식을 전달하는 곳을 넘어, **지역사회와 함께 성장하는 중심 기관**으로서의 역할이 강조되고 있다. OECD 교육혁신연구센터(CERI)의 Schooling for Tomorrow Project에서도 미래의 학교는 지역사회의 구심점이자 학습의 중점 기관으로 자리매김하며, 다양한 학습자 네트워크와 공존할 것이라고 전망하였다.

이는 곧 학교의 경계가 점점 더 열리고, 교육이 교실 안에서만 이루어지는 것이 아니라 지역사회와의 협력 속에서 확장되어야 함을 뜻한다. 학생들은 마을 속에서 다양한 삶의 주체들과 관계 맺고, 지역사회는 학교를 통해 교육적 가치를 실현하면서 함께 성장하는 상생 구조를 형성할 수 있다.

8. 위 제시문을 참고하여 답하시오.
1) 마을공동체가 필요한 이유를 두 가지 제시하시오.
2) 자신의 전공과 연계하여 마을 공동체와 함께 할 행사 프로그램의
   - 프로그램명
   - 주요 내용
   - 운영 목적 을 각각 구체적으로 설명하시오.

8번 문항 답변 방향 & 답변 예시

✓ 답변 방향

-문제 인식
미래학교는 학교 울타리를 넘어 지역사회와 연결될 수밖에 없음
마을공동체는 '학생 성장 자원 + 지역사회 활력'을 동시에 주는 장치

-마을공동체 필요 이유 (2가지)
학생 측면: 지역사회 실제 맥락에서 배우며 **삶과 배움 연결**
지역사회 측면: 학교와 협력하며 **세대 통합·공동체 의식 회복**

-전공 연계 프로그램 (보건 기준)
단순 건강 캠페인이 아니라 **참여형·체험형·협력형**으로 디자인
예: "마을 건강 탐험대" / "헬시 퀘스트"처럼 이름부터 톡톡 튀게

-운영 목적
학생: 건강 실천 역량, 공동체 참여 경험
지역: 학교와 상생, 주민 건강 인식 개선

✍ 답변 예시 (결·근·사·기 구조, 참신 아이디어 포함)

결론
"저는 학교와 마을이 함께하는 교육은 단순 협력 차원을 넘어, 학생들에게는 살아있는 배움의 장을, 지역사회에는 활력을 주는 상생의 길이라고 생각합니다."

근거
"첫째, 마을공동체는 학생들에게 교실 안에서만 배울 수 없는 **현장성 있는 학습 자원**을 제공합니다. 둘째, 주민들이 학교 행사에 함께 참여하면서 **세대 간 소통과 공동체 의식**이 회복됩니다. 결국 교육과 마을의 경계가 허물어질 때 학생 성장과 지역 발전이 동시에 이뤄집니다."

사례
"보건 전공 교사로서 저는 '**마을 건강 탐험대**'라는 프로그램을 기획하고 싶습니다. 학생들이 모둠별로 마을을 탐방하며 △흡연구역 실태 조사 △공원 운동기구 안전 점검 △지역 식당의 영양 정보 확인 등을 진행합니다. 이후 축제 때 학생들이 조사 결과를 주민과 공유하고, 주민과 함께 건강 퀴즈나 체험 부스를 운영합니다. 단순 체험이 아니라 학생이 **마을 건강 지킴이**로 활동하는 구조입니다."

기대효과
"이런 활동을 통해 학생들은 배운 보건 지식을 실제 생활에 적용하며 **실천적 건강 역량**을 기르게 됩니다. 주민들은 학생들과 함께 참여하며 **건강한 마을 만들기 주체**로서 자긍심을 느낄 수 있습니다. 나아가 학교는 지역과 동반 성장하는 열린 배움터로 자리 잡을 수 있다고 생각합니다."

2026학년도 중등학교교사 임용후보자 선정경쟁시험
구상형 연습문항 9

관리번호		이 름	

교사는 단순히 지식을 전달하는 존재가 아니라, 학생의 성장과 발달을 전인적으로 돕는 교육자이다. 특히 담임교사는 학생들의 일상과 가장 가까이에서 생활을 함께하며, 학업뿐만 아니라 정서적·사회적 문제를 돌보는 핵심적 역할을 맡는다.

그러나 실제 학교 현장에서는 다양한 어려움을 겪는 학생들이 존재한다. 이때 담임교사가 어떠한 교직관을 바탕으로 문제를 바라보고, 어떻게 대응하느냐에 따라 학생의 학교생활과 삶의 방향은 크게 달라질 수 있다.

다음은 한 담임교사가 학급에서 마주한 학생 사례이다.

A학생: 수업 시간에 자주 엎드려 있으며, 이유를 묻자 "수업 내용이 전혀 이해되지 않아 외계어를 듣는 것 같다"고 답한다. 수업을 들으려 다짐해도 5분이 채 지나지 않아 머리가 아프다고 호소하며, 조퇴하는 날이 잦다.

B학생: 함께 지내던 친구들의 뒷담화를 하다가 그 사실이 알려져 또래 무리에서 배제되었다. 이후 친구들이 무섭다며 학교에 나오기를 꺼린다.

C학생: 학기 초 실시한 심리 검사에서 우울과 자살 위험 점수가 높게 나왔다. 또래와 웃는 모습도 보이지만, 혼자 있을 때는 대부분 어두운 표정을 짓고 있다.

---

9. 위 제시문을 읽고 답하시오.

1) 본인의 **교직관**을 간단히 제시하시오.

2) 제시된 세 학생(A, B, C)에 대하여, 담임교사로서 교직관에 근거한 **구체적 대처 방안**을 각각 설명하시오.

9번 문항 답변 방향 & 답변 예시

✅ 답변 방향

–교직관 제시

짧고 강렬하게, "학생은 모두 성장 가능성이 있다", "교육은 전인적 성장을 돕는 일" 같은 메시지 〈학생 이해·존중 + 책임교육 강조〉

–학생별 대처

A학생 (학습 부진·심리적 부담)

학습 진단 + 수준별 보정 학습 → 작은 성취 경험 제공

보건실, 상담교사 협력하여 신체적·정서적 원인도 점검

B학생 (관계 문제·학교 회피)

따돌림 경험 경청 + 사회성 회복 활동 지도

회복적 생활교육, 또래 관계 회복 기회 마련

C학생 (우울·자살 위험)

신속한 전문기관 연계 + 지속적 관심·관찰

학급 내 지지적 분위기 형성, 긍정 경험 제공

기대효과

교사는 교직관을 실천하며 학생을 지지

학생은 학업·관계·정서 영역에서 균형 잡힌 회복·성장

📝 예시 답변 (결·근·사·기 구조)

결론

"저는 교직을 '학생의 가능성을 발견하고, 전인적으로 성장하도록 돕는 일'이라고 생각합니다. 담임 교사로서 저는 학업분만 아니라 정서·관계까지 학생을 세심하게 살피며 지도해야 한다고 봅니다."

근거

"제시문 속 세 학생은 각각 학습 부진, 또래 관계 단절, 정서적 위기라는 다른 어려움을 겪고 있습니다. 교사가 모든 학생에게 동일한 지도를 하는 것이 아니라, 각 상황을 이해하고 학생 맞춤의 지원을 하는 것이 책임교육의 핵심이라고 생각합니다."

사례

"A학생의 경우, 이해 부족으로 학업에 어려움을 겪고 있으므로 기초 진단을 실시하고, 수업 참여가 가능한 수준별 보정 학습을 제공하겠습니다. 또한 두통을 호소하므로 보건교사, 상담교사와 협력하여 신체적·정서적 원인을 함께 점검하겠습니다.

B학생은 관계 단절로 학교에 나오지 않으려는 상황이므로, 먼저 학생의 이야기를 충분히 경청하고 회복적 생활교육을 통해 친구들과 다시 관계 맺을 수 있도록 돕겠습니다. 또래 협력 활동에 자연스럽게 참여할 기회를 주어 사회성을 회복시키겠습니다.

C학생은 자살 위험이 높으므로 즉시 전문기관 및 학부모와 연계하여 안전망을 구축하고, 학급 내 지지적 분위기를 조성하겠습니다. 또한 학생이 긍정적 성취를 경험할 수 있도록 작은 과제 성공이나 칭찬을 통해 자존감을 회복시킬 수 있도록 지도하겠습니다."

기대효과

"이러한 대응을 통해 학생들은 학업의 자신감을 회복하고, 또래 관계를 회복하며, 정서적으로 안정감을 찾을 수 있습니다. 나아가 담임교사의 교직관이 실천되는 학급 문화를 통해 학생 모두가 존중받으며 성장하는 학급을 만들 수 있다고 생각합니다."

구상형 연습문항 10

Appendix

관리번호		이　름	

2022 개정 교육과정에서는 지식 전달을 넘어, 학생들이 문화적 소양과 심미적 감수성을 두루 갖춘 **교양 있는 사람**으로 성장할 수 있도록 예술교육의 기회를 보장할 것을 강조하고 있다. 이를 위해 많은 학교에서 음악·미술·연극 등 다양한 분야의 예술강사를 초청하고 있다. 그러나 현실에서는 예술강사가 주 1회 단시간만 학교에 방문하고, 교사와 별도의 협의 시간이 충분히 주어지지 않아 **강사 중심의 일방적 수업**으로 운영되는 경우가 많다. 학생들이 전문가를 만나 배운다는 점은 긍정적이지만, 교사와 강사가 협력하여 수업을 공동 설계·운영하지 못할 경우 **교육 효과가 제한적**일 수밖에 없다.

따라서 교사는 예술강사와 적극적으로 협력하여 수업의 질을 높이고, 학생들이 예술 경험을 통해 전인적으로 성장할 수 있는 방안을 모색해야 한다.

---

10. 위 제시문을 읽고 답하시오.

1) 예술 강사와 협력하여 교육의 질을 높일 수 있는 방안을 두 가지 제시하시오.

2) 예술교육이 학생들에게 주는 교육적 영향을 두 가지 설명하시오.

10번 문항 답변 방향 & 예시 답변

✓ 답변 방향

-문제의식

현재 예술강사 수업은 단발성, 일방향적 → 교육 효과 제한

협력수업 필요: 교사+강사 역량 결합해야 학생 중심 수업 가능

-방안 2가지

 공동 수업 설계 및 사전 협의: 교과와 연계, 주제 통합 수업

 프로젝트형·체험형 활동 운영: 강사 전문성 + 교사 생활지도 결합

-교육적 영향 2가지

 심미적 감수성·창의력 신장

 자아 표현·정서적 안정 및 공동체성 강화

✍ 예시 답변 (결·근·사·기 구조)

결론

"저는 예술교육이 단순한 기술 습득을 넘어 학생을 **교양 있는 시민으로 성장**시키는 데 중요한 역할을 한다고 생각합니다. 따라서 예술강사 수업이 효과적으로 이루어지려면 교사와 강사가 긴밀히 협력해야 합니다."

근거

"현재는 강사가 주 1회 방문해 일방적으로 수업을 진행하는 경우가 많아, 학생 참여와 몰입이 충분히 이루어지지 못합니다. 교사와 강사가 힘을 합칠 때 학생들의 학습 경험은 더 풍부해지고, 수업의 지속성과 일관성도 확보할 수 있습니다."

사례

"첫째, 교사와 강사가 **공동으로 수업을 설계**해야 합니다. 예를 들어 음악 강사와 함께 국어 교과의 시를 노랫말로 만들어 발표하는 프로젝트를 운영하면, 교과 학습과 예술 경험이 자연스럽게 융합됩니다.

둘째, **체험형 프로젝트를 운영**할 수 있습니다. 미술 강사와 함께 '우리 학교 벽화 그리기'를 진행할 때, 강사는 전문적 기법을 지도하고 교사는 학생 생활지도와 협업 조정을 맡는 식입니다. 이렇게 하면 전문성과 생활교육이 동시에 보장됩니다."

기대효과

"이러한 협력을 통해 학생들은 첫째, **심미적 감수성과 창의성**을 기를 수 있습니다. 단순 작품 감상이 아니라 직접 창작·체험하는 과정에서 자기 표현 능력이 확장됩니다.

둘째, 예술 활동 속에서 서로 협력하고 성취를 공유하며 **정서적 안정과 공동체성**을 경험할 수 있습니다. 이는 궁극적으로 교양 있는 시민으로서의 역량을 기르는 데 기여할 것이라 생각합니다."

2026학년도 중등학교교사 임용후보자 선정경쟁시험
구상형 연습문항 11

관리번호		이 름	

학교폭력은 단순히 피해자와 가해자 간의 갈등을 넘어, 학교 공동체 전체에 영향을 미치는 심각한 교육 문제로 자리 잡고 있다. 그동안 학교폭력 사안이 발생했을 때는 피해자에 대한 보상이나 가해자에 대한 징계가 주된 대응 방식이었다. 그러나 이러한 대처만으로는 근본적인 예방이나 재발 방지에 한계가 있다는 지적이 많다.

이에 대해 여러 전문가들은 다음과 같이 의견을 제시하였다.

A사무총장(00교육재단): "그동안은 피해 보상과 가해자 처벌에 집중했지만, 이제는 학생들이 생활 속에서 발생할 수 있는 어려움을 스스로 인지하고 해결할 수 있도록 교육이 변화해야 합니다."

B연구원(한국교육개발원): "가정환경에서 결핍을 겪는 학생들은 그 부족함을 학교에서 보상받으려는 방식으로 행동할 때가 있습니다. 따라서 학교는 단순한 사건 처리에 그치지 않고, 아동의 성장 환경을 종합적으로 살펴보고 지원해야 합니다."

C변호사(00교육청 소속): "예방을 위해 교사들에게 학생을 세심히 살피라고 강조하지만, 실제로는 교사에게 여유가 부족합니다. 학생의 표정·태도 변화, 교우관계 변화를 꼼꼼히 관찰하기 어려운 현실이고, 여러 행정 시스템은 오히려 학교에 부담만 주고 있습니다."

11. 위 제시문을 읽고 답하시오.
 1) 현재 학교폭력 사안 처리의 문제점을 세 가지 제시하시오
 2) 이러한 문제를 해결하기 위한 **생활교육적 접근 방안**을 설명하시오.

11번 문항 답변 방향 & 예시 답변

✅ 답변 방향

-문제점 3가지

처벌·보상 중심의 대처 한계→ 사안이 터진 후 처리 위주, 예방 미흡

학생 성장 환경 미고려→ 가정·정서적 배경 반영 부족

교사 여건 부족 및 행정 과중→ 학생 세심 관찰 어려움, 실질적 지도보다 행정 부담

-생활교육 방안

관계 회복 중심 지도: 회복적 생활교육, 또래 관계 개선 활동

정서·환경 종합 지원: 가정 연계, 위기학생 상담, 지역사회 자원 활용

교사 지원 체계 마련: 담임 혼자 아닌 학년·전문인력과 협력, 관찰 시스템 효율화

🖋 예시 답변 (결·근·사·기 구조)

결론

"저는 학교폭력 문제를 단순히 사안 처리 차원에서 보지 않고, 학생의 생활 전반에서 예방하고 회복할 수 있도록 하는 것이 교사의 중요한 역할이라고 생각합니다."

근거

"현재 학교폭력 사안 처리에는 몇 가지 한계가 있습니다. 첫째, 피해 보상과 가해자 처벌 중심으로 운영되어 예방적 효과가 부족합니다. 둘째, 학생의 가정·성장 환경을 충분히 고려하지 않아 근본적 원인을 놓칠 수 있습니다. 셋째, 교사가 학생을 세심히 관찰할 여력이 부족하고 행정 업무가 과중해 실제 생활교육으로 이어지기 어렵습니다."

사례

"이를 해결하기 위해 생활교육적 접근이 필요합니다. 첫째, **관계 회복 중심 지도**를 실천하겠습니다. 회복적 생활교육을 통해 가해·피해 학생이 서로의 경험을 이해하고 공동체 안에서 다시 관계 맺기를 도울 수 있습니다. 둘째, **정서·환경 종합 지원**이 필요합니다. 가정과 긴밀히 협력하고, 위기 학생은 전문상담교사나 지역사회 자원과 연계하여 학생의 배경까지 살펴 지원하겠습니다. 셋째, 교사 개인이 모든 것을 떠안기보다 학년 협력, 전문적 학습공동체를 통해 학생을 함께 살피고, 관찰 기록을 간소화하는 시스템을 활용해 효율적으로 대응하겠습니다."

기대효과

"이러한 생활교육적 접근을 통해 학생들은 처벌과 낙인이 아니라 **성찰과 회복의 기회**를 경험하게 됩니다. 교사는 행정적 부담을 덜고 학생 생활에 집중할 수 있으며, 학교는 안전하면서도 따뜻한 공동체로 자리매김할 수 있습니다. 결국 이는 학교폭력 예방과 더불어 학생의 전인적 성장을 실현하는 길이라고 생각합니다."

구상형 연습문항 12

관리번호		이 름	

오늘날 학생들의 인성 문제는 가정, 사회, 학교를 아우르는 중요한 교육 과제가 되고 있다. 「인성교육진흥법」에서는 인성교육의 핵심 가치를 **예(禮), 정직, 책임, 존중, 배려, 효, 협동, 소통**의 여덟 가지로 제시하고 있다.

그러나 실제 학교 현장에서는 학생들의 인성이 여러 측면에서 위기를 겪고 있다는 조사 결과가 나타난다. 교원과 학부모를 대상으로 한 설문조사에서 교원은 **'가정에서의 기본 생활습관 형성 부족'**을 가장 큰 위기로 꼽았고, 학부모는 **'개인적이고 경쟁적인 사회풍토'**를 가장 큰 문제로 인식하였다. 또한 초·중등 학생 조사에서는 **책임감 부족, 배려심과 협력의 저하, 정직성 약화**등이 주요 위기로 나타났다.

이러한 결과는 학교 인성교육에서 어떤 가치와 덕목을 우선적으로 강화해야 하는지에 대한 시사점을 준다. 교사가 교실과 생활지도 현장에서 학생들에게 적절한 경험과 기회를 제공하지 않는다면, 인성교육의 핵심 가치가 단순한 구호에 그칠 수 있기 때문이다.

12. 위 제시문을 읽고 답하시오.

1) 교원과 학부모 설문 결과를 토대로, 현재 교육에서 학생들에게 특히 필요한 **인성 핵심 가치 세 가지**를 제시하시오.

2) 각각의 가치를 효과적으로 지도하기 위한 **구체적인 방안 두 가지씩**을 설명하시오.

12번 문항 답변 방향 & 예시 답변

✅ 답변 방향

-핵심 가치 선정 (3가지)
설문 결과 및 인성교육진흥법을 근거로 선정
예시: **책임, 배려·협동, 정직**

-지도 방안 2가지씩
책임: 자기 주도 과제 관리 / 학급 역할 분담
배려·협동: 협동학습, 봉사활동 프로그램
정직: 정직 캠페인, 성찰일기 작성

-교육적 의미
교실 문화를 변화시키고, 공동체적 역량·민주시민 자질 강화

📝 예시 답변 (결·근·사·기 구조)

결론
"저는 설문 결과를 바탕으로 오늘날 학생들에게 특히 필요한 인성 핵심 가치는 **책임, 배려·협동, 정직**이라고 생각합니다. 이 세 가지는 공동체 속에서 함께 살아가는 데 기본이 되는 덕목이기 때문입니다."

근거
"교사 설문에서 '기본 생활습관 부족', 학부모 설문에서 '경쟁적 사회 풍토'가 주요 위기로 나타났습니다. 이는 곧 학생들이 자기 일에 책임을 지지 못하거나, 협력보다 개인 성과만 중시하고, 정직성마저 흔들릴 수 있다는 점을 보여줍니다. 따라서 학교 교육에서 이 세 가치를 집중적으로 길러줄 필요가 있습니다."

사례
"첫째, **책임**교육을 위해 학생들에게 자기 주도적 과제를 설계해 맡기고, 학급 운영에서도 역할 분담을 철저히 하여 책임을 다하는 경험을 제공하겠습니다.
둘째, **배려와 협동**을 기르기 위해 협동학습을 수업에 적극 도입하고, 지역사회와 연계한 봉사활동을 통해 타인을 배려하고 협력하는 경험을 쌓도록 하겠습니다.
셋째, **정직**은 정직 캠페인(예: 시험·생활 속 작은 약속 지키기)을 운영하고, 성찰일기를 작성하게 하여 자신의 언행을 돌아보도록 지도하겠습니다."

기대효과
"이러한 활동을 통해 학생들은 자기 일에 책임을 다하는 태도를 배우고, 타인을 배려하며 협동하는 공동체적 역량을 기르게 됩니다. 또한 작은 일에도 정직을 실천하며 신뢰받는 시민으로 성장할 수 있습니다. 이는 곧 인성교육진흥법이 강조하는 '교양 있는 사람 육성'이라는 교육 목표를 실현하는 데 기여할 것이라고 생각합니다."

2026학년도 중등학교교사 임용후보자 선정경쟁시험
구상형 연습문항 13

관리번호		이 름	

최근 교육 현장에서는 주입식 강의식 수업을 지양하고, 학생의 참여와 경험을 강조하는 **배움중심수업**이 활발히 논의되고 있다. 특히 놀이를 접목한 수업은 학습자의 흥미를 유발하고, 자발적인 참여를 촉진하며, 실제 생활과 연계된 경험을 제공한다는 점에서 주목받고 있다.

2022 개정 교육과정에서도 학생들이 단순히 지식을 습득하는 데 그치지 않고, 놀이와 체험을 통해 배운 것을 실생활에서 적용할 수 있도록 다양한 교수·학습 방법을 강조하고 있다. 이는 학생이 **즐거움 속에서 배움의 의미를 발견**하고, **창의성·문제해결력·사회적 역량**을 동시에 길러야 한다는 교육적 철학과 맞닿아 있다.

예를 들어 보건 교과에서 다루는 **안전교육·성교육·응급처치교육**은 지식 전달만으로는 학생들의 실제 행동 변화를 이끌어내기 어렵다. 그러나 놀이적 요소와 체험형 실습을 결합하면, 학생들은 흥미롭게 참여하면서도 실제 상황에 필요한 역량을 효과적으로 습득할 수 있다. 따라서 보건교사는 놀이 기반 수업을 창의적으로 설계하여 학생의 학습 경험을 심화시키는 역할을 해야 한다.

13. 위 제시문을 읽고 답하시오.

1) 놀이가 가지는 교육적 효과를 두 가지 이상 설명하시오.

2) 자신이 가르칠 보건과 교과를 중심으로, [안전교육 / 성교육 / 응급처치교육] 중 하나를 선택하여 **놀이교육 방안**을 설계하시오.
   - 2022 개정 교육과정의 취지에 맞추어
   - 체험형 실습을 접목한 **차시 구성**을 구체적으로 제시하시오.

✓ 답변 방향

–놀이의 교육적 효과

흥미·몰입도 향상 → 학습 동기 강화

협력·소통 경험 제공 → 사회성 발달

실제 상황에 대한 안전한 연습 → 문제해결력, 자기주도성 강화

–선택 교과 주제 (예: 응급처치교육)

2022 개정 교육과정 보건 성취기준과 연계 (예: "일상생활에서 발생할 수 있는 안전사고 상황을 이해하고, 응급처치 방법을 실습할 수 있다.")

놀이 + 체험형 실습 → "응급처치 미션 게임" 같은 구조

–차시 설계

도입: 응급 상황 카드 제시 → 흥미 유발

전개: 모둠별 "응급처치 보드게임/역할극" 진행

정리: 실습 시연 + 자기성찰

✍ 예시 답변 (결·근·사·기 구조)

결론

"저는 놀이가 학생들에게 학습의 즐거움을 주는 동시에, 실제 삶에 필요한 역량을 기르는 중요한 방법이라고 생각합니다. 따라서 보건 수업에서도 놀이를 적극 활용하여 배움중심수업을 실현하고자 합니다."

근거

"놀이 수업은 첫째, 학생들이 흥미롭게 참여할 수 있어 학습 동기를 높여줍니다. 둘째, 협력·소통 과정 속에서 사회적 기술과 공동체성을 기를 수 있습니다. 셋째, 실제 위기 상황을 안전하게 연습할 수 있어 문제해결력과 자기주도성을 강화하는 효과가 있습니다."

사례

"저는 응급처치교육을 놀이와 접목해 운영하겠습니다.

도입에서는 '응급 상황 카드'를 제시하여 학생들이 즉각적으로 상황을 추측하도록 유도합니다.

전개에서는 모둠별로 '응급처치 보드게임'을 진행합니다. 예를 들어 '화상 환자가 발생했다'라는 칸에 도착하면, 팀이 함께 올바른 응급처치 방법을 토의하고 실습 모형에 적용해야 점수를 얻는 방식입니다.

정리 단계에서는 모둠별로 실습 과정을 시연하고, 자기 성찰지를 작성하게 하여 학습 내용을 내면화할 수 있도록 합니다.

이 과정은 2022 개정 교육과정에서 강조하는 **참여·실천 중심 수업**과 부합하며, 학생들이 배운 내용을 실제 생활 속에 적용할 수 있도록 돕습니다."

기대효과

"이 수업을 통해 학생들은 단순히 지식으로서의 응급처치법을 배우는 데 그치지 않고, 놀이를 통한 몰입과 체험 속에서 실천 역량을 기르게 됩니다. 더 나아가 위기 상황에서 친구와 협력하며 대응하는 과정을 통해 공동체적 책임감까지 기를 수 있다고 생각

구상형 연습문항 14

관리번호		이 름	

최근 교육 현장에서는 학교와 지역사회가 함께 협력하는 **마을교육공동체**의 필요성이 강조되고 있다. 학교는 더 이상 학생들만의 배움터에 머무르지 않고, 지역사회와 함께 프로그램을 운영하며 학생의 배움과 성장을 확장하는 장이 되어야 한다.

○○중학교에서는 이러한 취지로 '우리 마을과 함께하는 문화예술 프로그램'을 운영하였다. 운영 후 학생들을 대상으로 만족도 조사를 실시한 결과,

"프로그램이 재미있다"는 응답에서 **81% 이상**이 '매우 만족' 또는 '만족'이라고 답했으며,

"내년에도 계속 참여하고 싶다"는 응답에서도 **73% 이상**이 긍정적인 의견을 보였다.

이러한 결과는 학생들이 지역사회와 연계한 문화예술 활동에서 높은 만족감을 느끼고 있으며, 단순한 흥미를 넘어 지속적으로 참여하고자 하는 욕구를 가지고 있음을 보여준다. 이는 곧 학교와 마을이 협력할 때 교육적 효과가 크게 증진될 수 있음을 시사한다.

14. 위 제시문을 읽고 답하시오.

1) 위 조사 결과를 토대로, **마을교육공동체가 필요한 이유**두 가지를 제시하시오.

2) 위와 같은 프로그램을 통해 학생들이 기를 수 있는 **핵심역량**을 세 가지 말하시오.

14번 문항 답변 방향 & 예시 답변

✅ 답변 방향

-마을교육공동체 필요 이유 (2가지)

학교 교육을 지역사회로 확장하여 학생에게 **삶과 연결된 배움**제공

지역사회와 함께 프로그램을 운영하며 **지속가능한 교육 생태계**조성

-학생들이 기를 수 있는 핵심역량 (3가지)

협업 역량: 주민·친구와 함께 협력하며 공동의 성과 창출

문화적 소양: 예술 활동 속에서 감수성과 창의성 발휘

의사소통·공동체 역량: 다양한 세대와 소통하며 사회성·공동체 의식 강화

📣 예시 답변 (결·근·사·기 구조)

결론

"저는 이번 조사 결과에서 보듯, 학교와 마을이 함께할 때 학생들이 높은 만족감과 지속적 참여 의지를 보이는 것을 확인했습니다. 따라서 마을교육공동체는 오늘날 학교 교육에서 반드시 필요한 축이라고 생각합니다."

근거

"그 이유는 첫째, 학교 수업만으로는 채우기 어려운 **삶과 연계된 경험**을 마을과의 협력을 통해 학생들에게 제공할 수 있기 때문입니다. 둘째, 마을이 교육의 주체로 참여하면서 **학교와 지역사회가 함께 성장하는 지속가능한 교육 생태계**를 만들어갈 수 있습니다."

사례

"이러한 프로그램에 참여한 학생들은 세 가지 핵심 역량을 기를 수 있습니다. 첫째, 주민과 협력하여 행사를 준비하고 운영하면서 **협업 역량**을 기릅니다. 둘째, 문화예술 활동을 경험하며 심미적 감수성과 창의성을 발휘하는 **문화적 소양**을 기릅니다. 셋째, 다양한 세대와 소통하며 서로의 이야기를 이해하고 존중하는 **의사소통 및 공동체 역량**을 기릅니다."

기대효과

"결국 이러한 경험은 학생들에게 단순한 즐거움이 아니라, 미래 사회가 요구하는 핵심 역량을 길러주며 학교와 마을 모두가 함께 성장하는 계기가 됩니다. 나아가 학교는 열린 배움터로 자리매김하고, 학생들은 **배움과 삶이 연결된 진정한 교육 경험**을 하게 될 것이라고 생각합니다."

구상형 연습문항 15

관리번호		이 름	

최근 기후 위기와 환경 문제는 단순히 한 국가의 차원이 아니라 전 인류가 함께 해결해야 할 **지구 공동의 과제**로 부상하고 있다. 유엔(UN)에서는 2030 지속가능발전목표(SDGs)에서 기후 변화 대응과 지속가능한 환경 보호를 중요한 목표로 제시하였으며, 우리나라 교육부 또한 '세계 시민교육 주간'을 운영하며 학교 현장에서 환경을 주제로 한 다양한 교육 활동을 장려하고 있다.

실제로 한 언론 보도에 따르면, "전 세계적으로 폭염·가뭄·홍수와 같은 기후재난이 점차 일상화 되고 있으며, 한국 역시 평균기온 상승률이 OECD 국가 중 가장 빠른 편에 속한다. 이에 따라 초·중·고 교육과정에서 기후위기 대응과 환경 보호를 위한 **세계시민적 역량 함양**이 시급하다" 라고 보도한 바 있다. (출처: 한국일보, 2023. 9. 18.)

이처럼 환경 문제는 개인의 생활 습관을 넘어, 세계 공동체의 협력과 책임 있는 실천을 요구하 고 있다. 따라서 학교에서는 세계시민교육 주간을 활용해 학생들이 교과 학습을 넘어 환경 문제 에 대해 **비판적으로 이해하고, 공동체적 책임을 느끼며, 실천으로 이어갈 수 있는 융합형 수업** 을 운영할 필요가 있다.

15. 위 제시문을 참고하여 답하시오.

1) 세계시민교육 주간에 '환경'을 주제로 한 수업을 자신의 전공과 연계하여 총 **4차시 교수·학습 과 정**을 설계하시오.

2) 각 차시의 주제와 활동 내용을 간략히 제시하고, 이를 통해 학생들이 기를 수 있는 세계시민적 역량을 설명하시오.

15번 문항 답변 방향 & 예시 답변

✓ 답변 방향

1. 문제의식 잡기

제시문에 나온 기후위기·환경 문제는 **세계적 공동 과제**이자 학생 건강·삶과 직결된 사안임을 강조.
따라서 세계시민교육을 통해 **비판적 사고-책임 있는 행동-공동체적 실천**을 가르쳐야 함.

2. 전공 연계 포인트 (보건교사 기준)

환경 문제와 보건은 밀접: 미세먼지-호흡기 질환, 수질 오염-전염병, 폭염-열사병 등.
보건 교과는 '앎 → 삶 → 실천'으로 연결되는 과목 → 세계시민교육과 궁합이 좋음.

3. 4차시 설계 방향

1차시(문제 인식): 뉴스·자료 분석으로 환경·건강 문제 연결 → 비판적 사고.
2차시(탐구 활동): 우리 지역·학교의 환경 문제 조사 → 지역과 세계의 연결성 이해.
3차시(해결 모색): 모둠별 해결 방안·캠페인 기획 → 협력적 문제 해결.
4차시(실천·성찰): 캠페인 시연·체험, 성찰일기 → 책임 있는 실천, 지속가능성 강조.

4. 세계시민 역량 강조

비판적 사고 역량: 환경 문제를 건강과 연결 지어 분석.
협업·소통 역량: 모둠 활동과 캠페인 설계 과정.
책임 있는 행동 역량: 작은 실천을 통해 지구적 문제 해결에 참여.

5. 마무리 메시지

수업의 교육적 의미는 학생이 **환경 문제를 자신의 삶·건강과 연결**해 이해하고, **지역에서의 작은 실천이 세계적 변화**로 이어질 수 있다는 **세계시민 의식**을 기르는 것.

☞ 즉, 답변에서는

환경 문제 = 세계시민교육의 핵심 주제임을 밝히고,
전공 연계 포인트를 분명히 하고,
차시별 활동 흐름(인식-탐구-해결-실천)을 구체적으로 말하며,
세계시민 역량 효과를 강조하는 방향으로 가면 좋습니다.

🖋 예시 답변 (보건교사 전공 기준)

결론

"저는 보건 교과와 연계하여 세계시민교육 주간에 '환경과 건강'을 주제로 총 4차시 수업을 기획하겠습니다. 이를 통해 학생들이 환경 문제를 단순 지식이 아니라, 삶과 연결된 세계시민적 과제로 인식하도록 하고 싶습니다."

근거

"환경 문제는 결국 인간의 건강과 직결됩니다. 기후 위기로 인한 열사병, 미세먼지로 인한 호흡기 질환, 수질 오염으로 인한 전염병 확산 등은 모두 학생들이 일상 속에서 체감할 수 있는 구체적 문제입니다. 따라서 보건 교과는 세계시민교육의 '환경' 주제를 실제 생활과 연결하기에 적합합니다."

사례 – 4차시 교수·학습 과정**
1차시: 환경 문제와 건강의 관계 이해하기

활동: 뉴스 기사·사진 자료 분석, 기후위기와 질병 증가 사례 토론

세계시민역량: 비판적 사고, 문제 인식

2차시: 우리 지역의 환경 건강 문제 조사하기

활동: 미세먼지·폐기물 등 지역 환경 자료 조사, 건강 영향 브레인스토밍

세계시민역량: 탐구 능력, 지역과 세계의 연결성 이해

3차시: 해결 방안 모색 – 모둠별 캠페인 기획

활동: '제로웨이스트 학교 만들기' '미세먼지 프리데이' 등 캠페인 아이디어 기획

세계시민역량: 창의적 문제 해결, 협력적 실천

4차시: 실행 및 성찰 – 작은 실천에서 세계로

활동: 모둠별 캠페인 시연(포스터, 영상, 홍보 활동), 수업 후 성찰일기 작성

세계시민역량: 책임 있는 행동, 공동체 의식

기대효과

"이 수업을 통해 학생들은 환경 문제를 '뉴스 속 먼 이야기'가 아니라, 자신의 건강과 지역사회에 연결된 **구체적 과제**로 인식하게 됩니다. 더 나아가 작은 실천이 세계적 변화를 이끌 수 있다는 세계 시민적 책임감을 기르며, 지속가능한 삶의 태도를 형성할 수 있을 것입니다."

구상형 연습문항 16

관리번호		이 름	

오늘날 학생들이 가장 많이 활용하는 공간 중 하나가 인터넷과 SNS이다. 하지만 온라인 공간은 자유로운 의사 표현의 장이 되는 동시에, 혐오 표현과 악플이 난무하는 문제적 공간이 되기도 한다. 최근 몇 년 사이, 특정 연예인이나 청소년들이 악성 댓글과 인신공격성 게시물로 인해 큰 심리적 고통을 겪고 극단적 선택에 이른 사례가 사회적으로 큰 충격을 주었다.

한 언론에서는 "SNS에 하루 평균 수만 건 이상의 혐오성 게시물이 쏟아지고 있으며, 이 중 상당수가 성별·외모·출신지역·인종 등에 기반한 편견과 차별을 드러낸다"라고 보도하기도 했다. 이와 관련해 국제사회에서는 이미 혐오 표현을 법으로 제한하는 움직임이 강화되고 있다. 예를 들어 독일은 '네트워크 집행법'을 통해 차별·혐오 발언이 담긴 콘텐츠를 삭제하지 않으면 플랫폼 기업에 벌금을 부과하고 있다.

그러나 한편에서는 "표현의 자유는 민주사회에서 최대한 보장되어야 하며, 법적 규제는 오히려 과도한 검열로 이어질 수 있다"는 반대 의견도 만만치 않다. 인터넷상의 혐오 표현 문제를 해결하기 위해 어떤 접근이 민주사회에 바람직한지에 대한 깊은 논의가 필요하다.

16. 위 제시문을 참고하여 답하시오.
토론 주제: **"인터넷이나 SNS의 혐오 관련 게시물을 법적으로 처벌하는 조항을 만들어야 한다."**
1) 위 토론 주제에 대한 **찬성 의견 3가지**를 제시하시오.
2) 위 토론 주제에 대한 **반대 의견 3가지**를 제시하시오.

16번 문항 답변 방향 & 예시 답변

✓ 답변 방향

-찬성 논거 (3가지)

혐오 표현은 단순 의견이 아니라 **타인의 인권을 침해**하고, 심각한 경우 생명 위협까지 이어짐.

온라인 공간 특성상 빠르게 확산되므로 **사회적 파급력과 피해가 크다.**

법적 규제가 있어야 **실질적 예방 효과와 책임 의식 강화**가 가능하다.

-반대 논거 (3가지)

법적 처벌은 **표현의 자유 침해**위험이 크고, 과도한 검열로 이어질 수 있다.

혐오 표현의 **기준이 모호**하여 자의적 판단과 남용의 우려가 있다.

처벌보다는 **교육과 시민의식 제고**가 더 근본적인 해결책이 될 수 있다.

-생활교육적 의미

학생들에게 **민주 시민으로서 표현의 자유와 책임의 균형**을 고민하게 함.

단순 법·제재 논쟁을 넘어서 **타인 존중과 공동체적 언어 문화 형성**으로 연결.

🖋 예시 답변 (결·근·사·기 구조)

결론

"저는 이 토론 주제를 통해 학생들이 혐오 표현 문제를 단순히 인터넷상의 가벼운 농담으로 치부하지 않고, 민주 사회의 핵심 가치인 '표현의 자유'와 '인권 존중' 사이의 균형이라는 중요한 주제로 인식해야 한다고 생각합니다."

근거

"찬성 측에서는 세 가지 주장을 할 수 있습니다. 첫째, 혐오 표현은 타인의 인권을 침해하고 극단적 선택까지 유발할 수 있는 심각한 문제라는 점, 둘째, 온라인에서 확산 속도가 빠르고 피해가 광범위하다는 점, 셋째, 법적 처벌이 있어야 예방 효과와 책임 의식이 높아진다는 점입니다.

반대로 반대 측은 다음과 같은 논거를 제시할 수 있습니다. 첫째, 법적 규제는 표현의 자유를 과도하게 제한할 위험이 있다는 점, 둘째, 혐오 표현의 범위와 기준이 모호하여 남용될 수 있다는 점, 셋째, 근본적으로는 법적 규제보다 시민의식 교육과 문화 개선이 더 효과적이라는 점입니다."

사례

"예를 들어 독일은 온라인 혐오 표현을 법으로 강력히 규제하여 기업에게 삭제 의무를 부과하고 있지만, 일부에서는 검열 논란이 이어지고 있습니다. 반면, 캐나다와 같은 국가들은 학교 교육에서 다문화 존중과 언어 사용에 대한 윤리 교육을 강조하며 예방적 접근을 시도하고 있습니다. 이러한 사례를 학생들과 비교·분석하는 것도 의미가 있습니다."

기대효과

"이러한 토론 수업을 통해 학생들은 법적 규제와 표현의 자유라는 민주 사회의 핵심 가치를 균형 있게 고민할 수 있습니다. 나아가 단순히 '법으로 막아야 한다/안 된다'의 차원을 넘어, **타인을 존중하는 언어 습관과 온라인 시민의식**을 기르는 계기가 될 것이라 생각합니다."

구상형 연습문항 17

관리번호		이 름	

최근 유엔(UN) 기후변화 정부간 협의체(IPCC)는 보고서를 통해 "지구 평균기온이 산업화 이전보다 1.5℃ 이상 상승할 경우, 폭염·홍수·해수면 상승 등 기후 재난이 인간 사회 전반에 돌이킬 수 없는 피해를 초래할 것"이라고 경고하였다. 실제로 지난 여름, 서울을 비롯한 전국 곳곳에서 기록적인 폭우와 폭염이 이어졌고, 산사태와 침수 피해가 속출하면서 기후위기가 더 이상 먼 미래의 문제가 아니라 현재의 위협임을 실감하게 했다. (출처: 경향신문, 2023. 8. 12.)

이에 따라 교육부는 2022 개정 교육과정에서 〈기후변화 대응과 지속가능발전교육(ESD)〉을 강화하여, 학생들이 환경 문제를 올바르게 이해하고 실천으로 연결할 수 있는 기회를 제공할 것을 강조하였다. 그러나 여전히 일부 학교에서는 기후교육이 단순한 환경 보호 구호에 머무르거나 일회성 캠페인에 그치는 경우가 많다는 지적이 있다.

이제는 교사들이 각자의 교과 특성과 연계하여, 학생들이 **기후위기의 원인과 결과를 과학적으로 이해**하고, **삶 속에서 실천할 수 있는 구체적 방법**을 프로젝트 학습 형태로 경험하도록 해야 한다.

17. 위 제시문을 읽고 답하시오.

1) 오늘날 **기후변화교육의 필요성**을 설명하시오.

2) 자신의 교과와 연계하여, 학생들이 참여할 수 있는 **구체적인 프로젝트형 교육 방안**을 한 가지 설계하여 제시하시오.

17번 문항 답변 방향 & 예시 답변

✓ 답변 방향

기후변화교육 필요성

기후위기는 이미 **현재 진행형 위기**→ 폭우·폭염·산불 등 학생들이 직접 체감

학생 세대가 가장 크게 영향을 받을 주제 → **지속가능한 삶을 위한 핵심 역량** 필요

단순 지식 전달이 아니라 **행동 변화와 실천**으로 이어져야 함

교과 연계 프로젝트 (보건 교사 예시)

주제: **"기후와 건강, 우리의 미래를 지켜라" 프로젝트**

활동 흐름:

1차시: 뉴스 기사·통계 자료 분석 → 기후위기와 건강(폭염, 미세먼지, 감염병) 연결 이해

2차시: 모둠별 조사 → 우리 지역 환경·건강 문제 탐구 (예: 학교 주변 공기질, 물 절약, 에너지 사용량)

3차시: 해결 방안 구상 → '탄소중립 건강 실천법' 만들기 (예: 학교 걷기 캠페인, 일회용품 줄이기)

4차시: 실행 및 공유 → 모둠별 실천 캠페인·포스터 발표, 성찰일기 작성

교육적 의미

학생들이 기후변화를 **자신의 건강·생활 문제**로 체감

비판적 사고·문제해결·협업 역량 강화

지역과 세계를 연결하는 **세계시민적 책임 의식** 함양

📣 예시 답변 (결·근·사·기 구조)

결론

"저는 기후변화교육이 단순한 환경 보호 차원을 넘어, 학생들의 건강과 생존, 그리고 미래 사회의 지속가능성과 직결된 필수 교육이라고 생각합니다."

근거

"최근 보도에서도 나타났듯이, 기록적인 폭우와 폭염, 감염병 확산은 기후위기가 이미 우리 삶을 위협하고 있음을 보여줍니다. 따라서 기후교육은 학생들이 환경 문제를 과학적으로 이해하고, 자신의 삶과 연결 지어 책임 있는 행동을 할 수 있도록 돕는 중요한 과제입니다."

사례

"저는 보건 교과와 연계하여 '기후와 건강, 우리의 미래를 지켜라' 프로젝트 수업을 운영하겠습니다.
1차시에는 뉴스 기사와 자료를 분석하며 기후변화가 건강에 미치는 영향을 토론하고,
2차시에는 모둠별로 지역 환경 문제를 조사합니다.
3차시에는 이를 바탕으로 '탄소중립 건강 실천법'을 설계하고,
4차시에는 캠페인 발표와 성찰일기를 통해 실행과 반성을 경험하게 합니다."

기대효과

"이러한 활동을 통해 학생들은 기후위기를 막연한 환경 문제가 아닌, **자신의 건강과 생활과 맞닿은 현실적 과제**로 인식하게 됩니다. 또한 탐구와 협업 과정을 거치며 **문제해결력과 세계시민적 책임감**을 함양할 수 있을 것이라 생각합니다."

구상형 연습문항 18

최근 정부는 '한국판 뉴딜정책'의 핵심 사업 중 하나로 **그린스마트스쿨 추진 계획**을 발표하였다. 전국의 노후 학교 건물 2,835동을 디지털과 친환경을 융합한 첨단 학교로 탈바꿈시켜 미래형 교육 환경을 구축하겠다는 것이다.

교육부는 "그린스마트스쿨은 단순히 학교 건물을 신축·보수하는 사업이 아니라, 미래 세대를 위한 **탄소중립 실현의 장**이자 **디지털 기반의 스마트 학습 공간**을 만드는 프로젝트"라고 설명하였다. 특히 기본 방향 4가지 중 하나는 '저탄소 제로 에너지를 지향하는 그린 학교'로, 태양광·지열과 같은 신재생에너지를 활용하고, 친환경 기자재와 설비를 도입하여 실질적 탄소중립을 실현하는 것이다.

한 환경 전문가는 언론과의 인터뷰에서 "학교는 미래세대를 길러내는 공간인 만큼, 교실이 단순히 지식을 배우는 공간을 넘어 **지속가능한 사회를 경험하고 실천하는 생활 공간**이 되어야 한다. 그린스마트스쿨은 학생들에게 친환경 가치관과 탄소중립 역량을 길러주는 중요한 출발점이 될 것"이라고 강조하였다. (출처: 한겨레신문, 2023. 11. 2.)

이처럼 그린스마트스쿨은 교육환경 혁신과 환경교육 실천을 동시에 추구하고 있으며, 미래형 학교로서 교육 공동체의 적극적인 참여와 아이디어가 요구된다.

18. 위 제시문을 읽고 답하시오.
1) 미래에 그린스마트스쿨에서 근무한다고 가정할 때, **그린 학교의 목적에 부합하는 교육 시설**을 하나 구상하시오.
2) 해당 시설을 활용하여 운영할 수 있는 **구체적인 교육 프로그램**을 계획하여 설명하시오.

18번 문항 답변 방향 & 예시 답변

✅ 답변 방향

-교육 시설 구상 (예시)

스마트 에코 교실: 실시간 에너지 사용량, 탄소 배출량 모니터링 가능

스마트팜(에코팜): 태양광·수경재배를 활용한 친환경 농장

에너지 체험관: 태양광·지열 등 신재생에너지 직접 체험

-교육 프로그램 설계 (예시: 스마트팜)

학생들이 교과와 연계해 직접 채소 재배 → 생태적 감수성 + 지속가능한 먹거리 이해

과학: 광합성·에너지 전환 / 보건: 건강한 식습관 / 사회: 지속가능발전목표(SDGs)

모둠별 프로젝트: "학교 급식을 위한 에코 채소 키우기"

-교육적 의미

학생이 **탄소중립 실천 경험**을 직접 체득

교과 융합적 학습가능 (과학·보건·사회 연계)

세계시민교육 + 지속가능발전교육(ESD)실현

✍️ 예시 답변 (결·근·사·기 구조)

결론

"저는 그린스마트스쿨에서 근무한다면, 학교 공간이 단순한 학습장이 아니라 학생들이 지속가능한 삶을 체험하는 '살아있는 교과서'가 되어야 한다고 생각합니다. 이를 위해 저는 **스마트팜 시설**을 설치하고 싶습니다."

근거

"스마트팜은 태양광과 수경재배를 활용하여 친환경적으로 작물을 재배하는 시설입니다. 이는 2022 개정 교육과정에서 강조하는 **환경·생태교육, 지속가능발전교육**과 직접적으로 연결되며, 학생들에게 기후위기를 생활 속 문제로 이해하게 하는 좋은 매개체가 됩니다."

사례

"예를 들어, 저는 '우리 학교 친환경 급식 프로젝트'를 운영하겠습니다.

1차시에는 스마트팜의 구조와 원리를 배우고,

2차시에는 모둠별로 채소를 재배하며 과학적 원리와 보건적 의미(건강한 식습관)를 탐구합니다.

3차시에는 수확한 채소를 급식과 연계해 '제로 푸드 마일리지 체험'을 하고,

4차시에는 성찰일기를 작성하며 '탄소중립 실천 다짐'을 공유합니다.

이 과정에서 과학, 보건, 사회 교과를 융합하여 교육 효과를 극대화할 수 있습니다."

기대효과

"이러한 경험을 통해 학생들은 기후변화 대응을 단순히 머리로 아는 데 그치지 않고, 생활 속에서 직접 **탄소중립을 실천할 수 있는 역량**을 기르게 됩니다. 더 나아가 작은 행동이 지속가능한 미래를 만드는 출발점이 될 수 있다는 **세계시민적 책임 의식**을 내면화할 수 있다고 생각합니다."

구상형 연습문항 19

관리번호		이 름	

최근 교육계에서는 교직원의 전문성 강화가 **혁신교육과 미래교육의 성공 여부를 좌우하는 핵심 과제**로 떠오르고 있다. 단순한 지식 전달자가 아니라, 미래 사회가 요구하는 창의적 융합 인재를 길러내는 촉진자로서 교사의 역할이 확대되고 있기 때문이다.

한 언론 보도에 따르면, "4차 산업혁명 시대와 인공지능, 기후위기 등 사회 전반의 변화에 따라 교직원의 역할 역시 변화가 불가피하다. 그러나 여전히 많은 교사들이 업무 과중과 자기 성장 기회의 부족으로 전문성 신장에 어려움을 겪고 있다. 이에 따라 교직원의 **생애주기별 맞춤형 지원 체계**가 필요하다는 목소리가 높아지고 있다." (출처: 한국교육신문, 2023. 10. 5.)

교육부는 2022 개정 교육과정의 안착을 위해서도 교직원의 역량 강화가 필수적이라고 보고, **교직원 성장 단계별(초임기–중견기–전문기)**로 필요한 역량을 진단하고, 이를 지원하는 다양한 연수·컨설팅·전문학습공동체 운영 방안을 논의 중이다.

19. 위 제시문을 읽고 답하시오.
1) 교직원의 **성장 단계별 지원 방향**을 세 가지 제시하시오.
2) 이를 구체적으로 실현할 수 있는 **지원 방법**을 세 가지 설명하시오.

19번 문항 답변 방향 & 예시 답변

☑ **답변 방향**

-지원 방향 (성장 단계별)

　초임기 교사: 교직 적응과 기초 교수·학급경영 역량 강화

　중견기 교사: 수업 전문성, 생활지도 능력, 연구 역량 심화

　전문기 교사: 리더십 발휘, 후배 교사 멘토링, 교육 혁신 주도

-구체적 방법 (지원 체계)

　맞춤형 직무 연수: 생애주기별 맞춤 교육과정 운영

　전문적 학습공동체(PLC): 협력적 성찰, 수업 나눔, 연구 활동

　멘토링·코칭 제도: 경력교사-신규교사 간 멘토링, 관리자 코칭 시스템

-교육적 의미

　개별 교사 성장을 돕고, 궁극적으로 학교 혁신과 미래교육의 질 제고

📝 **예시 답변 (결·근·사·기 구조)**

결론

"저는 교직원의 역량 강화는 개인의 전문성 향상분 아니라 학교 혁신과 미래교육의 성패를 좌우한다고 생각합니다. 따라서 교직원 생애주기에 맞는 체계적 지원이 필요합니다."

근거

"교직원은 성장 단계별로 필요한 역량이 다릅니다. 초임기에는 교직 적응과 기초 수업 역량이 중요하고, 중견기에는 전문성과 생활지도 능력을 심화해야 합니다. 전문기에는 리더십을 발휘하고 후배를 양성하며 교육 혁신을 주도하는 역할을 맡아야 합니다."

사례

"이를 위해 첫째, **맞춤형 직무연수**를 운영하여 생애주기별로 필요한 역량을 지원하겠습니다. 예를 들어 초임기 교사에게는 학급경영 연수를, 중견기에는 연구 수업 심화 과정을 제공하는 방식입니다. 둘째, **전문적 학습공동체(PLC)**를 활성화하여 교사들이 함께 수업을 나누고 성찰하며 전문성을 지속적으로 발전시킬 수 있도록 하겠습니다.

셋째, **멘토링과 코칭 제도**를 강화하겠습니다. 경력 교사가 신규 교사를 돕고, 관리자나 외부 전문가의 코칭을 통해 교사의 성장을 지원하는 구조를 만들겠습니다."

기대효과

"이러한 체계적 지원을 통해 교직원은 자신의 성장 단계에 맞는 역량을 개발할 수 있고, 학교는 협력과 전문성이 살아 있는 조직으로 변화할 수 있습니다. 이는 곧 학생들에게 더 나은 미래교육을 제공하는 초석이 될 것이라 생각합니다."

Appendix

관리번호		이 름	

코로나19 팬데믹은 우리 교육에 큰 변화를 가져왔다. 전국의 학교가 원격수업을 도입하면서 학습 결손과 교육격차 문제가 사회적으로 심각하게 부각되었다.

한 언론 보도에 따르면, "코로나19 이후 기초학력 미달 학생 비율이 증가하였고, 특히 **취약계층·느린학습자·저학년 학생들**이 원격수업에 적응하지 못하면서 학습 이해도와 자기주도성이 크게 낮아졌다"라고 지적하였다. (출처: 한국일보, 2022. 11. 10.)

교육부는 이에 대응해 '학습결손 해소 종합 대책'을 발표했지만, 여전히 교사들은 "교실 안에서 학생 간 이해도 차이가 극명하게 드러나고 있다. 특히 느린학습자들은 원격수업으로 놓친 기초 개념을 따라잡지 못해 점점 자신감을 잃고 있다"는 현장의 어려움을 호소하고 있다.

이처럼 코로나19 이후 드러난 교육격차 문제는 단순히 일시적인 학습 결손에 그치지 않고, 학생들의 **장기적인 학습 동기·자존감·진로 역량**에도 영향을 미칠 수 있다는 점에서 심각성이 크다. 따라서 교사와 학교는 개별 학생의 수준과 상황을 고려한 다각적인 대응 방안을 마련해야 한다.

20. 위 제시문을 읽고 답하시오.
1) 코로나19로 인해 심화된 **교육격차 문제**를 해결하기 위한 방안을 세 가지 제시하시오.
2) 특히 **느린학습자**를 포함한 학습 약자의 이해도 제고를 고려할 것.

20번 문항 답변 방향 & 예시 답변

✅ 답변 방향

-핵심 문제 인식

코로나19 원격수업 → 교육 약자(취약계층, 느린학습자, 저학년) 학습결손 심화

단순 성적 저하가 아니라 **학습 동기·자존감·기초역량 약화**로 이어짐

-방안 3가지

기초학력 맞춤형 지원: 소그룹 보충수업, 튜터링, 학습 코칭 → 학습 속도 보정

동기·자존감 강화: 놀이·체험형 수업, 개별 피드백, 성취 경험 제공

지속적 학습 안전망 구축: 지역사회 학습센터, 온라인-오프라인 혼합 관리, 학부모 협력

-교육적 의미

느린학습자가 뒤처지지 않고 **학습 자신감**회복

학생 개개인의 다양성을 존중하는 **포용적 교육 실현**

장기적으로 **교육격차 해소 + 미래사회 역량 강화**

📝 예시 답변 (결·근·사·기 구조)

결론

"저는 코로나19 이후 드러난 교육격차 문제를 해결하기 위해 무엇보다 **느린학습자의 이해도를 높이는 맞춤형 지원**이 중요하다고 생각합니다."

근거

"코로나 시기 원격수업은 자기주도학습 역량이 부족한 학생들에게 큰 부담이었습니다. 특히 기초 개념을 놓친 느린학습자들은 수업을 따라가기 어려워 학습 동기와 자존감마저 떨어지는 악순환을 겪고 있습니다. 따라서 단순 보충 수업이 아니라, 학생 수준과 특성에 맞춘 다층적 접근이 필요합니다."

사례

"첫째, **기초학력 맞춤형 지원**을 강화하겠습니다. 학급 내 소그룹 보충 수업이나 튜터링을 통해 학습 속도에 맞춘 개별화 지도를 실시하겠습니다.

둘째, **동기·자존감 회복 활동**을 병행하겠습니다. 느린학습자에게는 놀이·체험형 수업을 통해 작은 성공 경험을 제공하고, 교사의 개별 피드백으로 학습 자신감을 높이겠습니다.

셋째, **지속적 학습 안전망**을 마련하겠습니다. 지역 학습센터, 온라인-오프라인 혼합 관리, 학부모와의 긴밀한 협력을 통해 학교 밖에서도 학습이 이어질 수 있도록 돕겠습니다."

기대효과

"이러한 다층적 접근을 통해 학생들은 단순히 성적 향상을 넘어 **학습 자신감과 긍정적 태도**를 회복할 수 있습니다. 나아가 모든 학생이 배움에서 소외되지 않는 포용적 교육이 실현되며, 교육격차 해소를 통한 **미래 역량 강화**로 이어질 것이라 생각합니다."

구상형 연습문항 21

관리번호		이 름	

최근 들어 학교폭력 사안이 발생했을 때, 피해 학생 보호자와 가해 학생 보호자 간의 갈등이 격화되면서 교사와 학교가 중재 과정에서 큰 어려움을 겪고 있다.

한 언론 보도에 따르면, "학교폭력 피해자 부모는 학교가 자녀를 제대로 보호하지 못했다고 항의하는 경우가 많고, 가해자 부모는 자신의 자녀가 과도하게 낙인찍히거나 억울하게 몰린다고 주장하는 경우가 많다. 결국 교사는 양쪽 보호자의 불만을 동시에 조율하면서 학생 보호와 교육적 해결을 함께 추구해야 하는 이중의 어려움에 놓여 있다." (출처: 경향신문, 2023. 6. 20.)

실제로 교실 현장에서는 사안이 발생하면 보호자 모두가 불안과 분노 속에 상담을 요청한다. 피해 학생 학부모는 "왜 우리 아이를 지켜주지 못했냐"는 억울함을, 가해 학생 학부모는 "우리 아이가 먼저 잘못한 게 아니다"라는 방어적 태도를 보인다. 교사는 법적·행정적 절차와 함께 교육적 접근을 고려하면서, 학생의 회복과 공동체의 안정을 동시에 도모해야 한다.

21. 위 제시문과 아래 사례를 참고하여 답하시오.

- A학생 학부모(피해 관련) : "우리 A는 정말 착한 아인데, 대체 왜 이런 일을 당했는지 모르겠습니다. 제가 더 잘 챙겼어야 했는데… 그런데 왜 우리 아이가 이런 일을 겪어야 하나요? 그쪽 학부모도 이 사실을 알고 있나요? 학교는 뭐하고 있습니까?"

- B학생 학부모(가해 관련) : "저희 B는 절대 먼저 친구를 때릴 아이가 아닙니다. 분명 A가 잘못했을 겁니다. 학교에서 제대로 조사한 게 맞나요? 우리 B가 했다는 게 확실합니까? 그냥 넘어가지 않겠습니다."

1) 위 사례를 바탕으로, **피해자·가해자 학부모 상담 시 중점을 두어야 할 사항**을 각각 두 가지씩 제시하시오.

2) 그중 한 학부모를 선택하여, 교사가 실제 상담에서 할 수 있는 **구체적 상담 시연 발언**을 제시하시오

21번 문항 답변 방향 & 예시 답변

✓ 답변 방향

피해자 학부모 상담 시 중점 (2가지)
학생의 **안정과 안전 보장**→ 정서적 공감, 보호 조치 안내
학교의 **신속·공정한 대응**→ 조사 절차, 회복 프로그램 안내
가해자 학부모 상담 시 중점 (2가지)
사실관계 공정성 확보→ 편견 없이 객관적으로 조사 중임을 설명
교육적 지도와 재발 방지→ 가해 학생 성장 기회 제공, 회복적 접근 강조
상담 시연 방향
방어적 태도와 분노를 잠재우고, **공감과 공정성**을 동시에 확보
피해자 측에는 "보호와 회복", 가해자 측에는 "공정한 조사와 교육적 기회"를 강조

📝 예시 답변 (결·근·사·기 구조)

결론
"저는 학교폭력 사안에서 교사의 가장 중요한 역할은 피해 학생 보호와 가해 학생 교육을 균형 있게 조율하는 것이라고 생각합니다. 이를 위해 학부모 상담에서는 서로 다른 관점을 충분히 고려해야 합니다."

근거
"피해자 학부모 상담에서는 아이의 안전 보장과 학교의 신속·공정한 대응에 초점을 두어 학부모의 불안을 해소해야 합니다. 반대로 가해자 학부모 상담에서는 사실관계의 공정성을 보장하고, 학생의 재발 방지를 위한 교육적 지도를 강조하는 것이 중요합니다."

사례 (상담 시연 – 피해자 학부모 예시)
"어머님, 먼저 이번 일로 많이 놀라시고 속상하셨을 거라 생각합니다. 말씀해주신 것처럼 A학생은 평소 성실하고 착한 학생이었기에 저도 안타까운 마음이 큽니다.
학교에서는 무엇보다 아이의 안전을 최우선으로 보호하고 있습니다. 현재는 즉각적인 분리 조치를 취했고, 필요 시 전문 상담 교사와 연계하여 정서 지원을 제공하고 있습니다. 또한 이번 사안은 객관적이고 공정하게 조사 중이며, 학부모님께도 진행 상황을 투명하게 공유드리겠습니다. 무엇보다 A학생이 다시 학교에서 안정감을 느끼고 친구들과 건강하게 생활할 수 있도록 끝까지 책임지고 돕겠습니다."

기대효과
"이처럼 피해자 보호자에게는 '안전과 공감'을, 가해자 보호자에게는 '공정성과 교육적 지도'를 강조함으로써, 교사는 학부모의 불안을 해소하고 학생 중심의 회복적 생활교육을 실현할 수 있다고 생각합니다."

구상형 연습문항 22

관리번호		이 름	

최근 교육계에서는 단순한 지식 전달을 넘어, 학생들이 **비판적 성찰 역량**을 기르는 것이 미래 시민의 중요한 자질로 강조되고 있다. 한 교육 전문가는 언론 인터뷰에서 "4차 산업혁명 시대에는 단순한 정보 습득보다 **스스로를 성찰하고 타인의 관점을 비판적으로 이해하며, 공동체 속에서 문제 해결 능력을 발휘할 수 있는 힘**이 필요하다"고 말했다. (출처: 한국일보, 2023. 9. 22.) 이에 따라 학교 현장에서도 다양한 동아리 활동을 통해 학생들의 비판적 사고와 성찰을 촉진하는 노력이 시도되고 있다. 그러나 여전히 일부 동아리 활동은 단순한 취미 수준에 머무르며, 학생들이 자기 성찰과 공동체적 성장으로까지 나아가는 데 한계가 있다는 지적도 있다.

한편, 교사는 이러한 동아리를 운영할 때 단순 지도자가 아니라 **전문성을 신장하는 학습자**이자, 학교 문화에 긍정적 영향을 미치는 **문화 창조자**로서의 역할을 함께 수행해야 한다. 즉, 교사의 역량과 태도가 학생 교육뿐 아니라 학교 전체의 학습 공동체 형성에 큰 영향을 미치게 되는 것이다.

22. 위 제시문을 읽고 답하시오.

1) 학생들의 **비판적 성찰 역량**을 키워줄 수 있는 동아리를 한 가지 구상하여 제시하고, 그 동아리의 **운영 방법 및 구체적 실현 방안**을 설명하시오.

2) 교사는 전문성을 신장해야 하고 학교 문화에 영향을 미치는 존재이다. 이에 대해 교사가 어떤 노력을 해야 하는지 구체적으로 설명하시오.

22번 문항 답변 방향 & 예시 답변

✓ 답변 방향

-동아리 운영 구상
동아리명 예시: "비판적 저널리즘 동아리"또는 "생각 나눔 토론 동아리"

운영 방법:

신문 기사·사회 이슈 읽고 토론 → 성찰 저널 작성

지역사회 문제 탐방 → 학생 발표 및 대안 제시

결과물: 기사 비평집, 교내 전시, 학부모 공개 발표회 등

-교사의 역할
전문성 신장: 연수·연구수업 참여, 전문적 학습공동체 활동

학교 문화 기여: 협력적 동료 문화, 회복적 생활교육, 성찰적 리더십 발휘

📋 예시 답변 (결·근·사·기 구조)

결론

"저는 학생들에게 필요한 역량 중 하나가 바로 **비판적 성찰 역량**이라고 생각합니다. 이를 기르기 위해 동아리를 구상하고, 동시에 교사로서 전문성을 높이고 학교 문화에 기여하고자 합니다."

근거

"오늘날 학생들은 방대한 정보를 접하지만, 그 의미를 비판적으로 해석하고 자신을 성찰하는 경험이 부족합니다. 또한 교사가 성장하지 않으면 동아리 운영도 단순한 활동으로 그칠 수 있기에, 교사의 전문성과 학교 문화 조성이 함께 이루어져야 합니다."

사례

"저는 '비판적 저널리즘 동아리'를 운영하겠습니다. 학생들과 함께 뉴스를 분석하고, 사회적 쟁점을 토론하며, 각자의 생각을 성찰 저널로 기록하게 하겠습니다. 또 지역사회의 환경·인권 문제를 탐방하고 학생들이 대안을 제시하는 프로젝트를 진행하겠습니다.

교사로서는 전문성을 신장하기 위해 연구수업에 참여하고, 학습공동체에서 다른 교사들과 협력하며, 동아리 활동을 수업과 연계하겠습니다. 또한 학교 문화에 긍정적으로 기여하기 위해 동료 교사와 협력적 문화를 만들고, 학생들에게는 회복적 대화를 통해 존중과 성찰이 살아 있는 분위기를 조성하겠습니다."

기대효과

"이러한 동아리와 교사의 노력은 학생들에게 단순한 지식이 아니라 **비판적 사고력·성찰 역량·공동체 의식**을 길러줄 수 있습니다. 동시에 교사 개인의 성장은 학교 문화를 변화시키는 원동력이 되어, 혁신교육과 미래교육을 이끌어가는 기반이 될 것입니다."

구상형 연습문항 23

관리번호		이 름	

최근 교육청은 "단 한 명의 아이도 포기하지 않는 포용적 학교 문화"를 핵심 기조로 강조하고 있다. 특히 2022 개정 교육과정에서는 학습의 다양성과 학생 개별성을 존중하는 맞춤형 수업과 생활지도의 필요성을 명확히 제시하였다.

그러나 여전히 학교 현장에서는 교사 혼자 다양한 학생의 수준 차이와 배경 차이를 감당하기에 어려움이 크다. 교육청 관계자는 한 인터뷰에서 "모든 아이가 배움에서 소외되지 않도록 지원하는 것이 교사의 책무이며, 이를 위해 **학급 운영·다문화 교육·학습격차 해소**를 위한 체계적 지원이 필요하다"고 말했다. (출처: 한국교육신문, 2023. 11. 2.)

아래는 한 담임교사(박 교사)의 교단 일기이다.

박 교사의 교단일기

우리 반에는 수준 차이가 큰 학생들이 많다. 1교시에는 학습을 빨리 끝낸 친구들이 다른 친구들과 떠들거나 교과서에 낙서를 하고 있다. 학습 내용을 어려워하는 다른 친구들을 봐주느라 떠들고 낙서하는 친구들을 제재하기가 힘들었다.

2교시에는 다문화 학생이 한국어가 서툴러 수업을 이해하지 못하는 표정을 보였다. 진도를 나가야 하는 상황이라 충분히 도와주지 못했다.

3교시에는 기초학력이 부족한 학생이 과제 제출을 하지 못해 꾸중을 했는데, 아이는 '어차피 해도 못한다'며 의욕을 잃은 모습이었다.

23. 위 제시문을 읽고 답하시오.

1) 박 교사의 수업 및 생활 지도에서 드러난 문제점을 세 가지 제시하시오.
   (예: 수업 차별화 부족, 다문화 학생 배려 부족, 기초학력 학생 지도 미흡 등)

2) 제시한 문제점 각각에 대해, **해결 방안 두 가지씩**을 설명하시오.
   단, 방안 제시는 **교육청의 포용적 교육 방향**에 부합해야 한다.

23번 문항 답변 방향 & 예시 답변

✓ 답변 방향

문제점 3가지

① **수준 차에 따른 차별화 부족**: 빠른 학생 방치, 느린 학생 집중 → 교실 운영 혼란

② **다문화 학생 배려 미흡**: 언어적 장벽 해소 노력 부족 → 학습 소외

③ **기초학력 학생 지도 미흡**: 꾸중 위주 접근 → 자기효능감 저하

해결 방안 (각각 2가지씩)

① 수업 차별화 부족: 수준별 학습 과제(심화·보충) 제공
협동학습 구조화, 또래 튜터제 운영

② 다문화 학생 배려 부족: 시각 자료·이중언어 자료 제공
다문화 감수성 교육 및 지역사회 연계 프로그램 운영

③ 기초학력 지도 미흡: 두드림학교·학습클리닉 활용, 개별 피드백
긍정 강화, 작은 성취 경험 제공

교육청 정책 연결

두드림학교, 다문화 예비학교, 학습안전망 구축 등 **공적 지원 시스템**을 학교 현장과 연결

✒ 예시 답변 (결·근·사·기 구조)

결론

"저는 교사가 단 한 명의 학생도 포기하지 않는 포용적 태도로 수업과 생활지도를 해야 한다고 생각합니다. 박 교사의 사례는 현장에서 흔히 나타날 수 있는 어려움이지만, 구체적 대안 마련으로 충분히 개선할 수 있습니다."

근거

"첫째, 빠른 학생을 방치하고 느린 학생만 돕는 것은 교실 혼란을 유발합니다. 둘째, 다문화 학생이 언어 장벽으로 소외되는 것은 배움의 기회를 제한합니다. 셋째, 기초학력이 부족한 학생을 꾸중만 하면 학습 동기를 상실하게 됩니다. 이는 모두 포용적 교육의 기본 원칙에 어긋납니다."

사례

"이를 해결하기 위해,

첫째, 수준 차이를 고려해 **심화·보충 과제**를 준비하고, 협동학습 속에서 빠른 학생이 또래 튜터 역할을 하도록 하겠습니다.

둘째, 다문화 학생에게는 **시각 자료와 쉬운 한국어 학습 자료**를 제공하고, 다문화 이해 교육을 통해 학급 전체가 서로의 문화를 존중하도록 돕겠습니다. 지역 다문화 센터와 연계한 프로그램도 활용하겠습니다.

셋째, 기초학력이 부족한 학생에게는 두드림학교나 학습클리닉 같은 교육청 프로그램과 연계해 **맞춤형 보충 지도**를 제공하고, 작은 성취를 칭찬하며 학습 의욕을 회복시키겠습니다."

기대효과

"이러한 노력을 통해 학생들은 모두 배움의 기회를 보장받고, 교실은 존중과 협력이 살아 있는 포용적 공동체가 될 수 있습니다. 또한 교육청이 강조하는 '단 한 명도 포기하지 않는 교육'의 가치가 실현될 것이라 생각합니다."

구상형 연습문항 24

관리번호		이 름	

최근 교육계에서는 한반도의 지속 가능한 미래를 위해 학생들의 **평화 감수성**과 **통일 의식**을 기르는 교육의 필요성이 강조되고 있다. 실제로 교육부는 '평화·통일 교육 주간'을 운영하여, 학생들이 단순히 분단 상황을 배우는 것을 넘어 **서로의 다름을 존중하고 갈등을 평화적으로 해결하는 힘**을 기르도록 지원하고 있다.

한 언론 보도에 따르면, "오늘날 평화·통일 교육은 과거처럼 이념 중심이 아니라, **학생들이 삶 속에서 실천할 수 있는 평화적 태도와 갈등 조정 능력을 기르는 데 중점**을 두고 있다. 또한 교과와 연계한 다양한 체험 활동이 학생들의 평화 감수성을 키우는 데 효과적이다"라고 전했다. (출처: 한겨레신문, 2023. 9. 12.)

24. 위 제시문을 읽고 답하시오.
1) 학생들의 평화 감수성을 함양하기 위한 **평화·통일 교육의 목표 한 가지**를 설정하시오.
2) 위 목표를 달성하기 위한 **구체적인 교육 활동 두 가지**를 자신의 교과와 연계하여 제시하시오.

✓ 답변 방향

교육 목표 설정 (1가지)

"학생들이 다름을 존중하며, 갈등을 평화적으로 해결하는 역량을 기른다."

교과 연계 활동 (2가지, 보건 교사 기준 예시)

활동 ① 회복적 대화 역할극

학교 내에서 발생할 수 있는 갈등 사례를 설정

학생들이 피해자·가해자·중재자 역할을 맡아 회복적 대화 기법으로 문제 해결

→ 평화적 의사소통 및 갈등 해결 능력 습득

활동 ② 남북한 보건의료 비교 프로젝트

남북한 보건·의료 시스템 차이를 조사

통일 이후 필요한 공동 보건 정책 아이디어를 발표

→ 협력적 문제 해결 능력 및 공동체 의식 강화

📝 예시 답변 (결·근·사·기 구조)

결론

"저는 평화·통일 교육의 목표를 '학생들이 다름을 존중하며 갈등을 평화적으로 해결하는 역량을 기르는 것'으로 설정하고자 합니다."

근거

"오늘날 통일 교육은 단순히 이념 교육을 넘어, 학생들이 실제 생활 속에서 평화적 태도를 기르는 것이 중요합니다. 따라서 학생들에게 협력적 문제 해결 경험과 상호 존중의 기회를 제공해야 합니다."

사례

"첫째, 보건 교과와 연계하여 '회복적 대화 역할극'을 운영하겠습니다. 학생들이 학교 내 갈등 상황을 연기하며 회복적 대화 방법으로 해결해 보는 경험을 통해 평화적 의사소통 역량을 키울 수 있습니다.

둘째, '남북한 보건의료 비교 프로젝트'를 진행하겠습니다. 학생들이 남북한의 보건 시스템 차이를 조사·발표하고, 통일 이후 협력 방안을 모색하도록 함으로써 문제 해결력과 공동체 의식을 기를 수 있습니다."

기대효과

"이러한 활동은 학생들이 단순히 통일을 머리로 배우는 것이 아니라, 생활 속에서 **평화 감수성과 협력적 태도**를 체득하는 데 큰 도움이 될 것입니다."

구상형 연습문항 25

관리번호		이 름	

최근 아동학대 사건이 사회적으로 큰 문제가 되고 있으며, 학교는 아동학대 조기 발견의 최전선에 놓여 있다. 교사는 법정 신고의무자로서 학생들의 변화와 징후를 민감하게 관찰해야 하며, 의심 정황이 발견될 경우 신속하고 적절한 절차에 따라 대응해야 한다.

25. 위 제시문을 읽고 답하시오.
1) 교사가 학교 현장에서 확인할 수 있는 **아동학대의 징후 3가지**를 제시하시오.
2) 아동학대를 신고할 때 교사가 유의해야 할 **주의사항 2가지**를 설명하시오.

✍️ 예시 답변 (2분 분량)

"첫째, **신체적 징후**를 관찰해야 합니다. 학생에게 반복적인 멍이나 상처가 있음에도 불분명한 설명을 하거나, 긴 옷으로 이를 감추려는 경우 학대를 의심할 수 있습니다.

둘째, **정서적 징후**입니다. 평소 밝던 학생이 위축되고 불안해하거나, 사소한 자극에도 과민하게 반응하는 모습은 정서적 학대의 신호일 수 있습니다.

셋째, **대인관계의 변화**입니다. 친구나 교사를 피하고 혼자 있으려 하거나, 또래와의 관계에서 두려움과 불신을 보이는 경우 학대를 의심할 수 있습니다.

신고 시 주의사항으로는,

첫째, **충분한 징후와 증거를 확인한 후 즉시 신고**해야 합니다. 학생의 진술, 신체 관찰, 생활기록 등을 종합적으로 살펴 근거를 확보하는 것이 중요합니다.

둘째, **신고 후에는 관리자 보고와 전문 기관 연계**가 필요합니다. 학교장에게 즉시 알리고, 위(Wee)클래스나 지역 아동보호전문기관과 협력하여 학생이 심리적·정서적 지원을 받을 수 있도록 해야 합니다."

관리번호		이 름	

26. 디지털 리터러시 교육

최근 AI와 SNS 확산으로 인해 학생들이 가짜 뉴스, 혐오 표현 등에 쉽게 노출되고 있습니다. 한 언론 보도에서는 "청소년의 절반 이상이 온라인 정보의 진위를 구별하지 못한다"는 조사 결과를 발표했습니다.

☞ 학생들의 **디지털 리터러시 역량**을 키우기 위해 교과 수업에서 할 수 있는 지도 방안 두 가지를 제시하시오.

27. 학교폭력 예방과 회복적 생활교육

최근 교육부는 "학교폭력의 징계 중심 접근에서 벗어나 회복적 생활교육을 강화하겠다"는 정책을 내놓았습니다. 하지만 여전히 교사들은 가해자·피해자 보호자 갈등 속에서 어려움을 겪고 있습니다.

☞ 학교폭력 예방과 회복적 생활교육을 실천하기 위해 교사가 할 수 있는 지도 방법 세 가지를 구체적으로 말하시오.

28. 기후위기와 탄소중립 교육

기후변화로 인한 피해가 전 세계적으로 확대되면서, 정부는 그린스마트 미래학교 정책을 추진하고 있습니다. 교육청은 학생들이 **탄소중립 실천 역량**을 기를 수 있도록 다양한 체험 중심 교육을 강조하고 있습니다.

☞ 자신의 교과와 연계하여, 학생들이 **탄소중립 실천 역량**을 기를 수 있는 수업 활동 두 가지를 제시하시오.

관리번호		이 름	

29. 학생 자존감·학습 동기 회복

코로나19 이후 일부 학생들은 학습 결손뿐 아니라 '나는 못한다'는 낮은 자기효능감을 보이고 있습니다. 최근 연구에 따르면, 자기효능감이 낮은 학생일수록 학업 중단 위험이 높다고 합니다.

☞ 교사가 학급에서 **학생들의 자존감과 학습 동기**를 높이기 위해 실천할 수 있는 방안을 두 가지 제시하시오.

30. 인성·민주시민 교육

인성교육진흥법에서는 학생들이 가져야 할 8대 핵심 가치·덕목(예: 존중, 책임, 배려 등)을 강조합니다. 그러나 일부 교실에서는 여전히 무분별한 언어 사용, 갈등 회피, 책임 회피 등이 문제로 나타납니다.

☞ 교사가 인성·민주시민 역량을 기르기 위해 교실에서 운영할 수 있는 구체적 교육 활동 두 가지를 제시하시오.

Appendix

이처럼 저는 문제 상황을 단순히 지식 차원에서 바라보는 것이 아니라, 구체적인 수업 활동과 생활지도 방안으로 연결하고자 했습니다. 구상형 문제는 결국 '교사로서 현장에서 어떻게 실천할 것인가'를 묻는다고 생각합니다.

따라서 여러분도 항상 정책 방향과 교과 연계를 고려해, 학생들에게 실질적 변화를 줄 수 있는 방안을 고민해보세요! 이어서 즉답형 연습문항을 보겠습니다.

5) 즉답형 연습문항

아래 문제들은 수년간의 여러 문제들 중 엄선하여 꼭 알고 가야 할 주제들을 모아둔 문제 은행식 문항입니다.

임용면접플러팅 ↓

스터디 팀원들하고 아래 피디에프 파일 출력해서 사용합니다.
피디에프 파일은 블로그 [임용면접 플러팅]에서 다운받으세요!
#임용면접플러팅 #임플즉답형 #임플구상형
단, 본 책 구매자에 한하여 다운로드가 가능합니다.

즉답형 연습문항 1

관리번호		이 름	

[즉답형]

1. 자신의 교육관과 어울리는 글을 하나 고르고 그 이유를 설명하시오. 그리고 자신의 교육관을 구현하기 위해 보건실 경영 측면에서 할 수 있는 실천방안을 이야기하시오.

2. 교내 CCTV 설치에 찬성, 반대 등 자신의 입장을 말하고, 만약 CCTV 설치에 사회적 합의가 도출된다면 학교의 어느 장소에, 어떤 시간에, 어떤 방식으로 촬영하는 것을 허용할지 자신의 생각을 말하시오.

3. 보건/상담 교사가 학교에서 근무하면서 꼭 갖추어야 할 중요한 역량은 무엇이라고 생각하는지 말하시오.

4. 교사 대토론회에서 "앞으로 교복 이외의 옷을 입고 등교하는 사람은 모든 교사가 규정에 따라 지도해야 합니다." 라고 정해졌다. 그 후 교문지도에서 체육복을 입고 등교하는 학생을 보았다. 그 학생에게 어떻게 해야 할지 면접관이 학생이라고 가정하고 말하시오.

2026학년도 중등학교교사 임용후보자 선정경쟁시험
즉답형 연습문항 2

관리번호		이 름	

[즉답형]

1. OO고등학교 1학년 A학생은 친구와 장난을 치다가 오른손으로 창문 유리를 내리쳤는데 오른쪽 손목의 혈관지 찢어지며 피를 뚝뚝흘리며 보건실을 찾아왔다. 출혈량이 많아 오른쪽 소매가 푹 젖을 정도이다.
   이와 같은 안전사고 발생 시 보건교사로서 어떻게 대처할 것인가?

2. 선생님이 경험했던 일 중 인상 깊었던 경험을 말하고, 이가 교직관에 어떤 영향을 미쳤는지 설명하시오.

3. 제시문을 읽고 인간관계 문제로 고민하는 학생을 상담하며 해 줄 수 있는 조언을 학생에게 대화하듯 말하시오.

   > 최근 생겨난 신조어로 '인싸', '아싸'라는 말이 유행하고 있다. 일반적으로 '인싸'는 조직이나 무리 안에서 잘 어울리는 사람'을, '아싸'는 '무리에 어울리지 못하거나 또는 혼자 지내고자 하는 사람'을 뜻한다. '인싸'와 '아싸' 모두 인간관계에서 발생하는 다양한 현상과 감정 등을 담고 있는 말이다. 김 교사는 "'인싸'가 좋은가, '아싸'가 좋은가?"와 같은 질문을 하는 학생에게 균형 잡힌 조언을 해주고자 한다.

4. '요즘 젊은 교사들은 모범생이고 공부만 잘하다보니 현장의 아이들을 이해하는데 한계가 있어, 소명감은 없고, 직업 안정성하나 바라보고, 방학 때 해외여행 다니는 것만 기다리는 교사들이 많아!'라며 면전에서 교사를 비판하는 시골의 어르신에게 어떤 대답을 하시겠습니까?

2026학년도 중등학교교사 임용후보자 선정경쟁시험
즉답형 연습문항 3

관리번호		이 름	

[즉답형]

1. 새로운 학년을 맞아 새로운 업무 분장이 발표되었다. 다음을 읽고 선생님이 A교사라면 어떻게 할 것인지 말하시오.

> A교사는 새 학기 업무분장 희망원에 1지망, 2지망, 3지망을 써내긴 했지만 희망대로 업무가 배정되지 않았다. 이번에는 한 번도 해보지 않은데다가 야근까지 많은 기피 업무가 배정되었다.

2. 원격수업이 대면수업과 비교하여 갖는 단점을 말하고 이를 보완하기 위한 방안을 2가지 이야기하시오.

3. 교사가 교탁을 탁탁 치거나, 칠판을 두드리거나, 호각소리를 내는 등 비언어적인 수단으로 학생을 통제하는 것에 대해서 찬성하는지 반대하는지 자신의 주장을 말하시오.

4. 다음 사례를 통해 A학생과 학급에 대한 지도방안을 총 4가지 제시하시오. (각각 제시하는 것 아님! 총 4가지)

> 보건교사는 금연과 금주에 대하여 3차시 수업을 진행하였다. 그런데 A학생은 매번 수업 시마다 수업에 참여하지 않고, 수능준비를 해야한다며 다른 과목 문제집을 푼다.
> 중요성을 설명해봐도 "대학가는데 필요 없잖아요." 라는 태도로 일관하고 있다.
> 담임교사와 A학생에 대해 이야기를 해보았을 때, "다른 선생님들도 다 그런 말씀을 하세요... 수능 과목이 아니면 집중을 안한다구요... 이런 태도로 수업을 들으면 태도점수를 낮게 줄 수 밖에 없다고 말해봐도 아무런 소용이 없어요..."라고 말하고 있는 실정이다.
> A학생의 학급학생들도 "쟤 때문에 협동학습같은거 하면, 우리가 다 해야돼요. 짜증나요. A는 진짜 이기적이에요." 라고 말하고 있다.

2026학년도 중등학교교사 임용후보자 선정경쟁시험
즉답형 연습문항 4

관리번호		이 름	

[즉답형]

1. 다문화 학생인 A가 한국에 온지 얼마 되지 않아서 부적응인 상태이며, 학생들과 애들이랑 어울리지 못하고 있는 상황이다. "선생님 저는 한국문화에 대해 잘 적응 못하겠어요." 다음의 상황에서 A학생의 문제2가지와 교사로서 해결방안 2가지를 제시하시오.

2. 김교사와 A학생이 이야기를 하는데, A학생이 담임교사에 대한 험담을 하는 상황이다. 담임교사가 강제로 핸드폰을 뺏어가서 A는 화가 났고, 담임교사는 평소에도 A에게 사사건건 잔소리를 하면서 방해를 한다고 한다. A교사의 입장이 되어서 A가 화난 이유에 대해 설명하시고 내가 김교사라면 A학생을 어떻게 지도할 것이지를 2가지 이야기 하시오

3. 학생들은 저마다 각기 다른 가정환경을 가지며 사회적, 경제적 차이를 가지고 있어, '정의로운 차등'은 교육계에서 중요한 이슈이다. 보건/상담/영양/사서교사로서 정의로운 차등을 실현할 수 있는 방안을 3가지 제시하시오.

4. 학급내 통합교육 함께 받는 것 탐탐하지 않는 학부모가 있다고 생각하고 비장애 학생 가질 수 있는 장점 포함하여 학부모와 상담하시오.

즉답형 연습문항 5

관리번호		이 름	

[즉답형]

1. 다음 제시문을 읽고 A교사가 학생을 상담할 때 필요한 역량은 무엇인지 말하고, 면접위원이 B학생의 학부모라고 생각하고 A교사로서 전하고 싶은 말을 하세요.

> "A교사는 B학생에 대해 걱정이 많다. B학생은 친구들과 원만히 지내고 운동을 좋아해 체육시간에 적극적이지만 다른 수업시간에는 잦은 졸음을 자거나 특이한 아프다고 보건실을 수시로 들락날락거린다.
> 담임은 꾸짖어 보기도 하고 달래보기도 하였지만 행동은 변하지 않았다. 오늘은 수업시간 전에 수업을 들어가지 않았고, 일주일 간 발생한 돌발상황과 다른 교과에서의 모습을 들었다고 했다. B학생은 성적은 중상위권이며 방과 후 학원을 여러 개 다니고 있다. 이번 정서행동특성검사 결과 관심군으로 지정되었다. A교사는 오늘 B학생, B학생의 학부모님과 상담을 해봐야겠다고 생각했다."

2. 성희롱 및 성폭력 없는 안심학교를 만들고자 한다. 비교과 교사로써 안심학교 구축 방안을 말하시오.

3. 선생님은 상담실/보건실/급식실/도서관을 어떤 공간으로 만들고 싶은가?

> 만들고 싶은 공간을 한 단어 또는 한 문장으로 표현해보고 그 이유를 말하시오.
> 또한 그런 공간을 만들기 위해 할 수 있는 노력을 말하시오.

4. 현재 학교에서 가장 시급한 문제는 무엇이라고 생각하는지 말하시오.

2026학년도 중등학교교사 임용후보자 선정경쟁시험
즉답형 연습문항 6

관리번호		이 름	

[즉답형]

1. 고등학교 선생님 A는 학생으로부터 다음과 같은 질문을 받았다.

> "선생님! 저 대학 무슨 과 지원할까요? 정해주세요." A교사라면 선생님은 어떻게 학생을 지도할 것인가?

2. 본인이 자신의 교과와 관련하여 1일 진로 체험을 운영한다면 어떻게 운영할 것인가?
   (*경기 즉답형 기출)

3. 학교민주주의 실현을 위해 교사가 할 수 있는 일을 동료교사와의 협업, 교과측면에서 각각 말하시오.

4. 전공교과 선택한 이유를 과거의 경험을 들어 이야기하고, 어떤 교사가 될 것인지 방향성과 역량 강화 방안을 이야기하시오.

즉답형 연습문항 7

관리번호		이 름	

[즉답형]

1. 자신의 교육관과 어울리는 글을 하나 고르고 그 이유를 설명하시오. 그리고 자신의 교육관을 구현하기 위해 보건실 경영 측면에서 할 수 있는 실천방안을 이야기하시오.

2. 교내 CCTV 설치에 찬성, 반대 등 자신의 입장을 말하고, 만약 CCTV 설치에 사회적 합의가 도출된다면 학교의 어느 장소에, 어떤 시간에, 어떤 방식으로 촬영하는 것을 허용할지 자신의 생각을 말하시오.

3. 보건/상담 교사가 학교에서 근무하면서 꼭 갖추어야 할 중요한 역량은 무엇이라고 생각하는지 말하시오

4. 교사 대토론회에서 "앞으로 교복 이외의 옷을 입고 등교하는 사람은 모든 교사가 규정에 따라 지도해야 합니다." 라고 정해졌다. 그 후 교문지도에서 체육복을 입고 등교하는 학생을 보았다. 그 학생에게 어떻게 해야 할지 면접관이 학생이라고 가정하고 말하시오.

즉답형 연습문항 8

관리번호		이 름	

[즉답형]

1. 회복적 생활교육이 응보적 생활교육에 비하여 갖는 장점을 3가지 제시하시오.

2. 다음과 같은 상황에서 본인이 김 교사라면 어떻게 대처할 것인지 대처방안 3가지를 제시하시오.

> 초임교사인 김 교사는 업무 미숙으로 매일 늦게까지 근무하는 상황, 동료교사로부터 간단한 업무 대신 부탁 받음. 학기 초 업무분담시 이미 많은 업무 배정받아 불만임. 해당업무에 대해 다른 동료교사에게 물어보니 그냥 대충 처리하라는 이야기를 들음

3. 감염병 확산으로 인해 온라인 개학으로 학사운영이 진행되는 상황에서 지역 내 집단감염 상황이 발생하였다. 학부모에게 요청할 수 있는 가정 내 학생 생활교육 내용을 3가지 제시하시오.

4. 성공적인 S/W 교육을 위해 교사로서 어떤 노력을 할 것인지 3가지 제시하시오.

관리번호		이 름	

[즉답형]

1. 회복적 생활교육이 응보적 생활교육에 비하여 갖는 장점을 3가지 제시하시오.

2. 다음과 같은 상황에서 본인이 김 교사라면 어떻게 대처할 것인지 대처방안 3가지를 제시하시오.

> 초임교사인 김 교사는 업무 미숙으로 매일 늦게까지 근무하는 상황, 동료교사로부터 간단한 업무 대신 부탁
> 받음. 학기 초 업무분담시 이미 많은 업무 배정받아 불만임. 해당업무에 대해 다른 동료교사에게 물어보니
> 그냥 대충 처리하라는 이야기를 들음

3. 감염병 확산으로 인해 온라인 개학으로 학사운영이 진행되는 상황에서 지역 내 집단감염 상황이 발생하였다. 학부모에게 요청할 수 있는 가정 내 학생 생활교육 내용을 3가지 제시하시오.

4. 성공적인 S/W 교육을 위해 교사로서 어떤 노력을 할 것인지 3가지 제시하시오.

즉답형 연습문항 10

관리번호		이 름	

[즉답형]

1. 선생님이 경험했던 일 중 인상 깊었던 경험을 말하고, 이것이 교직관에 어떤 영향을 미쳤는지 설명 하시오.

2. 다음 학생의 일기를 보고 선생님이 느낀 점에 대해 말하시오. 그리고 우리 교육청에서 이를 개선하기 위해 실시하는 정책을 말하시오.

〈학교는 왜 다녀야 할까? 친구 관계에서 문제가 있는 것도 아닌데, 그냥 학교 가는 것이 재미가 없다. 학교가 감옥 같다. 수업 시간도 재미가 없다, 저걸 배워서 뭐하나싶고 얼마전에는 담임 선생님께서 희망 진로를 써오라는 숙제를 내주셨는데 내가 뭘 잘하는지도 모르는데 장래희망을 어떻게 정하지?〉

3. 제시문에 나오는 두 교사는 따돌림을 방지하기 위한 예방책으로 다음과 같이 실시하고 있다. 어떤 교사의 예방책을 선호하며, 그 이유는 무엇인지 말하시오.

A교사 : 해서는 안 되는 행동들 하나하나 짚어줌. 이 행동들을 어기고 친구들을 따돌렸을 경우, 강한 처벌을 받게 될 것이라고 학기 초부터 지속적으로 경고함.
B교사 : 학교 폭력 관련 동영상을 아침 조회 시간에 지속 적으로 틀어주며, 학생들이 학교 폭력의 위험성에 대해 깨닫게끔 함.

4. 학교 자치 활동에는 어떤 것 들이 있는지 2가지 설명하고, 수험자는 학생 자치 활동을 활성화하기 위하여 교사로서 전공과 연계하여 어떤 노력을 할 것인지 2가지 말 하시오.

즉답형 연습문항 11

관리번호		이 름	

[즉답형]

1. 최근 교육 주체의 범위가 교사, 학생, 학교를 넘어 학부모, 마을까지 확장 되면서 마을 교육 공동체의 필요서이 부각되고 있다. 이러한 마을 교육 공동체의 필요성을 이야하고, 본인이 교사로서 마을 교육 공동체를 지원 한다면, 어떤 활동을 할것인지 구체적으로 설명 하시오.

2. 자신이 교과와 관련된 방과후 과목을 개설한다면 어떤 방과후 프로그램을 운영 할 수 있을 것인지 말하고, 3차시 분량의 교육 내용을 간단히 언급하시오.

3. 학교 현장에서 수업에 참여하지 않는 학생들이 많아지고 있다. 개인적인 경험을 활용하여 이러한 상황을 어떻게 해결 할 수 있을지 구체적인 방법을 3가지 제시하시오.

4. 학생들에게 추천하고 싶은 영화와 그 이유를 교육적 의미와 함께 말하시오.

2026학년도 중등학교교사 임용후보자 선정경쟁시험
즉답형 연습문항 12

관리번호		이 름	

[즉답형]

1. 고등학교 1학년인 지은이는 크게 문제점이 띄지 않는 아이지만 학급 안에서 어울리지 못하고 늘 상담실/보건실을 서성이는 학생이다. 학기 초에 교사가 따뜻하게 대해 준 것에 마음이 끌려 그런가보다 하고 모른 척 했는데 거의 매시간 선생님 바라기처럼 교무실을 온다. 상담실/보건실 집착이 심하다 싶어 상담실/보건실 출입금지를 명하였지만, 그래도 아이들과 어울리지 못하고 다시 상담실/보건실을 기웃거렸다. 본인이라면 지은이를 어떻게 지도하겠는가?

2. 안전한 학교를 만들기 위한 노력을 교사, 학생, 학부모, 지역사회 측면에서 말하시오.

3. 학교폭력대책자치위원회(이하 학폭위) 제도 시행 이후 학교폭력 피해 학생 수는 감소하였지만 학폭위 심의 건수는 계속 증가하고 있다고 한다. 이러한 현상에서 드러나는 학폭위 제도의 한계와 이에 대한 보완책을 말해보시오.

4. 제시문을 읽고 A, B교사가 교육에서 중요하게 생각하는 요소가 무엇인지 말하고 두 교사의 견해 중 자신이 지지하는 교사의 교육관을 선택하여 그 이유를 구체적으로 말하시오.

> A교사: 사회가 급변하므로 학교교육 또한 미래사회에 불필요한 내용은 과감하게 버리고 앞으로 시대에 유용하게 활용할 수 있는 내용으로 대폭 바뀌어야 한다.
> B교사: 급변하는 사회에 따라 수시로 교육 내용을 바꾸는 것은 불가능하므로, 세대를 초월하여 인류가 지켜야 할 핵심적인 내용을 중심으로 학교교육 내용을 재구성해야 한다.

즉답형 연습문항 13

관리번호		이 름	

[즉답형]

1. 제시문을 읽고 교사와 학생 간의 소통에 문제가 생기는 원인과 소통의 바람직한 자세를 말하시오.

> 김 교사의 하루는 매우 바쁘게 움직인다. 수업 준비하고 과제 점검하고 공강 시간에는 행정업무를 처리한다. 출근하면서 '오늘은 1번~5번까지 진로상담 꼭 해야지'라고 생각했지만 예기치 못한 공문의 등장으로 상담은 1번 학생과만 진행할 수밖에 없었다. 그런데 1번 학생과 상담하는 것마저도 순탄하지 않았다. 게임을 좋아하는 학생이었는데 온통 게임 용어와 처음 듣는 유튜버의 이야기를 하며 그 사람처럼 되고 싶다고 말하는 것이 아닌가. 열심히 하라고 이야기는 했지만 실속 없는 상담이 된 것 같아 석연치 않은 기분이다.

2. 다음과 같은 상황이라면 학부모에게 어떻게 대처할 것인지 말하시오.

> 이 교사는 밤늦은 시간에 "통화 가능하세요?"라는 문자가 뜨면 가슴이 철렁한다. 토요일 밤 9시에 부재중 전화가 다섯 통, 문자 내용을 확인하니 "선생님, 우리 아이가 학원에서 같은 반 ○○이랑 싸웠는데요, 학교에서도 트러블이 분명 있었을텐데 왜 미리 말씀해주지 않으셨어요? 저희 아이가 월요일에 학교 가기 싫다고 하는데.. 학폭으로 처리해도 되나요?"라고 묻는 문자였다.

3. 다음 제시문을 읽고 A, B교사의 문제점과 A, B교사에게 필요한 자질을 말하시오.

> [학생1]
> A선생님 시간에는 애들이 다 놀아요. A선생님이 공부하는 애들만 보고 수업을 하시거든요? 그래서인지 안 듣는 애들은 계속 뒤에서 떠들고 놀아요. 수업 시간이 너무 시끄러워서 스트레스예요. 가끔씩은 애들을 좀 잡아주셔야 하는 거 아닌가 그런 생각이 든다니까요.
> [학생2]
> 같은 과인데 저희 반에 들어오시는 B선생님은 너무 대충 가르치시는 것 같아요. 똑같이 프랑스혁명을 배워도 앞 반에 들어가시는 선생님은 프랑스혁명에 대한 이야기를 재밌게 해주시고 포인트를 가르쳐주셔서 '프랑스혁명'하면 그 이야기가 생생하게 느껴지는데, 저희 반에 들어오시는 B선생님은 그냥 교과서 쭉 읽고, 교과서 외우라고 하고 수업을 마치세요.

4. 다음은 '○○중학교 안전교육 실태'에 대한 학생의 응답이다. 제시문에 나타난 학교의 문제점과 해결방안을 각각 제시하시오.

> 우리 학교 안전교육은 너무 형식적인 것 같다. 안전교육만 하면 보는 영상이 매번 똑같아 이제는 외울 지경이다. 새로운 프로그램을 개발하면 좋을 것 같다. 저번에는 수업 시간 중에 사이렌이 울렸는데 선생님께서는 그냥 사이렌이 고장난 것이라며 계속 수업을 이어가셨다. 소방안전교육을 할 때는 사이렌이 울리면 운동장으로 나가라고 배웠는데 선생님에게는 재난 신호가 아닌 그저 수업을 방해하는 소리로 들리시는 것 같다.

2026학년도 중등학교교사 임용후보자 선정경쟁시험
즉답형 연습문항 14

관리번호		이 름	

[즉답형]

1. 다음 사례를 읽고 수험자가 A교사라면 B학생에게 어떻게 진로 교육을 할 것 인지 말하시오.

> A선생님의 반의 B학생은 수업시간에 엎드려 자거나 딴 짓을 하고는 한다. 불러 물어보면 "저는 사진 찍는 게 좋아요. 그건 공부랑 상관 없잖아요. 그래서 학교에서는 자고 집에 가서는 유튜브 보면서 사진 찍는 법, 사진 편집 하는 법, 사진 보정하는 법 등등 공부해요. 어찌 되었건 나중에 사진을 찍어서 뭔가를 하고 싶어 요"라고 말한다. B학생의 부모님은 공부를 하여 대학에 가길 원하나 관심 조차 없어 부모님과의 갈등 또 한 심하다.

2. 학교 현장에 나아가 참여하고 싶은 전문적 학습 공동체에 대해 말하시오.

3. 고등학교 담임 선생님 A는 반 학생으로부터 다음과 같은 질문을 받았다. "선생님 ! 저 무슨 대학 무슨과 지원할까요? (초등인 경우, "저는 꿈을 뭐로 가질까요!?" 정해주세요." A교사라면 선생님 은 어떻게 학생을 지도할 것인가?

4. 4차 산업 혁명이 도래하면서 교육에서는 창의.융합형 인재를 육성하는 일이 중요해졌다. 학교 현 장에 나아가 융합 수업을 실시하려고 한다. 어떤 교과와 융합을 하여 수업을 만들고 싶은지 말하 시오

즉답형 연습문항 15

관리번호		이 름	

[즉답형]

1. 4차 산업 혁명 시대의 미래 사회에서는 인간의 따뜻한 감성을 기계가 대체 할 수 없기 때문에 인성 교육은 필수적이라고 할 수 있다. 인성 교육에 대한 자신의 교직관을 말하시오. 그리고 학교에서 인간다운 성품과 역량을 기를 수 있도록 인성 교육을 하면 좋을 것인지 교육 방법을 자신의 전공과 연계하여 말하시오

2. 제시문에 나오는 두 교사는 따돌림을방지하기 위한 예방책으로 다음과 같이 실시하고 있다. 어떤 교사의 예방책을 선호하며 그 이유는 무엇인지에 대해 말하시오.

   - A교사: 해서는 안되는 행동들을 하나하나 짚어줌. 이 행동들을 어기고 친구들을 따돌렸을 경우 강한 처벌을 받게 될 것 이라고 학기 초부터 지속 적으로 경고함.
   - B교사: 학교 폭력 관련 동영상을 아침 조회 시간에 지속적으로 틀어주며 학생들이 학교 폭력의 위험성 에 대해 깨닫게끔 함.

3. 고등학교 담임 선생님 A는 반 학생으로부터 다음과 같은 질문을 받았다. "선생님 ! 저 무슨 대학 무슨과 지원할까요? (초등인 경우, "저는 꿈을 뭐로 가질까요!?" 정해주세요." A교사라면 선생님은 어떻게 학생을 지도할 것인가?

4. A교사는 스마트 교육을 적용 하여 수업을 실시하기로 결정 하였다. 스마트 교육을 실시하기 위해 A교사가 고려해야 하는 점과 예상되는 효과에 대해 설명하시오

2026학년도 중등학교교사 임용후보자 선정경쟁시험
즉답형 연습문항 16

관리번호		이 름	

[즉답형]

1. 회복적 생활교육의 필요성을 2가지 이야기하고, 다음 사례를 보고 회복적 생활교육 관점에서 두 학생을 교육하는 것에 대해 실연하시오.

> – 두 학생이 복도에서 빠르게 뛰어 가다가 서로 부딪친 상황이다.
> – 크게 다친 학생은 없지만 두 학생 간에 말다툼이 일어났다.
> – 평소에도 한 두번 다투던 사이의 학생들이었다.

2. 학교현장에서 봉사활동이 형식적으로 이루어지고 있다는 지적이 나오고 있다. 봉사활동의 의미가 무엇인지 설명하고 봉사활동을 실시할 때 유의할 점을 설명하시오. 학생들에게 유의미한 교내봉사활동, 교외봉사활동을 한 가지씩 이야기하시오.

3. 최근 학교에서 교사와 학생 모두에게 인권침해적인 많은 사건들이 일어나고 있다. 이러한 사건을 예방하고 적절한 대처방법을 마련하기 위해 교실에 CCTV를 설치하자는 의견이 있다. 교실 CCTV 설치에 대한 본인의 의견을 말하고 그 이유를 세 가지 이야기하시오.

4. 학창시절 중 기억에 남는 일이 무엇인지 말하고, 교육적으로 어떻게 활용할 수 있는지 말하시오.

관리번호		이 름	

[즉답형]

1. 자신의 교육관과 어울리는 글을 하나 고르고 그 이유를 설명하시오. 자신의 교육관을 구현하기 위해 할 수 있는 실천방안 2가지 이야기 하시오.

2. 다음 상황을 읽고 질문에 답하시오.

> 점심시간 이후, 3학년 학생 C가 교실에서 구토 증상을 보여 보건실에 왔습니다.
> 학생은 아침부터 속이 불편했지만 참고 수업을 들었으며, 같은 반 학생 몇 명도 비슷한 증상을 보인다고 했습니다. 오늘 급식 메뉴에는 새우가 포함되어 있었고, C학생은 평소 해산물 알레르기가 있다고 말했습니다.
> 교사로서 이 상황에서 즉시 해야 할 조치는 무엇인가요?

3. 안전은 아무리 강조해도 지나치지 않은 교육 주제이다. 최근에는 안전 교육의 습관화를 위해 체험형 안전 교육이 중시되고 있다. 7대 안전 영역 이 무엇인지 말하고, 이 중 원하는 주제를 한가지 선택하고, 선택한 주제로 체험형 안전 교육을 실시한다면, 어떻게 할 것 인지 구체적인 방안을 3가지만 제시하시오.

4. 자신의 강점으로 다음과 같은 학생 중 한명을 골라 지도하는 방안을 말하시오.

> 1. 친구가 없는 학생
> 2. 수업에 흥미가 없는 학생
> 3. 의기 소침한 학생

2026학년도 중등학교교사 임용후보자 선정경쟁시험
즉답형 연습문항 18

관리번호		이 름	

[즉답형]

1. 아래글을 읽고 최교사가 취해야 할 사후조치에 대해 말하시오.

> 최교사가 철수의 눈에 상처가 있어서 물었더니 아버지에게 맞았다고 하였다. 아동학대 의심이 들어 바로 경찰에 신고하였고 학생 학부모는 조사를 받았지만 학대 혐의가 없다고 마무리 되었다. 이 사건으로 최교사는 당사자들과 관계를 어떻게 풀어야 하나 걱정하고 있다.

2. 본인의 교육철학을 말하고 이와 방향성을 같이하는 OO정책 (본인의 시도교육청) 중 하나를 골라 이를 실현할 방안을 말하시오.

3. 그린스마트 스쿨로 예상되는 학교의 모습을 말하시오.
   (그 중한가지는 반드시 본인의 교과와 연계해서 말할 것)

4. 다음 상황을 읽고 질문에 답하시오.

> 2학년 학생 D가 수업 시간마다 멍하니 창밖을 보거나 엎드려 있는 경우가 많습니다.
> 최근 생활기록부 상담 기록을 보니, 가정 형편이 어려워져 아르바이트를 시작했다는 내용이 있었습니다.
> 담임교사는 학업 부진이 심해질까 우려하며 상담을 요청했습니다.
> 교사로서 D학생 상담 시 우선 확인해야 할 사항은 무엇인가요?
> D학생이 학업을 지속할 수 있도록 어떤 지원 방안을 제시하겠습니까?
> 담임교사와 학부모에게 각각 어떤 방식과 내용으로 소통할 것인지 말해보세요.

즉답형 연습문항 19

관리번호		이 름	

[즉답형]

1. 최근 교육 주체의 범위가 교사, 학생, 학교를 넘어 학부모, 마을까지 확장 되면서 마을 교육 공동체의 필요성이 부각되고 있다. 이러한 마을 교육 공동체의 필요성을 이야기 하고, 본인이 교사로서 마을 교육 공동체를 지원한다면 어떤 활동을 할 것 인지 구체적으로 설명 하시오

2. 학교에 재학 중인 학생 1명이 인플루엔자로 결석 하였다는 연락을 받았다. 비교과 교사 로서 어떻게 대처해야 할지 4가지 말하시오.

3. 과거에 비해 우리나라는 양성 평등의 가치가 생활의 다양한 영역까지 확장되어 적용되고 있다, 특히 학교에서는 양성평등을 이루기 위해 노력한 부분이 많다. 그럼에도 불구하고 양성 평등 교육은 여전히 중요하고 꾸준히 지속되어야 한다. 교사가 양성 평등 의식을 갖는 다는 것은 어떤 의미인지 말하고, 양성 평등을 위한 생활 지도 방법 2가지만 말하시오.

4. 초등학생 10명 중 9명이 스마트폰을 쓸 정도로 요즘 학생들은 디지털 매체 속에서 살아간다. 1990년대 중반에서 2000년대 초반 사이에 태어난 젊은 세대를 z세대라 부른다. 어릴때부터 텍스트 보다 이미지 영상을 선호하며 일방적 콘텐츠 소비를 넘어 직접 생산하는 역할까지 하고 있다. 분만 아니라 공동체 주의보다 개인주의를 선호하는 경향이 있다. 이러한 측면에서 z세대의 특성을 고려하여 학생들을 미래 역량을 갖춘 인재로 양성하기 위해 구체적인 방법 3가지를 제시하시오.

2026학년도 중등학교교사 임용후보자 선정경쟁시험
즉답형 연습문항 20

관리번호 [   ]   이 름 [   ]

[즉답형]

1. 학교 공간 혁신 사업을 진행하는데 있어서 중요한 것은 무엇인지 두 가지 제시하고, 그 이유를 말 하시오.

2. 과거에 비해 우리나라는 양성 평등의 가치가 생활의 다양한 영역까지 확장되어 적용되고 있다. 특히 학교에서는 양성평등을 이루기 위해 노력한 부분이 많다. 그럼에도 불구하고 양성 평등 교육은 여전히 중요하고 꾸준히 지속되어야 한다. 교사가 양성 평등 의식을 갖는 다는 것은 어떤 의미인지 말하고, 양성 평등을 위한 생활 지도 방법 2가지만 말하시오.

3. 초등학생 10명 중 9명이 스마트폰을 쓸 정도로 요즘 학생들은 디지털 매체 속에서 살아간다. 1990년대 중반에서 2000년대 초반 사이에 태어난 젊은 세대를 z세대라 부른다. 어릴때부터 텍스트 보다 이미지 영상을 선호하며 일방적 콘텐츠 소비를 넘어 직접 생산하는 역할 까지 하고 있다. 뿐만 아니라 공동체 주의보다 개인주의를 선호하는 경향이 있다. 이러한 측면에서 z세대의 특성을 고려하여 학생들을 미래 역량을 갖춘 인재로 양성하기 위해 구체적인 방법 3가지를 제시하시오.

4. 4차 산업혁명으로 시대의 변화가 빨라지고 업종의 경계가 흐려지면서, 자신의 본업 외에도 부업과 취미활동을 즐기면서 전업이나 겸업을 하는 'N잡'의 수가 점차 증가하고 있다. 본인이 교사가된다면 자신의 특성과 취미활동을 살려 무엇을 학생들에게 가르치고 싶은지 두가지 이야기하시오.

즉답형 연습문항 21

관리번호		이 름	

[즉답형]

1. '정의로운 사회'에 대한 사회적 요구가 높아지고 있다. 자신이 생각하는 '정의로운 사회'는 어떤 사회인지 말하고 교실에서 '정의로운 사회'를 어떻게 가르칠 수 있을지 지도방안을 말하시오.

2. 미성년 범죄자의 연령이 낮아지고 범죄 양상이 잔인해지면서 미성년 범죄의 처벌을 강화해야 한다는 주장이 제기되고 있다. 이에 대한 찬반 입장을 밝히고, 그 이유를 말해보시오.

3. 아래 제시문에 등장하는 학생에게 적절하게 조언하시오. (조건: 면접관이 학생임을 가정하여 실제 말하듯이 답변할 것)

   > 지효: 선생님, 제 꿈은 교사예요. 일단 일찍 퇴근해서 자기 시간을 가질 수 있는 것도 장점인 것 같고 엄마도 요즘 같은 시대에는 잘릴 걱정 없이 정년까지 보장되는 얼마 안되는 직업이라며 교사를 계속 추천하세요. 지금 성적으로는 사법대학교 진학은 크게 문제가 없을 것 같긴해요. 학생들을 상대하는 게 예전같이 않다고는 해도 회사 들어가서 아등바등 사느니, 교사가 돼서 일찍 퇴근하고 남는 시간에 취미 생활하면서 여유롭게 살고 싶어요.

4. 교사들의 교직 만족도가 낮아지는 이유는 무엇이라고 생각하는지 말하고, 교직만족도를 높이기 위해 교사들이 극복하고 노력해야 할 것이 있다면 무엇인지 말하시오.

즉답형 연습문항 22

관리번호		이 름	

[즉답형]

1. 자신이 전문적 학습 공동체를 조직/운영/참여 한다면, 어떤 모임을 조직/운영/참여 할 것인지와 그 이유를 자신의 교과와 연결시켜 말하시오.

2. 민주적인 교직원 회의의 중요성을 2가지 말하고, 민주적 교직원 회의를 활성화하기 위한 방안을 2가지 말하시오.

3. 같은 부서의 부장 교사가 신규교사에게 업무 분장에 명시되지 않은 다른 업무를 지시했다. 신규 교사는 부장교사가 지시한 업무에 대해서 잘 알지 못 하고, 자신의 업무가 아니라고 생각하여 부 장 교사의 지시가 부당하게 느껴진다. 부장교사가 왜 이런 지시를 하였을지 부장 교사의 입장을 말하고, 자신이 신규교사라면 어떻게 대처할 것인지 말하시오.

4. 학생들에게 추천하고 싶은 영화와 그 이유를 교육적 의미(교직관)와 연결시켜 경기도에서 추구하는 정책을 함께 말하시오.

즉답형 연습문항 23

[즉답형]

1. 최근 교육 주체의 범위가 교사, 학생, 학교를 넘어 학부모, 마을까지 확장되면서 마을 교육 공동체의 필요성이 부각되고 있다. 이러한 마을 교육 공동체의 필요성을 이야기 하고, 본인이 교사로서 마을 교육 공동체를 지원한다면 어떤 활동을 할 것 인지 구체적으로 설명하시오.

2. 최근 학교에서 교사와 학생 모두에게 인권 침해적인 많은 사건들이 일어나고 있다. 이러한 사건을 예방하고, 적절한 대처방법을 마련하기 위해 교실 및 교내에 CCTV를 설치하자는 의견이 있다. 교실 및 교내 CCTV 설치에 대한 본인의 의견을 말하고, 그 이유를 민주주의 실현에 관련시켜 말하시오.

3. 행정실장이 신규교사에게 '이일은 원래 선생님이 하는 거에요' 라며 업무를 지시했다. 신규 교사는 교육과정과 관련 없는 일이기도 하고, 업무 분장표에서 자신의 업무로 명시되지 않은 일 이기 때문에 행정 실장의 업무 지시가 부당하게 느껴지고 기분이 나빴다. 이러한 상황에서 자신이 신규교사라면 어떻게 대처 할지 말하시오.

4. 그린스마트스쿨로의 전환을 위해 전공교과와 연계하여 이를 실천할 수 있는 방안을 제시하시오.

2026학년도 중등학교교사 임용후보자 선정경쟁시험
즉답형 연습문항 24

관리번호		이 름	

[즉답형]

1. 민주시민의 역량 중 하나를 골라 체험중심 교육 방안과 지역사회 연대 방안을 말하시오

2. 창의 융합형 인재를 양성하기 위한 교육방안을 3가지 이상 말하시오

3. 아래 제시문과 관련하여 진행하고 싶은 활동의 주제와 이를 실행 할 계획을 교육과정과 연계하여 말하시오.

> "파리 기후협정에서는 지구 온도를 3도 낮추자고 했지만, 실제로 이루어진 것은 없습니다." - 그레타 툰베리-
> "과학자 들은 세계가 본격적으로 기후 위기에 접어들 것이며, 코로나 19는 그 서막이라고 한 목소리로 이야기 합니다. 향후 5년 동안 지구 온도는 1.5 상승한다는 예측, 에볼라, 사스. 신종플루, 메르스, 코로나 19로 이어지는 감염병은 인류가 수십년 이어온 환경 파괴의 결과 라고 경고합니다. .....(후략)....... "
> 2021 년 이재정 경기도 교육감 신년 기자회견문
> "환경에 대한 인간의 공격이 모든 것을 오염시켰다." - 레이첼 카슨-

4. 소통과 협업 등 집단 지성의 힘을 발휘하여 무엇인가를 성취했던 경험과 그 의미에 대해서 설명하시오.

✳ 에필로그: 마지막 장을 덮는 순간, 새로운 무대가 열린다

1. 근본을 세운 시간

《주역》에는 이렇게 쓰여 있습니다.
"군자무본, 본립이도생(君子務本, 本立而道生)"
군자는 근본을 세우는 데 힘쓰니, 근본이 서면 도(道)는 저절로 생긴다.
그대가 지금까지 버텨온 시간, 쌓아온 노력과 마음가짐이 바로 그 근본입니다.
답변 기술, 태도, 시선은 모두 그 근본 위에서 자연스럽게 자라납니다.

2. 익히는 기쁨

《논어》에는 이런 구절도 있습니다.
"학이시습지 불역열호(學而時習之 不亦說乎)"
배우고 때때로 익히면, 또한 기쁘지 아니한가.
그동안 익혀온 답변과 태도를 면접장에서 마음껏 펼쳐 보이십시오.
그 순간은 두려움의 시간이 아니라, 당신이 걸어온 길을 되새기며 즐길 수 있는 무대가 될 것입니다.

3. 두려움은 간절함이다

혹시 여전히 두렵습니까? 괜찮습니다.
두려움은 미숙함의 증거가 아니라, 간절함의 증거이기 때문입니다.
저 역시 컷 점수에 불과한 성적으로 출발했습니다.
하지만 그 절박함이 저를 책상 앞에 붙잡아 두었고, 결국 면접장에서 100점이라는 결과로 돌아왔습니다.
완벽한 대본이 필요하지 않습니다.
면접관은 흔들리는 말투보다, 당신의 눈빛 속에 담긴 진심과 책임감을 봅니다.